科学思维书架

郑 念 王康友 主编

THE TURBULENT UNIVERSE

湍动的宇宙

【美】保罗·库尔茨（Paul Kurtz）◎著

王丽慧◎译　孙小淳◎校

上海交通大学出版社
SHANGHAI JIAO TONG UNIVERSITY PRESS

内容简介

本书系"科学思维书架"之一,构建了一种基于科学智慧的全球伦理图景。通过将现实主义和乐观主义融合起来,作者阐述了一种人文主义的伦理准则,也就是生活中的善与智慧,这是受科学智慧激发的实用的道德选择。这种新的伦理文明是基于普遍人权的全球伦理、不受教条约束的自由科学探索、对人类潜能充满期待的态度,以及面对我们时代的艰巨挑战所拥有的勇气和决心。正是基于这种全球伦理,人类可以创造性地通过努力找到生存的意义,并对浩瀚的宇宙、自然和人类未来充满敬畏。

上海市版权局著作权合同登记号:图字 09 - 2017 - 964

图书在版编目(CIP)数据

湍动的宇宙/(美)保罗·库尔茨(Paul Kurtz)著;王丽慧译. —上海:

上海交通大学出版社,2018

(科学思维书架/郑念,王康友主编)

ISBN 978 - 7 - 313 - 19896 - 9

Ⅰ.①湍… Ⅱ.①保…②王… Ⅲ.①科学知识—普及读物 Ⅳ.①Z228

中国版本图书馆 CIP 数据核字(2018)第 176419 号

湍动的宇宙

著　　者:[美]保罗·库尔茨　　　　　　译　　者:王丽慧
出版发行:上海交通大学出版社　　　　　地　　址:上海市番禺路 951 号
邮政编码:200030　　　　　　　　　　　　电　　话:021-64071208
出 版 人:谈　毅
印　　制:上海盛通时代印刷有限公司　　　经　　销:全国新华书店
开　　本:880mm×1230mm　1/32　　　　印　　张:9.25
字　　数:211 千字
版　　次:2018 年 12 月第 1 版　　　　　印　　次:2018 年 12 月第 1 次印刷
书　　号:ISBN 978 - 7 - 313 - 19896 - 9/Z
定　　价:68.00 元

编　委　会

科学思维，开启智慧的钥匙

一

信息社会、全媒体时代，人人都是传播者，又是信息接收器，自媒体无处不在。这就会导致两种不同的情况：一是话语权的分散和民主意识的觉醒；二是权威话语权的缺失，甚至谣言满天飞，真假难辨，敢说大话假话的人到处忽悠人，骗钱发财；迷信与伪科学搭上科学的便车；主流价值观难以树立，文化冲突日益加剧。

在这样一个时代，人们面临的最大挑战是什么？换句话说，这个时代带来的最大问题是什么？最大风险又是什么？显然，光有知识是不够的。"有知识没有智慧，知识是干枯的"，智慧就意味着正确的方法和思想。因此，只有达到学、知（思）、行的统一和结合，才能满足时代的需要和体现素质的内涵，也才是具备科学思维的表现。

科学思维的本质是理论和证据的协调。从科学理论的演化角度讲，科学思维有两个阶段。一是研究阶段，即设计实验并检验理论；二是推论阶段，即将所得到的结果解释为支持或拒绝理论的证据，并在必要时考虑备选解释。科学思维的内涵是科学精神和科学方法的统一。科学精神可以概括为科技共同体在追求真理、逼近真理的科技活动中形成的一种独特气质，包括探索求真的理性精神，实验取证的求实精神，开拓创新的进取精神，敢于怀疑的批判精神，竞争协作的包容精神，执着敬业的献身精神。科学方法则是科学探索中所使用的理性思维方法，包括实验、观察、逻辑、归纳、演绎、统计分析、社会调查、评估和判断等。

科学思维有助于我们正确地认识世界和改造世界。科学思维作为正确的思维模式和思维方法，为我们正确认识和改造世界的活动提供了思想武器：一方面，我们可以自觉地遵循形式逻辑的要求，反对相对主义、诡辩论等错误；另一方面，我们还可以运用辩证方法，去反对形而上学思维形式和思维方法，用联系、发展和矛盾的眼光看问题，全面动态地把握世界。

科学思维促进各门学科的发展。现代科学的发展离不开正确的思维模式，科学思维能够使我们判断事实是否与理论相符合，有利于我们综合运用各种科学思维方法，面对新情况，解决新问题，从而有所发现、有所发明、有所创造。自然科学各门类学科的产生和发展都离不开科学思维的推动。

科学思维是人们思想交流的基础，也是公民科学素质的重要内核。人与人的交流离不开正确的思维，科学思维就像融合剂，不同民族和信仰的人们可以在科学知识的世界中和谐共存；科学思维是精确的、可以检验的，有普遍的适用性，所以，它能使我们了解假设和推论、臆断和证明之间的区别，能帮助我们增强辨别能力；科学思维还可以帮助我们正确地对待"思维定势"：一方面利用思维定势快速解决问题，另一方面又不被思维定势的负面影响所左右。

科学思维可以让我们正确对待未知，避免陷入无端的惶恐。如果人类生活在一个自己难以理解的世界上，就如同将动物转移到陌生的环境里动物会惊恐一样，人类也会因经常性的惊慌失措而苦恼。现代社会虽然科技发展日新月异，但仍然充满未知。面对未知的情况，如果缺乏科学知识就会被所谓的神秘现象困扰，进而导致杞人忧天，传谣信谣，引发群体性恐慌。面对未知，如果我们具备基本的科学思维，就可以运用简单的方法加以评估和判断，就可以正确应对，避免恐慌。

科学思维可以帮助我们自觉地掌握正确的思维方法和工作方法，尤其可以帮助我们养成良好的思考习惯，不为一时的假象所迷惑。在实际工作中，尽管科学的思维方法不能确保每项工作都取得成功，但毫无疑问，科学思维一定比其他思维方法更可靠，可以使我们少走弯路，尤其在某些现象较为复杂、谬误来源极多的学科中，运用科学的思维方法就显得更加重要。这是因为，与科学思维相伴随的科学方法，可以使我们正确地预测未来，把握方向，因而可以减少盲目性，减少对未知的恐惧。

现实社会中，很多求助于神灵的民众，正是不能很好地运用科学思维和方法，而对未知产生恐惧，于是转向超自然的神秘力量。殊不知，正如《国际歌》中所唱的，"从来就没有什么救世主，也不靠神仙皇帝，要创造人类的幸福，全靠我们自己。"马克思主义者历来用唯物主义的认识论，用科学的思维方式作引导，唤醒民众，才能打破旧世界，创造新社会，实现人类共同的美好理想。正是由于中国共产党坚持以马克思主义作为指导思想，才使中国发生了翻天覆地的变化。在实现中华民族伟大复兴中国梦的过程中，我们要进一步发挥正确理论的指导作用、科学思维的认识功能、科学方法的解决问题功能，以不断解决发展过程中的矛盾、问题，克服不平衡、不充分发展现象。科学思维不仅是科学研究和探索中的正确思维方法，同时也是解决社会发展问题的法宝，是开启智慧的钥匙。

二

在人类文明的发展历程中，人们对宇宙和自然充满好奇，并始终保持着求解未知、探索未来、揭示神秘的浓厚兴趣。正是这种好奇和兴趣，成为人们探索自然、社会和人类自身的不竭动力。人类社会在与大自然进行斗争的漫长岁月中，不断适应、选择和进化，逐渐形成不同的知识体系、认知方法和理解途径。纵观人类社会发展的历史，在探索自然、社会的过程中，思维的发展对于知识体系的形成和接近真实的反映，具有重要的意义。正是科学思维的形成，才使人类的认识朝着揭示事物真相的方向发展，才导致科学知识体系的产生。尽管与人类社会的历史相比较，科学的思维方式和知识体系、认知方式和理解途径产生的历史很短，但是，科学技术的发展却很快，与之相应的知识体系、认知方式和思维形式，已经成为探索未知、揭示真相和实现创新的主要路径，成为推动世界发展的主要力量，成为人类社会发展的巨大动力。

翻开人类社会发展的历史，我们发现，我们的祖先付出了无数的艰辛、努力和牺牲，经过数千年跨越民族界限的积累，才有今天的进步，使人类从懵懂走向成熟、从迷信转向科学、从人身依附达到自由发展！我们这些当代的继承者，当然不能无视先贤的努力和辛劳，拾其糟粕，丢弃精华，重新陷入迷信的泥淖，失去探索前进的动力，并使我们的后辈重新陷入迷茫之中。因此，我们有责任、有义务、有能力，把人类的优秀文化遗产、科学发现、宇宙真理传承下去，让后辈沿着先辈的正确轨迹前行，站在巨人的肩膀上，看得更远，走得更好。对此我们应该有清醒的认识，才能做到在继承中创新，在创新中发展。

从知识体系来看，人类社会通过长期的创造和积累，逐渐形成了科学、非科学和伪科学的知识体系。

科学的知识体系包括科学知识、科学方法、科学精神和科学思想，以及由此产生和转化而来的技术知识、工程、方法和思想。其中的每一个方面都是一个知识系统，都是科学知识体系在不同领域的运用，都是构成科学知识体系的重要内容。科学知识体系内容丰富、结构复杂、思想精深，是到目前为止人类在探索自然、社会和人类自身发展中所取得的最先进成果，已经成为一个国家、民族和地区发达水平、文明程度的重要标志。不同国家和地区发达的程度、发展的快慢、前途的好坏，在一定程度上取决于对这些先进成果的理解、继承和运用，取决于对现有科技的掌握和创新，取决于未来科技新知识的创造、生产和使用。而要真正实现继承和创新，就要不断提高公众的科学文化素质，让更多的人理解、支持科学事业，积极投入科学探索的行列中，并不断取得新发现、新理论和新成果。所以，我们不仅要继承和传播现有的科技知识体系，还要培育科技事业的接班人，培育科学探索的下一代。现代社会是学习型社会，普及科学技术是一个终身教育和学习的任务，科普教育是整体教育的重要组成部分，基于教育而又不囿于教育。科普就是要唤醒公众学习科学技术知识的主动性，提升科学探索的热情，克服迷信和对未知的恐惧。正是科普的这种功能，把教育和学习延伸到全体公民，延伸到人的一生，延伸到学校的围墙外。

非科学知识体系包括宗教、艺术、文学和习俗。所谓非科学主要指其获得知识的方法不依赖于科学方法，形成的知识不可检验，大多数结果不可重复。比如宗教的知识体系、艺术的成就和成果、习俗方面的地方知识和隐性知识，都是非科学知识体系。但是，我们要注意的是，非科学知识并不一定是伪科学，有些知识不能被科学检验，但并非没有用，有些技术可以通过师带徒或者通过体悟、"修炼"和训练的方法获得，有的习练者甚至可以取得一定的成就，但由于难以模式化、定量化和智能化，仍然不符合现代科学发展的范式，仍然存在风险和不确定性，不适宜进行广泛推广和传播，不能作为科普的内容。

伪科学知识体系则是指科学技术研究过程中发生的错误、失误被认为是新发现、新发明、新成果，以及各种超自然现象的声称以科学的名义登堂入室，冒充科学，以骗取公众的钱财为目的。主要包括：算命术、预测学（如占星术、血型与性格、生物节律、五行八卦、纸牌算命等）；各种超自然声称，如伪气功、通灵术、魔杖探矿等。

从认知和传承的角度来看，可以分为已知和未知两大领域。对待不同的领域有不同的态度，不同的态度会导致不同的认识结果。

对待已知领域，人类与其他动物不同。人类会主动在已知领域进行教育和传承，通过建制化教育、家庭教育、社会教育等方式，系统地学习和获得知识；通过科普、宣传、传播等方式，传承技艺、思想和文化。并且在这个过程中不断纠正错误的知识，提高认知水平，深化认识层次。这也是不断进行的知识积累过程，这种积累达到一定程度就会从量变到质变，最后实现认识的飞跃。随着科技的发展、社会的进步，已知领域会逐渐扩展，认识方法也相应地日益科学和理性。

对待未知领域，人类在不同时期有不同的方法和态度。在人类社会的早期，由于认识自然的能力和技术十分低下，面对强大的自然力量，比如地震、洪水、风雨雷电、生老病死，人们在极力抗争并不断提高认识水平的同时，对于一些暂时无法解决的问题，只好求助于超自然力量。通过一定仪式，寻求保佑和庇护，希望借助超自然力量，征服自然，消灾弥难，实现人与自然的和平共存。随着人类社会的发展，人们在漫长的探索过程中，通过积累和传承，形成了正确探索未知领域的方法，尤其是现代科学诞生以后，这种探索已经突飞猛进，产生了质的飞跃。但是，由于在人类探索自然界奥秘的过程中，始终存在着时空无限性和人类认识能力有限性的矛盾，虽然科学提供了先进技术和方法，能够拓展探索的空间范围和认识深度，却无法穷尽未知，总有难以理解和无法解决的问题，也难免会暂时去寻找心灵的栖息地。即便是科学家，对于一些暂时还束手无策的问题，有时也会求助于或者追问超自然力量，一些科学家也会走进神学的"殿堂"，暂时休憩，寄希望于神圣意志来解释科学研究中的难题。这正如一些"大德高僧"利用科学的发明和发现来解释神学和刻画神秘并不意味着宗教神学就是科学一样，这些暂时歇息的科学家同样也不能被认为就是科学的叛徒。

对待未知领域的不同态度是形成不同知识体系的基础。把未知交给上帝，就必然导致崇拜、迷信和盲从，其形成的知识体系就是宗教、臆想、神秘、超自然的；其"实体"必然是上帝、鬼神、灵魂和超自然力。这种探索和求知的结果，让人类认知水平回到蒙昧阶段，制约了人类探索自然奥秘的动力，由于缺乏试验的基础和支撑，其理论无论如何自圆其说，如何美丽动人，都是虚幻和骗人的。它既不能转化为现实技术和生产力，更不能促进经济社会发展和科技进步，还会消磨人们探索真理的意志和动力，阻碍科技发展。在日益全球化和充满竞争的当今社会，这将会使我们失去发展的大好时机。

把未知交给科学，就是用先进的知识体系，系统的求知方法，不断创新的目标取向，来探索未知、求解问题、寻找答案。近代自然科学的发展，使人类社会的文明程度达到前所未有的新高度，使人类社会在最近20年生产和积累的知识比历史上所有时期的总和还要多，使人类社会的物质丰富程度比历史上任何时期都要高。在人类发展的历史过程中，任何知识体系只有经过教育、传承、普及的过程，才能被认识、掌握和运用。科学知识也不例外，科学的教育、传播、普及的过程，在当今社会就是科普的过程。

从求知路径的角度看，人在求知过程中，具有一些特定的方法。公认的方法有四种：信仰、权威、直觉和科学的方法。

信仰的方法常在宗教领域中使用。虔诚是其知识可靠性的唯一法门，他们宣扬"信则灵"。因此，不管宗教所描述的故事是否为事实、是否真实可靠，相信是获取这类知识的唯一方式，而且这类知识也只对信徒有效。宗教知识一旦被怀疑，或是被证明是虚假欺骗，宗教会用更多的谎言来掩盖。权威的话语或指示也是一种知识的来源和行动的指南。尤其在君本位的社会中，君主的话语就是权威，不容许有任何怀疑和批判，其他人只能遵循或执行。权威与信仰的求知方式没有本质的区别，只不过前者信神，后者信的是具有权威的人。两者都把知识当作一成不变的教条，都是基于相信而不是实证。因此，在超过了特定历史条件和地域范围的情况下，这种知识就成为束缚人们思考的枷锁，成为社会进步的羁绊，成为探索的阻碍力量。

直觉的方法是一种经验感觉和基于经验所产生的对外界的反映，大多是文学、艺术、创作领域的创造性求知方法。在科学研究领域，一些有经验的科技工作者，也会具备一种直觉思维的能力，并且通过这种能力，克服长期悬而未决的问题，使人豁然开朗，达到"柳暗花明又一村"或者"无心插柳柳成荫"的效果。

科学的方法是一个体系，由观察、实验、逻辑、推理、演绎、归纳、运算等方法组成。这些方法是以自然存在为基础，以现有的知识体系、公理、定理和规律为基础，使用逻辑推理方式，进行推论、求证其结果；科学方法中还存在抽象思维，有些预测虽有合理性，但基于现有理论和知识却暂时得不到实证，需要时间来证明，直到发明了更先进的研究技术和手段以后，才能进行论证。如爱因斯坦广义相对论的很多预言就是在数十年以后，才被观察和试验所证实的。

三

科普就是把科学探索的结果以及所形成的知识体系，用科普技术向公众进行传播，并在公众中宣传普及科学方法、科学思想和科学精神，以提升公众的科学素养和使用科学技术解决问题的能力。同时，科普要激发公众尤其是青少年对科学的兴趣，让他们愿意投身科学研究工作，能够用科学的方法去解决问题，用科学思维去思考问题，用科学精神去探索未知。

所谓科普技术，是指科普过程中所采用的技术及方法体系，包括科普创作、传播、教育、终端表达等的技术、途径和方法。

科普创作技术或技巧指运用科普特有的表达方式，把科学技术知识（原理、方法、精神）进行创作、转录、翻译成公众能够接受的形式进行传播、宣传和普及，其中要运用到文学、艺术中的许多表现手法，比如拟人、比喻、形象化等。这就要求科普创作人员，既要有科学技术知识功底，又要有文学功底；既要懂科学，又要懂艺术。因此，科普创作并不是一件容易的事，非要下苦功夫不可。那种在文学作品中掺杂一些科技名词就认为是科普作品的认识是错误的，那种用科技名词包装玄幻作品而冒充科幻的做法也是极其有害的。

科普传播技术则是科普技术与传播技术的结合，传播技术是科普技术的一种，两者既有交叉，也有区别。传播技术更是一种信息传递技术在传媒中的运用，不仅可以传播科普内容，也可以传播别的内容，比如新闻、各类知识甚至是迷信伪科学。但科普传播要求内容上的科学性和通俗性，传播的是通过转化、创作的科技知识；表现方式上，一般采取易于理解、互动、参与、实验等形式。受众在科普过程中，既是在接受教育、学习，也是在体验和参与。

科普教育则是指通过科普的形式使公众接受教育，树立正确的人生观、价值观。在一定程度上，科普教育是科普的效果体现，也是一种教育技术。就像科普和校外教育是学校教育的一种补充形式，科普也是一种通俗的教育方式，不仅适用于学生，还适用于对非专业、校外的"学生"进行教育，因此，科普教育更具有社会性，有更广泛的市场。

科普终端表现技术是在互联网、手机新媒体、移动端的信息化大背景下，科普内容载体的发展和表现形式的创新，这种终端表现技术具有移动化、泛在化、视频化、全时化的特征，无论何时何地都可以就近随时获取所需科普内容，同时具有可转发、可互动、可娱乐等科普技术的共同特点。

科普技术与传播技术有本质的不同。以上提到的科普技术，首先要求内容具有科学性，可靠正确，并运用科普创作技术，比如，科普科幻作品创作、展品展览创作和策划、数字媒体显示创作技术等，使传播内容既要正确，还要让大家能懂。但传播则追求的是新闻效应，所谓"语不惊人死不休"。如果源头是污水，传播技术越强大，污染就越严重；如果内容是错误的，传播越广，危害也就越大。但是，科普传播则是借助传播技术包括传播渠道、传播工具、手段、方式等来传递科普内容；除此之外，还借助现代信息技术进步所带来的终端呈现技术，包括印刷、声像、多媒体、新媒体、VR、AR、MR 等技术，来增加对科普用户的黏性，提升科普效果。这也是科普与科技传播的主要区别之一。

科普是一种方法，一种提升公众基本科学素养的方法，使他们对于一些似是而非的传播内容能够进行基本的判断和选择,对于生产生活中遇到的一些科学技术问题能够进行分析、识别、寻求答案;对于一些骗人的伎俩能够识破或者保持怀疑的态度,对于未知领域既保持好奇而又不轻易下结论。这就要求:在知识层面,具备基本的科技知识,了解基本的科学原理;在方法层面,能够用科学的方法去求知和论证;在精神和思维层面,具有科学思维,比如怀疑的精神、批判的精神和评估思维。

现代社会已经进入大数据、云计算、物联网的新时代,以移动、泛在和智能为特征的智慧型社会正在兴起,人类早已抛弃结绳记事、刻痕计时的古老技术,扬弃了珠算、筹算的传统技能,走向智能计算机、光量子计算机的新时代。如果我们仍然止步于几千年前的认识,把人类远古时期面对强大的自然而无能为力、只能祈求上苍的认识当作真理,则无异于作茧自缚,坐井观天。

科学、非科学甚至伪科学,都是人类探索自然过程中形成的知识体系,是人类劳动结出的果实,在不同时期发挥着各自不同的作用。非科学和科学两种价值观之间的一个重要区别在于:非科学的价值观是基于感情、信仰、习俗或权威的未经检验的价值观,它根植于某种毋庸置疑的信念;而科学价值观是受到认知和理性探索的知识影响的价值观,基于实证的、可重复的、可验证的方法体系。前者以主观主义为代表,且受到后现代主义者的追捧;后者以客观主义为代表,表现为客观相对主义和客观结构主义。

无论是从自然进化还是从社会文化进化的角度看,基于感情、信仰、习俗或权威的价值观,是人类社会发展过程中的一个阶段性产物,是在科学不发达情况下人类感性认识的成果,并且对人类的发展作出过积极的贡献,在特定的场合下仍然会发挥其应有的作用。但是，随着科学技术发展中所揭示出来和日益凝聚而成的精神要素不断融进人类的价值观念，成为人类选择、判断的价值原则和技术手段，那么受到认知和理性探索的知识影响的价值观必将发挥越来越重要的作用，成为我们构建道德体系和伦理判断的价值基础。

很显然，科学探索的成果能够不断改进我们的价值观，能够促进道德进步，在需要的时候和合适的地方发挥理性的价值观引领作用。我们已经拥有一套约定俗成的判断，在应用医学、心理学、工程、教育咨询和其他领域得到实践的检验。同样，我们也有一套约定俗成的伦理判断，在实践中和在规范的知识体系中受到了检验；而且随着科学的进步，新的规范也会不断被引进到这种判断中来，使人类社会不断兼具公平、效率、正义、诚实、理性、和谐的核心价值理念。

可见，科学不仅具有强大的物质力量，而且具有强大的精神力量。科学技术是推动世界发展的力量已经成为共识，这不仅体现在它给人类带来丰富的物质生活和精神享受上，而且，它极大地改变着人们的观念，提升人们的精神、道德、价值水准。随着科学技术和社会经济的进一步发展，科学技术的精神财富还会得到进一步挖掘。目前，我们对科学技术的精神层面及其所具有的价值认识还远远不够，这不仅是因为长期以来形成的顽固观念还在习惯性地统治着人们的思想，而且，社会进步和观念变化往往是螺旋式前进的，不时会出现"复辟"的思潮，同时也说明科学思维和科学方法还未得到系统普及，科学思想没有深入人心，具备科学知识的人不一定具备科学思想和科学精神。这也恰恰说明，科学普及工作还任重道远。

在人类社会发展的进程中，唯物主义和唯心主义、科学和伪科学、科学和迷信，总是在不断地进行着较量。在这个过程中，唯心主义思想家也在不断地修正自己的观点，使之与当下的观念相吻合，这就蒙蔽了部分公众，认为迷信和伪科学也很有道理，从而成为其信徒。甚至有些科学家，在遇到一时难以解决的问题时，也会滑到唯心主义的阵营里去。这也说明科学的精神作用是强大的，这种精神力量唯物主义者不去加以利用，唯心主义者就会加以利用，成为他们的法宝。任继愈先生曾一针见血地指出：自然科学不但影响着唯物主义，同时也影响着唯心主义。哲学史和科学史表明，狡猾的唯心主义，一般并不赤裸裸地反对科学和常识，它是把自己伪装成科学，利用科学暂时解决不了的问题，作出唯心主义的结论。每当科学思想发生深刻变革的时候，这种情况就显得更为突出。历史上不断发生这样的事情，随着自然科学的新发展，唯心主义哲学也相应地改变着自己的面貌，只不过它的改法与唯物主义不同而已（任继愈，中国哲学史，第一册，第 8 页。人民出版社，2000 年 3 月第 20 次印刷）。可见，科学代表进步的力量，是人类社会文明进步的成果，我们不仅要发挥其物质上的作用，也要挖掘并发挥其精神力量的作用。

在互联网和全媒体时代，科学思维的培养非常重要。在当前的信息化社会，各种知识、信息充斥在公众周围，人们在互联网上冲浪拾贝，在日益方便地获取信息的同时，也可能由于信息过载而导致学习疲劳，产生厌烦情绪，甚至走向反面，失去了好奇心、求知欲，这比什么都可怕。在此情况下，就需要人们具备一种科学思维尤其是评估思维，具备一种评估、判断、选择的能力，可以在众多的信息、知识中，通过评估，进行判断和选择，以避免在信息化浪潮的冲击下随波逐流，从而达到学习和创新的目的。当今时代的科普，如果只是传播一些科技知识，就很难形成真正的科学素质。从知识本身的价值看，知识必须服务于社会、促进社会发展和人的素质提升，才有价值。同样，如果科普只是传播一些科技知识，就很难完全体现科普的价值，也无法实现科普的社会责任。知识本身是中性的，所以科普在传播知识时就必须具有价值导向，尤其是要承担起应有的社会责任，为建立正确的社会价值体系发挥引领作用。

当前，科普要为建设与市场经济相适应的社会文化服务，这种文化的核心内容就是科学文化，而科学精神与科学思维无疑是科学文化的内核，也是创新文化的精髓。在当代创新创业大环境下，科普不仅要提高知识，更要服务社会，为社会发展提供优质的空气、肥沃的土壤、干净的水源，这样才能确保社会不断进步。但在今天，仍然有一些人希望放弃人类理性和自由，回到前现代社会存在的神秘传说中去。科普的任务还十分艰巨，自中世纪欧洲文艺复兴运动以来的科学启蒙还需要继续，人类需要对自己的未来承担起责任。

总之，从知识的生产和发展过程看，知识的获取和运用需要正确的方法，知识的表达需要思想的指导，知识转化为行为更需要精神力量的驱使。正因为如此，我们说知识是用来转化为智慧的，是需要运用和使用的，不能转化为智慧和力量的知识是干枯的，是没有生命力的。鉴于此，"科学思维书架"从思维的角度出发，探索科学普及新路径，以提升人们识别、运用和转化知识的能力，真正提升人们的科学文化素质，提升人们处理社会事务和参与科学决策的能力。本丛书旨在告诉大家，人类在探索自然奥秘和社会发展规律过程中形成的科学原理、方法、技术手段和精神理念，哪些是有用的，哪些是错讹的；告诉大家，哪些是路，哪些是坑，至少到目前为止，前人已经探明的路，后人不需要另走弯路，跳一次深坑，这也是"科学思维书架"的本意，尽管可能还难当重任，但如能作为后贤前行的垫脚石和铺路砖，那么本丛书的目的便已经达到。

中国科普研究所研究员　郑　念

目　录

序 曲

夜空沉思

我坐在书房里开始落笔写这本书。我的书房位于一个庄园,俯瞰山下的法国小村庄,窗外是昔日香水之都格拉斯市附近的山峰。当太阳落山时,格拉斯市的路灯和建筑物里的灯光开始闪烁。远方是戛纳,欧洲的电影之都,毗邻隐约可见的蔚蓝色地中海。我妻子的父亲在几十年前建造了这座庄园。庄园耸立在阿尔卑斯山滨海区的一个小山峰上。庄园上面的卡斯特拉斯公寓是退休人士的修养地。庄园下面是一个色彩绚烂的山谷。当暮色来临,我依稀能看到右下方的一座橄榄园以及园中的棕榈树、松树和奇花异草。此刻,庄园附近的建筑还几乎没有亮起灯光,因此当黄昏降临时,我能够观看壮丽的夜空。

晴朗的夜晚,银河系、恒星、行星,还有偶尔的流星雨,呈现壮丽的图景。我记得 1997 年观看海尔-波普彗星,它的彗尾熠熠生辉。山下是穆昂-萨尔图村,我妻子的祖辈自 1495 年以来,在此生活了500 多年。11 世纪黑死病肆虐,致使当地人口剧减,格拉斯的领主邀他们来此地定居。他们最初是来自西班牙的萨阿拉哥萨,因为受到宗教迫害,逃避到意大利热那亚,当时他们欣然接受邀请。我岳父带我看公墓中最早的墓碑,上面字迹依稀可辨,主要有威尔家族的姓氏

[第一批受邀者中有一位叫克劳德·威尔(Claude Vial)]和维达尔家族的姓氏。自那以后,异族多次通婚,家族的血统中便混合了很多族群。

10   半个世纪以来,每到夏天和假期我都会和妻子、孩子、孙辈们到蓝色海岸(法属里维埃拉)度假。我记得早些年,春天茉莉和郁金香绽放,空气中弥漫着芳香。那时农场主们还摘收鲜花,提取香精,瓶装后出售给巴黎、多伦多和洛杉矶的时髦女士们。我们经常会游览度假胜地戛纳,那里有闪亮的白色旅馆和时尚的服装店、咖啡店和餐馆,我们不时光顾,品尝刚捕捞的海鲜和当地的葡萄酒。

穆昂和萨尔图以前是两个独立的村庄,19世纪中叶合并。镇中心最初的住宅是由从附近采石场里开采的坚硬石头建造而成。镇上狭窄的街道依然铺着鹅卵石,世世代代被马蹄铁和车轮碾压。穆昂-萨尔图如今已经现代化,拥有一些花哨的店铺,满足日益增多的游客。

我几乎每天都会步行到镇上,取回刚出炉的热面包,购买《世界报》(Le Monde)或《费加罗报》(Le Figaro)和《国际先驱导报》(International Herald Tribune)。我所经过的大街叫作拿破仑大道。拿破仑1835年3月从流放地地中海的厄尔巴小岛回来后,就取道这条从戛纳到格拉斯再到格勒诺布尔的路再次招募军队。因此我想,要以历史的角度看待问题,并且思考这样的视角对于理解不仅是法国这样古老深厚的文化,而且是往昔人类文明的多样性、进化的生物圈以及整个浩瀚无垠的宇宙,意味着什么。

歌德(Goethe)说过,人们必须懂两种语言才能充分理解其中一种。人们可以用英语表达像 voilà 或者 oh la la 或者 la vie en rose 这样的法语短语或者辅助词吗?我们如何将德语 achtung 或 ja wohl 翻译成英语或法语？英语 *my god*！或者 *lovely* 也不能简单地重复成其他文字。习惯用语就是习惯用语。

同样，人必须至少生活在两种文化中，才能对自己文化的特殊缺点有所认识。这就是为什么我与法国女人结婚，经常到访法国并时时住在那里——在我岳母在世的时候每年探望她。我对她喜爱鲜花或热爱美食烹饪、调味品和松露的品性，从不解到有新的认识。这就是为什么我妻子两地生活——一处是她度过生命三分之二时光的移居地美国，另一处是她至今梦思萦绕的家乡法国。

另一个差异是法国人回到家都要与家人拥抱和亲吻，与朋友或熟人见面和分别时也如此。这也是国家首脑和外国使节们在外交场合的礼仪。我第一次见到我岳父的时候，我妻子在我耳边轻声说，"请拥抱并亲吻我的父亲"（他是一位法国陆军上校，后来是法属赤道非洲地区的财务部长和企业家）。"什么？"我一开始对她要我这样做感到震惊。不过我说，"那好啊"，也就照着做了，尽管我只是亲吻空气而不是他的脸颊。美国人可能会拥抱女人，但跟男人他们通常只是握手。但是现在，作为礼貌、尊重和情感的象征，我更喜欢法国习俗。

再谈谈天体。当我凝视夜空时，我想这神秘的星空毫无疑问会给史前人类和后来数个世纪的数代人留下深刻的印象。对于见到的天象奇观，他们肯定有无限遐想。无疑，头顶闪耀的壮丽星空会使他们吃惊，不管他们是像我现在这样坐在山峰上看，还是躺在开阔的草原或沙漠上看，还是卧在高耸树冠的巢穴中看，还是躲在洞穴入口处看，还是从北方冰冻的苔原上看。白天，和煦光明的太阳让他们感到舒适，而在晚上，则有月亮。他们看到的明亮行星（不过这是后来才知道的），无数闪亮的星星，偶尔的流星雨，罕见的彗星和日食无疑都激发了他们的想象力。阵阵闪电、滚滚雷声、倾盆大雨和皑皑白雪，都让他们感到惊恐。他们或许会思考，所有这些，若有所指，意味着什么。自然之美，是那样难以置信，它是神秘之源、奇迹之始。

他们的生命经常受到威胁。他们经常饥渴交迫，或者受到猛兽和抢掠部落的惊吓。当他们受伤、生病或面对挚爱的人突然死亡时，他们可能会悲呼："在这个庞大的万物格局中，有我和亲人们的一席之地吗？"很多人肯定渴望获知存在之谜的答案。萨满巫师和魔法师开始根据祖先口头流传下来的传说编造故事。信仰因此建立起来，人们认为在这个世界之外有一个隐藏的王国，由看不见的神控制，如果我们想要免受这个野蛮存在的折磨，人类必须安抚诸神。法国最早的居民毋庸置疑也对他们每天面对的满是野兽的世界感到困惑和惊恐。

欧洲很多洞穴内发现的壁画，展示了史前人类如何生活。法国肖维-蓬达尔克岩洞，位于穆昂-萨尔图东北大约 150 公里处，由让-玛丽·肖维（Jean Marie Chauver）和他的两个朋友于 1994 年发现，他们都对洞穴学（洞穴探险）很着迷。该洞穴以肖维的名字命名。

在阿尔代什省的山谷中，当肖维和他的同事在穿过平缓易行的丘陵时，从峭壁上被落石挡着的一个小洞中吹来一股冷风。他们挖出一条通道，设法爬进去，发现自己位于一个通风口附近。他们用绳梯最终下到一个大型洞穴的拱顶。当进入这个巨大的空间时，他们看得目不暇接，在里面他们发现 400 幅令人震惊的壁画。有的壁画刻在洞穴壁上，有的壁画是黑色的，还有的是赭红色和棕黄色的，这些壁画描绘了马、野牛、驯鹿、犀牛、鬣狗和其他动物。此外，在洞穴的岩石墙壁上还印着人类的手掌印，可能是签名。洞穴的地上散落着动物的骨头；虽然里面也有很多灭绝的巨型洞穴熊的骨架，但这些野兽很可能是被居民们吃掉的。附近还有其他的大洞穴。通过碳元素断代法对洞壁上的颜料进行分析,显示这些壁画大约有32 000年的历史。据估计,这些史前作品完成于35 000年到36 000年之前,这意味着旧石器时代的一段不同插曲。一幅壁画上是一个裸露着胸部和下体的女性;一些壁画上是半人半兽。显然,史前人类需要狩猎来获得食物,并且他们也会遇到企图吞噬掉他们的野兽。

　　有些人类学家将这些壁画解读为反映出一种狩猎-魔法的含义,也许是宗教萨满主义。这些壁画可能是对成功狩猎的一种挽回祭。这些艺术品强烈地表明,描绘这些壁画的人是具备复杂认知的人类,不是手持棍棒的野蛮原始洞穴民族,而是具有艺术美德的创造性绘画者。

　　也许,他们相信画出一个相像的动物形象,可以提高狩猎者的收获。里面也有人类的画像,一部分身体变成动物:人长着野牛的头和角。这意味着什么?我们只有猜测的份儿。然而这些远古艺术家的技艺令人印象深刻——它标志着真正意义上文化的首次萌动。法国和西班牙有多处洞穴遗址,其中的艺术作品创造时间相隔数千年之久。发现史前民族使用的工具和武器意义重大,因为人类的一个显著特征是能发明工具并将之传承给后代。这些工具标志着文化的进步,因为它们提供了对付自然的新方法,改善了生活的状况。这些洞穴无疑是庇护所,尤其是在冰川时期,但洞穴也是危险之地,熊、狮子、猛犸象和其他动物出没于此。

　　对人类来说,宇宙是神秘的,是惊奇和想象的源头,无论是头顶的天空还是地底的世界。早期人类尽其所能思考他们所遇到的一切事物,为了弄懂其中的意义。

　　毫无疑问,他们受到疾病和死亡的困扰。各种早期文化似乎都希冀永恒的生命和灵魂的不朽。例如,后来的埃及法老建造巨大的金字塔,以保证他们的身体能保存至来世。其他文化则编织来自超凡神祇的救世和救赎寓言,神派出使者承诺从死亡中拯救世人。随着早期宗教的发展,祭司操纵咒语要求献祭并服从他们的命令。从这些原始的渴望中,人类创造出神圣力量和上帝的前哲学以及前科学的宇宙观,充满对此生之外神秘世界的向往。这些神学体系假定全能的神祇创造出宇宙并安排好宇宙的结构和秩序。祭司和诗人操纵仪式,希望治愈受苦的人并拯救死者。自此,宗教从充满灾难的、残酷的生存冲突中产生,并为悲伤的心灵提供抚慰。

传统有神论为宇宙提供了超自然的秩序。现在、过去或将来都归咎为神圣的创造行为。上帝是大自然的本因。自然的每个部分都是有目的的,并且满足这个设计。在万物格局中,人类的职责就是敬仰上帝并遵守他的戒律。人类与上帝的关系是历史的核心旋律,如果人类希望从命运的沉浮中获得永恒的拯救,那么对全能的神的信仰就必须主宰着人类所关注的其他所有问题。

今天,现代人不必再通过冥思诸神来探求存在的意义;人们不再被信仰所压制。拒斥上帝也不再是探索的必要起点——很多激进的无神论者如此断言。我们不需要从批判关于上帝的假说来开始我们的探索;相反,我们应该从自然本身出发,从我们与自然相遇之时。我们需要进入自然世界,并尽可能不受早期人类文明预设的影响来理解自然。我们的出发点不应该是宗教,而是科学——这种探索有一个成功的现代传奇。

按照近来天文学的发现,我们不得不放弃此前所坚持的天空是宁静的、星座是不变的观点。事情根本不是这样。我们从超新星爆炸中观测到恒星的死亡,这导致产生极大数量的、由早期恒星带发展

而来的新恒星。看起来,恒星是从星团簇中生成,由氮氢浑浊云凝结
而来。地球上的生命演化和文化历史发展是理解我们是谁,以及我
们未来前景的关键所在。

新人文主义

有人会提出这样一个问题:当今的科学时代最终会带来有神论
的湮灭和"诸神的黄昏"吗? 很难预测人类文明的未来走向。科学能
开启一个新纪元吗? 在这个新纪元中,人类充分认识到他们生活在
没有上帝的宇宙中,并且如果他们想要生存和繁荣,必须要依靠他们
自己的创造力、智慧和勇气。毫无疑问,每代人都将遇到难题和挑
战。危险的是,这可能导致通过一种新的"丧失胆识"和再次出现古
老的安慰神话,以缓解人类的恐惧和对不测的预感。

一场"新无神论"运动忽然之间蔓延开来。这一运动拒斥对上帝
的信仰,因为这种信仰与科学所揭示的关于宇宙的一切背道而驰[1]。
新无神论对上帝强劲有力的谴责最终获胜了吗? 毫无疑问,它是对
古代神学神话的一种矫正。考虑到人类历史中盛行已久的神,战胜
诸神将是一个曲折的过程。在我看来,新无神论(不可知论或怀疑
论)能够有助于带来自主的人文主义的全面繁荣。但我认为,只有当
新无神论提供一种确保能够真正代替宗教的新伦理观念和价值承诺
时才能如此。这预示着,已经在欧洲、美国和亚洲快速生长的世俗主

15

---

[1] "新人文主义者"已经出版了大量有关这个主题的著作。Richard Dawkins, *The God Delusion*
(New York: Houghton Mifflin Harcourt, 2006);Christopher Hitchens, *God Is Not Great: How
Religion Poisons Everything* (New York: Hachette, 2007); Sam Harris, *The End of Faith*
(New York: Norton, 2004); Daniel Dennett, *Breaking the Spell: Religion as a Natural
Phenomenon* (New York: Penguin: 2006); Victor Stenger, *The New Atheism* (Amherst, NY:
Prometheus Books: 2009).

义会继续传播,并且这将有助于发展新的并且充满活力的人文主义。但是它一定要采用一种真正全新的方法。我将这称之为"新人文主义",它虽然坚持世俗人文主义和科学理性主义,但也乐于接纳其他观点,并且愿意与其他观点并肩合作,致力于发展更好的世界。它并不是激进的反宗教。虽然它批判有神论的宗教主张,但是它的批判是严肃的和理性的。它怀疑有神论的宗教主张,但是通过吸引更大范围内的人,它的目标指向更具包容性。

如果对古代一神论宗教的质疑最终渗入社会认知,那么超凡脱俗的宗教将开始失去它们对社会的影响。但是如果这成为主流趋势,那么新人文主义者需要专注于改善这个世界上的事物,而不是与超自然主义的错觉进行斗争。相应地,核心问题就是能否发展出一种新形式的全球人文主义,让人类最终能够从远古时代就滋长的胆怯中解放出来,能够实现真正的人类愿景——即便不是永久实现,至少在可预见的未来实现。

16 在我看来,我们必须对人文主义选择采取一种更现实的方法,使质疑有神论主张的人肯定一种真正的、包容的新人文主义。新人文主义强调个体自由、人权和善良意志的重要性。它蕴含感同身受的迫切性,蕴含令人愉悦的创造力和活力价值观——并且还蕴含一种认识所有人类尊严和价值的新的全球伦理。我坚信,人类能够继续改善自身状况,继续实现我们最高希望和愿景——虽然我们生活在一个湍动的、变幻莫测的和常常不稳定的宇宙中。

本作品的歌剧脚本

我把这部作品的各个部分命名为序曲、间奏曲、第一幕至第九幕、终曲,因为我希望强调生物圈、人类事务和物理宇宙本身的戏剧性特征。自然的秘密可能就在于它就像歌剧一样，是人类生命的悲喜剧描述，合理性中充满激情。当然，两者之间不同的地方在于，歌剧是一个虚构的作品，通过艺术在舞台上呈现精彩的表演，伴有舞台布景、身着各色演出服的人物角色、剧本、歌词、合唱，一个由女高音、花腔、男高音、男中音和男低音伴唱以及琴弦、铜管乐器和打击乐器组成的琴管弦乐队。歌剧是人类事务极具魅力的美学表演，尽管自然和生命是真实的，然而经常表现出和歌剧相似的强度和奥秘。从人类的视角看，自然引起希望和辉煌、悲惨的结局、绝望和失败等的激烈迸发。认为自然是"歌剧化的"当然只是诗意的隐喻。同样的类比也可以用在其他类型的音乐诸如交响乐或爵士乐上，这些音乐也与自然相类似。自然，以其丰富多彩，展现出兼具和谐与不和谐的强大戏剧性特征。

根据自然科学所发现的最深刻的自然定律来看，我们生活在一个美丽而优雅的宇宙中。[①] 然而与此同时，我们发现宇宙中的偶然性、随机、不和谐、个性化、历史性、涌现和新奇无时无刻不在。实际上，有人推断，我们的宇宙可能不过是一系列具有持续的创造性和破坏性的宇宙之中的一个[②]。人类行为领域同样处在一个不确定的、常常无序的环境中。21世纪初，我们经历过几次破坏性的地震——发生在印度洋、海地、智利和中国，导致成千上万的人类死亡，显著地说明这一现实。尽管如此，人类有能力做出道德选择，人类的未来之路一定程度上取决于我们如何应对在无序的宇宙中所面临的挑战。

① Brian Greene, *The Elegant Universe: Superstrings, Hidden Dimensions, and the Quest for the Ultimate Theory* (New York: Vintage Books, 1999).

② Carlos I. Calle, *The Universe: Order without Design* (Amherst, NY: Prometheus Books, 2009).

　　考虑到科学探索业已证明的记载，我们需要根据科学方法来认识自然，也就是将对自然的认识建立在自然主义的基本方法论原则之上。今天科学所告诉我们的关于宇宙的一切——就像我所解释的那样——读者可能会觉得始料不及，甚至是令人吃惊的。如果我关于自然的一般特征的叙述是有充分根据的，这对于人文主义的 eupraxsophy 就具有重要意义，eupraxsophy 是我引入的一个术语，用以描述一种非宗教的生活方式①。eupraxsophy 源于三个希腊词根，*eu*（善，好），*praxis*（实践，执行）和 *sophia*（智慧），能让我们在科学智慧启迪下做出经过沉思的道德选择。②

----

① eupraxophy 是作者所创造的一个术语，从字面意义上来说，意味着"生存的善与智慧"。——译者注

② 参见 Nathan Bupp, ed. , *Meaning and Value in a Secular Age：Why Eupraxsophy Matters. The Writings of Paul Kurtz*（Amherst, NY: Prometheus Books, 2012）.

第一幕　元自然

科学的兴起

当人们认识到超自然解释不能说明自然现象时，历史上发生了理解自然的彻底转变。古希腊早期，前苏格拉底哲学家寻求以自然因素来解释事件。他们诉诸理性和观察来解释自然，而不是通过信仰和启示、神迹和神学这些未被客观证据证实的事物。直到文艺复兴时期现代科学才得以发展。古人运用理性和常识（例如，亚里士多德观测到月食并且推论，地球一定是球形的，因为它投射出圆形的阴影）。现代科学家则发展出新的实验方法来解释自然。

现代科学家就宇宙的本质问题，继续提出有意思的疑问。他们探寻宇宙是否协调运转，如果是的话，宇宙如何运转？而且，他们继续探究科学世界观的意义，寻求对人类状况有一个更清晰、更准确的理解。15世纪的哥白尼革命取得了一个重大突破。它把太阳，而不是地球，放置在太阳系的中心。19世纪，达尔文的进化论取代了此前的创世学说和智慧设计论。当前各种宇宙学与历史上的宇宙学的不同之处在于现代宇宙学基于科学的方法，而这既涵盖理论阐释中的数学一致性，也包括对理论充分性的实验证实。

现代物理学和天文学始于脱离宗教权威的限制。中世纪教会起 初反对新科学，对探索进行神学上的约束限制。16、17世纪的自然哲学家（通常这么称呼他们），包括哥白尼、伽利略、开普勒和牛顿，拒斥神秘动因，并且基于仔细观察和精确的数学计算提出力学定律。这些科学宇宙学家们将宇宙描述为一个受普遍规律支配的、固定不变的系统。宇宙模型类似于钟表或者机器，其中每个齿轮或轮子互相连接。整个宇宙图景表现的是机械的和确定的。

人们极其确信数学合理性和经验观察能阐明我们对宇宙的理解。诗人亚历山大·蒲柏（Alexander Pope）是这样颂扬牛顿的：

　　自然和自然规律掩藏在黑暗中，

　　上帝说，让牛顿降生！

　　于是一片光明。

如果，我们知道宇宙中物质实体的确切位置和速度，我们就能够精确地推测出所有物质事件的未来状态，法国天文学家和数学家皮埃尔-西蒙·拉普拉斯（Pierre-Simon Laplace）在 18 世纪末如此宣称。"在唯物论的万物格局中，上帝的位置在哪里？"拿破仑·波拿巴问道。"陛下，我不需要上帝这个假设。"据称拉普拉斯如此回答。

直到 19 世纪，人们普遍认为，牛顿物理学能让科学家理解整个宇宙的质量和能量状态。在启蒙运动时期，人们也相信自然科学可以超越物理学，延伸至化学、生物学、心理学甚至社会科学。在工业革命伊始，法国哲学家和数学家孔多塞侯爵（Marquis de Condorcet）私下里预言说，这种认识将有助于促进人类的进步，包括免费的公共教育、妇女和少数族裔的平等权利、宪法制的共和国、开明的经济制度，以及民主。孔多塞死在监狱中，为法国大革命中爆发的激愤献出了生命。

查尔斯·达尔文乘坐贝格尔号（Beagle）的加拉帕戈斯岛之旅中 21
的革命性发现，给神学家们的信念强烈一击，即由神圣智慧设计的一
切物种都是不变和永恒的。恰恰相反，自然选择原理解释了物种的
进化，包括人类的起源。古希腊时期的恩培多克勒（Empedocles）曾
提出进化的理论，尽管这一理论受到亚里士多德的拒斥。通过尝试
解释万物如何随时间而变化，科学第一次开始认真地对待历史。

在18世纪和19世纪，社会科学开始发展出大胆的新观念。到
无人涉足大陆的航海旅行引发了人类学和社会学比较研究。类似马
基雅维利（Niccolò Machiavelli）的《君主论》（The Prince）这样的著作
为如何获得和维持权力提出了精明且往往无情的方案。这导致对政
治的现实性研究，并最终在18世纪兴起政治学。亚当·斯密（Adam
Smith）具有影响力的作品《国富论》（The Wealth of Nations）催生了
政治经济学，这促使出现新的经济学。大卫·李嘉图（David
Ricardo）、约翰·斯图尔特·穆勒（John Stuart Mill）、卡尔·马克
思（Karl Marx）和其他人对此也都有所贡献。哈佛大学的威廉·詹
姆斯（William James）和莱比锡大学的威廉·冯特（Wilhelm Wundt）
的心理学实验室的建立，让人们期望能够通过研究行为来客观地理
解心理体验。今天很多科学家和哲学家相信神经科学能够绘制出大
脑的微观形态图，并因此可以根据客观神经学术语来理解意识。

20世纪，阿尔伯特·爱因斯坦提出的相对论改变了绝对时空
观，通过引入维尔纳·海森堡（Werner Heisenberg）的不确定性原理，
量子力学改变了经典物理学。20世纪在原子和亚原子理论上的这
些戏剧性发现，已经改变了我们关于自然如何运转的观念。偶然在
自然界中是一个真实的因素吗？宇宙中存在偶然性、不确定性、多样
性——不再是一个统一和固定不变的系统，而是充满变化和改变吗？

20 世纪的天文学已经让我们延展了关于宇宙及其尺度的构想。对于当代天文学家来说，宇宙正在迅速膨胀。大爆炸理论就是解释这一观点的假设。通过对恒星和星系的光谱分析，能够观测到光线朝着色谱的红色端转移，显示膨胀的速度正在增加。

22

自然的一般特征

理解自然世界的最优方法是转向自然科学，其试图解释自然如何以及为何按照其方式运行。然而，自然科学学科之间的门类分工不断激增，并且以惊人的速度出现新的学科。结果就很难找到一个统一的理论可以解释所有事物。相反，一个切实可行的目标是从各门科学中发展出一套一般范畴，至少其可以描绘出自然的基本轮廓。

考虑到不同学科的快速增长，任何试图理解自然一般特征的努力，从其本身来说都不是一项简单的工作；然而，我们需要从一种跨学科角度来进行尝试。为了理解自然，我们需要通过细致的描述和测量，运用我们对资料的观测。我们还需要提出假说和理论以便解释我们所观察到的现象是如何发生的。科学家从历史的角度来描述和划分事物及其性质，并且将不同种类的对象、事件和过程进行分类。但是他们的基本兴趣是对所观察到的现象为何如此运行进行因果解释。他们寻求发展理论，并且用实验方法来加以检验。为了能够在知识体系内得到认可，这些理论需要通过使用科学方法的质疑者群体的重复和证实。对一个理论的解释必须经过审查和同行评议。通常所获取的知识是零散的，并且可能只限于在高度专业化的语境中进行探索。人们不断试图推断我们能知道什么，并且如果可能，将这些知识应用于其他领域。当然，理论的概念化发展取决于数学这一探索的基本工具。因此，机械论在各个领域中都有广泛的应用，并且这非常有助于物理学和天文学的发展。

我们也利用可能无法用公式表述的类律或者无法用实验检验的一般预设，然而它们可以作为一个强有力的类比，应用于广泛的主题。这些一般原理是在其他领域开展探索的准则。原子论是个很好的例子，这是对自然世界中发生的所有事物的全面解释。留基波（Leucippus）和德谟克利特（Democritus）在古希腊的前苏格拉底时代提出原子论，但这纯粹是推测性的，并且没有实验基础，更不用说用数学方法去加以解释。直到 17 世纪的牛顿科学时代，原子论才应用于物理学，并且通过强大的微积分工具被实验证实。

另一个一般原理是跨越生物学和医学学科的疾病微生物理论，用于指导研究者们试图发现感染的原因和可能的疗法。安东尼·范·列文虎克（Antonie van Leeuwenhoek）在 17 世纪末制造了一台显微镜来监测微生物。爱德华·詹纳（Edward Jenner）、约瑟夫·李斯特（Joseph Lister）和其他人试图发现传染性细菌以及用疫苗来对抗它们。路易·巴斯德（Louis Pasteur）使医学发生了革命性的变化，早期他建议加热葡萄酒来杀死细菌，后期用牛奶巴氏灭菌法来杀死细菌。他处理过狂犬病和炭疽热。塞迈尔维斯（Ignaz Semmelweis）说服医生和助产士通过洗手来降低分娩过程中的致命性感染。像结核病这样的流行病似乎一直都很难治愈，直到很久以后检测到感染肺部的杆状菌，并且开发出磺胺和抗生素来治疗这种疾病。

20 世纪原子理论令人瞩目的发展让几代人为之着迷，诺贝尔奖也被授予这些物理学中的卓越发现。哲学家试图向我们解释一般原子理论在我们认识自然中的意义。20 世纪中叶，原子时代的到来激起公众关于核武器和核能工厂污染的广泛讨论。每一次亚原子物理学的重大突破都吸引着公众的兴趣。对于我们理解自然，这预示着

23

什么呢？物理学和化学基本理论的应用——原子和亚原子等级的质量和能量——足以让我们理解所有现象吗？这是物理还原论者的论点，我认为其非常有限。因为，我们可能需要引入更高层次的其他观念和理论，来解释生物圈中的有机物和生物学进程、人类心理学以及社会制度。

24   新工具的发明扩展了我们的观察能力，让物理学的进步成为可能。首先是显微镜的发明让人们清晰地看到微观世界中实体的存在。随后发明了电子显微镜，再后来是超级电子对撞机，让研究者能洞察不透明的亚原子世界，而此前他们只能推断并且无法揭示这个隐藏的世界，现在则能在实验室中探测其轨迹。能够探测大脑的新型工具的发明，可以让我们在未来更好地理解人类认知和心理吗？

通过运用原子理论，化学已经取得快速进展。化学当前的主题是分子。化学家分解混合物和合成新分子的能力——从塑料到新合金，是现当代世界中工业和技术应用的核心。消费者对这些大胆的新力量印象深刻，这些新发现让生活得以改善。新药理学工业的出现，很大程度上也依赖于化学和生物技术。医药领域的新技术发明，如 X 射线、CAT 扫描、MRI（核磁共振）和其他的诊断技术，也同样如此。研究者们目前能够确定微生物、细菌和病毒的真实存在，并且发明疫苗和抗生素治疗以前难以医治的疾病。扩展我们观察自然能力的新技术，尤其令人兴奋地唤醒人类的想象力。望远镜激动人心的运用让人们前所未有地挑战既有的教条。伽利略能够观测到木星的卫星，并因此推翻教会的顽固权威，其假设了自然的固有秩序，援引亚里士多德和阿奎那（Aquinas）来作为科学-哲学问题的最高仲裁者。

今天，天文学的重大突破有难以估量的意义。因美国天文学家爱德温·哈勃(Edwin P. Hubble)而命名的"哈勃革命",在20世纪20年代就明确地证明,我们的星系不是宇宙中的唯一星系,而且我们在天文望远镜拍摄的照片上看到的模糊不清的黑斑,并不是我们银河系的一部分,而是大量的星系,这些星系最初被称为"星云"。这些恒星系统与我们距离之远令人咋舌。并且这些恒星系统以极快的速度远离我们,距离银河系越远,其速度越快。通过对望远镜所接收到的光波进行精细光谱分析,我们得出这些猜想,远端的星系正向更远的距离移动。随着当代天文学的发展,假设了新的宇宙尺度、恒星的产生和灭亡、星系的碰撞、暗物质的存在、虫洞和黑洞、超新星、矮星、类星体、脉冲星,并且在其他类太阳系中也已经发现新的行星。所有这些让人类无法想象,并且冲击了人类物种在宇宙中的特殊地位,挫败了有史以来人类是万物中心并且在宇宙中具有特权位置的自命不凡的观念。的确,上帝是根据人类想象塑造出来的。唉,我们已经发现,我们只不过是无数物种中的一员,栖身在数以亿计的星系边缘处的银河系中一个并不太大的太阳系中的一颗小行星上而已。

对于我们关于宇宙以及人类物种在其中位置的观念来说,这意味着什么呢? 从前,我们专注于自己的太阳系和银河系,但是经过改良的哈勃望远镜和开普勒太空望远镜向我们展现了远远超出我们理解的宇宙尺度,而在此之前我们只能猜测并未观测到。随着我们知识的进步,人类物种看起来按比例缩小,尽管我们在对天地万物的科学和哲学理解能力上的进步确实令人惊叹。

无疑,这些望远镜和尚在开发的新仪器将把人类的观察能力推至其他世界和其他可能的尺度。在空间时代到来之前,这些能力仍进一步延展。向外太空发射人造卫星使我们摆脱地球大气层信号的失真,这不仅包括通过将天文望远镜送到更清晰的空间,而且还包括

25

向月球发射宇宙飞船,向火星、金星、水星、木星、土星和其他行星发射人造卫星,甚至可以发送至太阳系外并且传递回数据。这确实令人印象深刻,然而我们发现得越多,我们就越觉得自己渺小。宇宙的浩瀚和广阔的时间尺度降低了地球上事物的重要性,这对事物的本质而言并不那么重要。

我们所在的银河系估计有 4 000 亿颗恒星、无数行星和大量的气状层云。银河系的螺旋臂大约延伸至 50 000 光年,并且每 2.2 亿年回转一次,以每小时 40 万公里的速度快速朝离我们最近的仙女座星云而去。银河系看上去要与仙女座发生碰撞。宇宙中还有其他充满恒星的数以亿计的星系[①]。所有这些都是由存在人类头脑中的神圣存在设计的吗? 他的儿子存在人类的想象中,他的预言者们描绘出一个为人类所创造的天国般的寓所。这种有神论的假设是一种"错觉",理查德·道金斯(Richard Dawkins)说。什么推论! 这是十足的拟人化的幻想。

至少,与地球上其他物种相比,人类可以通过科学如此多地了解自然,这令人叹为观止。因此,我们需要去质疑哲学、神学和科学中的经典和现代假设,即宇宙是一个有着固定规律和完美秩序的精致体系。这一观念源自柏拉图的"理念"概念,以及亚里士多德和阿奎那关于万物的固定秩序;并且它也是牛顿科学的假设。

达尔文革命是促使对传统的宇宙观进行概念重建的科学探索领域。在当前如此之多的现代科学中,这一领域将生物圈放置在人类的关注中心。达尔文的自然选择假说极具魅力,是新物种出现和其他物种走向灭绝的过程。现代进化理论认识到基因变异在为某一物

① 参见 *Science* 324 (June 5, 2009): 1262.

种成员提供新能力中发挥了至关重要的作用，这对其生存有利，并且可能通过差异生殖传递给后代。这样，物种出现改变并且演化出新物种。随着大量新物种持续进化，偶然和适应因此在生物圈中占据重要的地位。生物圈不寻常的差异性揭示了自然界的特征。地球上估计有 10 000 种真菌，270 000 种花和植物，万千种陆地哺乳动物和海洋生物——生命形态巨大的全貌式景观。与和谐和秩序一样，个体化和历史性是它们的特征。个体化是自然的残酷现实，无论对行星或星系、雨林或洞穴、花朵或社会秩序都是如此。并且，所有事物似乎都在生成、改变和消亡。

一个鲜明的例证是业已发现的物种的大规模灭绝。印象深刻的例子是在加拿大伯吉斯页岩中发现的化石，大部分化石来自 5 亿年前的寒武纪时代。这些化石展示出现在已经灭绝的生命形态的巨大多样性，这些生命形态演化中具有错综复杂的解剖学特征。已经收集到成千上万的标本，大多数都与现在的生物体没有任何相似之处。这也证明没有任何物种是不朽的——甚至是人类自身——因为数百万的物种已经灭绝。人类有好几个种类，除了智人外，包括尼安德特人在内的所有人种现在都已灭绝。人类不朽的巨大错觉——相信人类物种会永存——现在彻底破灭了吗？就人类对永恒的追逐来说，这预示着什么？对失去救世主的人类，有什么安慰吗？

是的，从戏剧化的意义上来说，尽管我们生活在一个有序却模糊的宇宙中，但我们在自己的生活中扮演着富有创造力的角色。适应、发现和创新在人类进化过程中意味着创造性的方面。我们已经发现宇宙体现出的有序和无序，多样性和偶然性，尤其是不确定性和模糊性。在人类领域中，所有这些都被放大，这就意味着一种行为上的开放性和自由竞争。我们生活在一个不安定和未完成的宇宙中，人类

27

事务显示出所有这些特征。如果生活在一个开放的宇宙中，其最终的目的不是预先确定了的，我们所有的行为都对其产生影响，那在伦理上意味着什么？我们在自己的生活世界可以有一些选择能力，尽管还很有限，而且我们对我们与之相互作用的环境直接产生影响。

哲学反思

这些反思来自自然生物学和社会科学所描述的自然和生命。在这种探索中，如果哲学有一些作用的话，是什么呢？本书不仅是关于自然，而且也是关于人类状况的论著。如果有什么哲学意味，那就是在**元自然**层次上。这有点类似于亚里士多德的《形而上学》（*Metaphysics*），书中也包括后来他的著作编撰者搜集的论文。关于形而上学的书籍，被放在他关于物理学的作品和讲演笔记之后。亚里士多德文集的重要性在于，他从所处时代的科学中生成了他的哲学思想，当然，现在这些思想大部分都已经过时了。

28

在本书中，我基于物理宇宙、生物圈和地球中我们所探索到的事物进行反思；也就是说，基于现在可知的关于自然的科学解释。这有来自跨学科的科学领域；它使用科学的方法来提出自己的真理论断。它是关于宇宙的概要观点，是在人类知识的发展历程中这一阶段的宇宙观。它是关于我们所知道的自然的一些主要特征的概念性观点，而且它将人类物种和人类文明融入事物的本质之中。

从更具技术性的意义讲，我尝试去提出一套基本范畴，作为我们对自然和生命一般特征的认识或概括。我寻求描述概念框架和其基本前提。生物学家威尔逊（E. O. Wilson）称之为一致性，意味着起作用的主要跨学科原则，是我们认识自然的结果。威尔逊从英国科学家、哲学家威廉·惠威尔（William Whewell）那里借用了"一致性"这个概念。在他的《哲学与归纳科学》（*Philosophy and the Inductive Sciences*）一书中，惠威尔引入了**一致性**，用来指代从不同的知识体系中推导出的知识统一性[①]。在一个科学家越来越专业化的时代，他探讨通用性的知识。

　　描述性概括试图寻找各领域间的一般性质和特征，不是科学规律而是类比的相似性，例如原子理论和疾病微生物理论。因此，那种认为自然揭示了偶然事件的证据并且那些持续存在的事物是因果关系相互作用产物的观点，似乎被现代科学证实了。按照爱因斯坦"上帝不跟宇宙掷骰子"的说法，我坚持认为他（她）实际是在掷骰子，而且宇宙就像一场掷骰子游戏，在某种意义上，我们永远也不知道会掷出什么数。爱因斯坦的引述是指量子力学中固有的随机性，一个他倾尽一生都没有解决的问题。我的限定条件是，没有充分证据证明上帝有宇宙之手，或者甚至也没有上帝存在的充分证据。但是，如果我们隐喻性地解读爱因斯坦的陈述，我的答案是，即将要发生的一切都是未确定的，并取决于恰好在某一时刻的偶然和可能的较量这个意义上来说，上帝的确在跟宇宙玩掷骰子的游戏。所有一切都取决于当前事物的初始状态。

　　对事物进行因素分析，是认为存在多条因果作用线这一观点的核心，而且合力推理——基于归纳、演绎和外展——很好地描述了一

29

① 参见 William Whewell, *Philosophy of the Inductive Sciences: Works in the Philosophy of Science 1830 - 1914* (London: Thoemmes Continuum, 1999); E. O. Wilson, *The Creation: An Appeal to Save Life on Earth* (New York: W. W. Norton, 2007); E. O. Wilson, *Consilience: The Unity of Knowledge* (New York: Vintage Books, 1998).

种情境化、多元化和视角化的自然主义①。这种展望解释了很多探索领域正在发生的事情。我认为，这是对我们所经历事情的公正说明，并且它并不寻求用诱人的还原论来解释数据。这种还原方法允许自然中存在新颖性、涌现特性以及意料之外的转折点。尽管数学概念和科学定律的正式陈述是科学的重要组成部分，这些概念化的陈述是假设性的，并且仅仅是作为真实世界中抽象出来的概念而使用。最后，它们是方便实用的工具，有助于推进科学解释的目标。据我所知，它们在事物的本质中没有任何本体论地位。尽管它们指出观察数据之间的关系，并且是物质与能量的属性或性质，但如果将它们视为是和任何先验存在一样的抽象本质，它们没有任何意义。

我们与之邂逅的这个世界充满各种各样尺度和规模的微粒、分子和惰性物体，在地球上如此；在太阳系如此；在其他恒星系、星系和星系群同样如此。这包括各种层次的有机物，从细菌到微生物；也包括实际生活经验中的血液和消化道，对出生、衰老和死亡的反应，以及历史结构中的演化和变革过程。它是一幅关于辉煌和衰败，关于复兴和破坏，关于恒星和星系的生命和死亡，关于物种和雨林，关于社会制度和文化等种种事物的多元的、多层次的场景。因此，我们可能会问，"宇宙的一般特性是什么？我们能理解它的意义和结构吗？或者宇宙超出人类的理解范围吗？"

我认为尚有疑问。的确，我们可以扩展我们对宇宙的理解，但是并不存在轻松的答案。我们能否提出一种统一理论，其中一切事物都能被简化为几条基于物理和化学基础之上的基本规律？一个野心

---

① 参见"Coduction: A Logic of Explanation in the Behavioral and Social Sciences," in Paul Kurtz, *Philosophical Essays in Pragmatic Naturalism* (Amherst, NY: Prometheus Books, 1990).

勃勃的目标,但是否能实现则难以先验确定。我们居住在一个多元
的、多层次的宇宙或者多重宇宙中,其间跨学科方法接近于真正的经
验主义信息。因此,在描述和证明多学科科学中发现的普遍特性和   *30*
特征时,以一个不那么野心勃勃且可能相对容易实现的目标作为妥
协是比较实际的。在此,我们同时发现了规律和混沌。宇宙遵循优
雅、详尽的数学说明,基于此我们常常做出惊人的准确预测;然而同
时它也可以通过历史重构加以解释,并且考虑到个体化、独特性、偶
然和新颖性,因此存在的事物不是固定的,而是取决于因果事件的汇
聚联系。所有这些表明我们居住在一个湍动的、开放的宇宙中,其中
任何存在都不是预先决定的和必然的,而是取决于看似偶然的过程
和事件。我们不禁会问,人类在这个有序而随机的宇宙中处于什么
位置?

　　在我们史前祖先所生活的神秘的、令人敬畏的自然世界中,这些
问题是隐晦的。这些问题是自那时起就持续引起人类兴趣的问题,
是前苏格拉底学派提出并且现代科学家试图解决的问题。它们也是
我将要在关于自然和生命的元思考中解决的问题。

第二幕　生物圈中的偶然和随机

生存与繁殖

偶然和随机是大自然的普遍特征。这在生物圈中以最富有戏剧性的方式呈现出来，其中各物种不断竞争以求生存。它们是否成功既取决于自身的境遇，又取决于其适应程度。生命真是个奇观。所展现的形态多种多样，从最简单的单细胞和多细胞有机体到昆虫、植物、鱼类、甲壳类、动物和人。

一种生物能在这个危险的世界中存活下来，是因为它战胜无数的对手，不但要击败有竞争关系的物种，还要在同物种个体的受精和繁殖竞争中胜出。

让我们从人类的受孕开始看。从男性阴茎射入女性阴道的大量精子中，只有极少数能够到达输卵管并与一个或多个卵子结合，然后开始受精和植入的过程。除了这个精子（如果是双胞胎或是三胞胎，也可能是两个或三个精子）外，其余的精子全都浪费了。偶然性在这里起关键性的作用。

卵子（来自女性）和精子（来自男性）的结合产生受孕体；即两个单倍体细胞合并为一个被称为受精卵的二倍体细胞。这个受精卵接下来必须能够顺利地在子宫着床，否则就被排出体外。许多受精卵就没有成功地完成这个任务。通过微妙的发展过程，受孕体成为一个胚胎并最终成长为胎儿。这个新生命可能随时被排出，可能会发生流产；实际上，人类所有怀孕中，估计有三分之一在孕早期会自然流产。如果顺利植入宫体，胎儿就从其母亲那里吸取养分。

最终婴儿出生了。从前，大量婴儿或死于难产，或在出生后一年内的易发感染时期死亡。孩子需要父母多年的养育和保护，直至他们可以照料自己。从青春期到成年的这段时间，儿童在社群中接受教育——直到年龄足够大，再进入社会，找到工作，组建家庭。

男性一生中射出的数以亿计的精子以及女性一生中排出的数百颗卵子(40 多年中每年 12 颗)中，到底有多少个体最终会顺利怀孕、诞生，并成长到婴儿期和儿童期？而一个人历经生活中各式各样的危险，最终平安度过青少年期的概率又有多大？人可能在任何时候遇到不测——事故、意外或疾病都可以致人残疾甚至死亡。人类福利制度和医学不断发展，使父母能够照顾和教育孩子，不过事情并非总是这样，对野生动物来说也是如此。

大自然是丰饶的。生物世界产生过量的孢子、精子、种子和卵子，其中只有极少数能存活下来。许多橡子从树上掉下来，其中也许只有一颗能生长为幼苗，受到水、土壤和阳光的滋养，直到最后极为幸运地长成小树并成为枝繁叶茂的大树。许多橡子或种子或是被动物吃进肚子，或是被任意踩踏，或是在天蓬似的树荫遮蔽下被其他树或植物闷死，每颗种子都寻求留下自己生命的痕迹。生存的竞争密集且残酷。植物被鹿吃掉；鹿再被捕食者吃掉。如此循环往复，没有穷尽。加利福尼亚森林的熊熊大火可能是雷击造成的，也可能是露营地里的小孩子玩火柴点着的；一场旱灾或是飓风就可能让所有生物求生的努力化为乌有。

同样的故事在生物圈也不断上演。蚂蚁因其鲜美多汁被各种生物吞噬;羚羊被狼猎杀并分食;然而仍有一些蚂蚁和羚羊幸存下来,它们繁衍生息,继续肩负着传递物种基因的艰巨任务。每个物种的无数个体都参与并重复着这生命的戏剧。在生物的生存斗争中,宇宙并未对某一个物种格外青睐。一种植物或动物身上发生的偶然变异令其适应,获得比其他同类轻微的优势。最终,若是条件有利,其后代子孙可能会从中受益并且数量激增。一种新的物种也许会就此诞生——世界上有成千上万种不同的真菌和野花,以及鸟、蜻蜓、隼和蜈蚣,它们只能同种交配。

因此,生命的戏剧在危险和不确定的环境中上演着各种各样的场景——携带 DNA 和染色体编码的个体在挑战中不断适应并传递其基因,逐渐变化和进化。进化过程是持续进行的:选择性分化和繁殖、秩序和混乱、正常生长和适应不良、偶发事件和变化;捕食者身上的每个新变异都使得它能够更好地捕捉猎物,日积月累便提升了猎物脱逃的能力。豹子追逐羚羊,羚羊奋力逃脱。

巴西、中美洲和非洲的热带雨林里草木繁盛。由于数百万年的偶然和冲突、进化和灭绝,多种生命形式共存其中。我很幸运,能够亲自观察热带雨林。一进入巴西枝繁叶茂的原始森林,沉浸在各种声音组成的交响曲中,眼前热情洋溢的颜色和色调:受精、繁殖、出生、成长、成熟和死亡。花朵或藤蔓、植物或鱼、带着异国情调的树、软体动物或食人鱼、河豚或鳄鱼、野猫或蟒蛇,还有鹰或秃鹫都在有无限可能的亚马孙热带雨林里竭力维持自身的生存,这取决于环境中的许多因素。让所有生命在一场由性、繁茂生长、生存和死亡组成的无休止的戏剧中扮演着奇异的角色是一个精妙绝伦的设计吗? 并不尽然,在维持不同生命形式的森林中,同时存在秩序和混乱;但意外的入侵可能会随时终结一个生命。

自然的原始状态不是充满和平与宁静的田园诗般的美好景象。自然是供生物实现自身潜能的舞台,然而同时也是遭遇死亡和毁灭之地。天地不仁,以万物为刍狗。

地球上各种森林和幽谷、雪地和平原的变化主旋律都是不确定的事情。每种形式的生命都在摄取食物、性交、繁殖、哺乳和养育中获得难以言喻的满足感。对于那些顽强存在的,尽管生命过程中处处有危险,但大自然充满机会——新的生命形式不断诞生。这正是孕育新生命的土壤。一些特定生物的存在就是一份礼物,甚至可以说是大自然的慷慨赐予和珍宝;因为毕竟有很多会阻碍其生存的事物存在;因此,动物、植物或有机物能够越过阻碍,成功地活下来可谓一个壮举。

人类的故事也是如此。当大量的精子和卵子——生命的孢子和种子——被浪费时,这颗精子随着性快感与这颗卵子结合,就像一把喷枪随意在满眼碧绿的乡间或是起伏的山峦(或阴道)中到处喷洒来获得孕育。只有一个精子(或两个或三个)能达成目标并最终成熟;其余的都败在机遇的轮盘赌上。

疯狂的生存斗争的结果可能是一个生机勃勃不断成长的个体。这些有机细胞终于成为植物、有机体或人类,然而仍要面对不断适应和生存的挑战。我们能够发掘到那些经历了无数代错综复杂适应过程的物种的残存化石,这些物种一度蓬勃发展,然后衰落,并最终走向灭亡。

大约450万年前的澳洲大陆,袋鼠出现了。古生物学家们已经发现了它们的化石残骸,并重现出袋鼠可能的进化之路。现在有50多种袋鼠。澳大利亚以前曾有大片茂盛的热带雨林,为不同种类的袋鼠提供了生存处所,因为我们在此发现了已经灭绝的大型袋鼠的化石。据猜测,在这片森林中,向空气中释放水分较少的桉树的数量不断增多。随着空气变得不那么潮湿,一些动物群消失了。经过一段时间后,能够跳到不同的水坑和觅食之处的新种类的袋鼠数量激增。目前已经发现大约 80 种袋鼠。它们比山羊喝水少,因此袋鼠种群的繁盛是以其他物种的衰亡为代价的。

因此,生命的第一原则就是博弈,使自己的物种将有机会存活和繁荣,在遗传上略显不同,但又与同一物种的其他成员共享类似的遗传密码。对于设法生存和携带记录着整个物种的历史基因的个体而言,这一切更是如此。

35　　哲学家和诗人所崇尚的自然原始状态有令人振奋的品质:沐浴在阳光下闪闪发光的嫩叶,散发绝妙香味的第一株开放的紫丁香,以及新出生幼崽的嬉戏玩闹。诗人杰拉德·曼利·霍普金斯(Gerard Manley Hopkins)就曾赞叹道:"哦,没有什么比春天更美丽的了。"① 我们周围随处可见生命复苏和再生的迹象,正如每年自然都会重新绽放一样。

杰弗里·乔叟(Geoffrey Chaucer)在他的《坎特伯雷故事集》(*Canterbury Tales*)的"序言"中引人入胜地描写了这点:

> 四月洒下喜悦的细雨,
> 浸透三月干裂的土地,
> 滋润每寸草木的根茎,
> 迎来百花盛开的景象。

---

① 参见杰拉德·曼利·霍普金斯的"春天"。

　　春天来临,生命的激增与再生随处可见,所有这一切都是生物欢欣雀跃的见证。日照逐渐延长,唤起新一轮汹涌澎湃的生长。汁液自下而上在树干中流动,预示着新一年的开始。夏季到来,繁花似锦,香气扑鼻,新鲜的叶子、玉米、榛子、樱桃和浆果都已成熟,等待采摘和享用,完满地迎来收获。大自然带给我们闷热而又草木茂盛的日子,带来清凉的微风、绵绵夜雨和清新空气,或是带来浇在干旱土地上的阵阵暴雨。

　　黎明时分,一丝凉意来袭,秋天来了。叶子变得闪亮,色彩如万花筒般缤纷,有红色、黄色、橘色、紫色和棕色。它们飘落到地上,织成鲜艳多彩的地毯,为甲虫、昆虫、蠕虫、蛞蝓、植物和树木提供新的养分。

　　温带气候地区的冬季,第一朵飘落的雪花预示着寒冷袭来。每场降雪都是独一无二的,落在地面上,为万物裹上一层水晶般的外套。万物在冬日的太阳下闪闪发亮,多么迷人。精美的雪花静静坠落,形成由冰块搭成的小丘。

　　我们沉思大自然的多样性。没有两片雪花是相同的,每片都有自己的复杂形状。然而自云端闪亮地飘落到地面后,雪花变得污浊并成为另一种新的形式。所有生物的命运也随着时代的变迁而波动不已。芽和叶的第一次绽放当然令人欣喜,但是其掉落也同样惹人悲伤——抛开那些无意识的生命形式,至少会让有意的旁观者感到悲伤。

　　然而,自然仍是不稳定和危险的。生物圈中此时有着香味、萌芽、嬉戏和享受,彼时则是沮丧和失望,因为逆境和危险在前方等待着生命。所以存在开始和结束的两极化,生命的开始阶段是出生、成熟和全盛时期的繁荣,生命的结束阶段则是随时发生的灭绝、最终死亡和某些物种沉默或令人动容地为逝者而悲伤。

1918 年，一场流感疫情毫无预兆地袭击了世界各地的无辜者——无论男女老少，无论贫穷富有，都不能幸免。流感共致 2 000万人死亡，死者是随机性的。英国轮船卢西塔尼亚号（Lusitania）在北海①沉没，许多人遇难。一战中，一艘德国潜艇被击沉，船员全部死亡。1977 年，暴风雪袭击纽约市西部，伊利湖结冰并被积雪覆盖，刺骨寒风在湖上呼啸而过，卷起一个个大雪堆。雪大概下了整整 40 个日夜。积雪高达 18 英尺，这是因为扫雪车事先将雪堆积在道路两侧，而狂风又增加了积雪的高度。麻雀、乌鸦、火鸡、鹅、鹿和松鼠的日子都不好过，它们无法刨开地面觅食或在树上筑巢。

虽然每个生命都是对自然的一曲赞歌，但每次死亡都是令人震惊的失败；每个生命都是这变幻莫测的生物圈的棋子。谁能够在这场求生的战役中存活下来取决于其周围的事件会变得如何冷酷。

我重申，大自然相当不关心生死存亡，因为自然秩序中并没有明确的目的可言。人类、斑马、山羊或海狸是否能够生存取决于机遇、偶然性、适应以及改变。但对于那些在这个不断运动的舞台中上演戏剧的生命来说，这是非常重要的。

当然，存在清晰的规律和秩序，同一物种的所有成员重复着出生、发育、衰老和死亡的相似过程。适应和创新有其内在原则，使任何物种及其个体成员得以生存。没有证据表明神圣的意志设计出大自然；也没有理由去相信存在一个永恒不变的先验蓝图。这只是一厢情愿的想法：不是每个愿望都能成为现实。存在遗传密码能使物种生存下去，同时这些遗传密码被传递给后代——其中不乏失败的

① 英国东海岸附近的大西洋海域。——译者注

情况。达尔文提出自然选择,解释一些物种如何出现和存活,而其他物种却灭绝。在人类行为中,认知和智慧作为生存的工具得以体现,勇气则保护脆弱的人类经受命运的浮沉。亚里士多德注意到,人类可以模仿大自然,为了生存而建造庇护所、生火、采集和囤积食物以及用原始武器保护自己。他们创造文化来传递赖以生存的工具和知识。

内稳态与免疫系统

每一个有机体都会遇到对自身生存持续不断的威胁。病原体(细菌、病毒等)能侵入生物机体并引发疾病。所以有机体进化出免疫系统,使其能够应对外来病原体。如果有机体要生存下去,就必须防止感染和创伤。因此,哺乳动物体内已经形成由分子和细胞组成的有效武器库,其专门任务就是与入侵病原体相抗衡。第一道防线是这种内在的先天免疫力。没有先天免疫力,哺乳动物便会被感染击倒。白细胞可抵御传染性疾病对人体的侵害。骨髓中产生不同种类的白细胞。白细胞遍布全身,存在于血液和淋巴系统中。白细胞数量上升是感染的指征。

如果生物被咬伤或被异物割破,各种细菌便可能进入伤口,伤口会引起发炎溃烂。好在入侵的病原体可以被清除,具有有效免疫系统的生物可以恢复平衡和健康。自适应细胞和分子能够发挥作用挽救哺乳动物。如果这失败了,结果可能是发病或死亡。对人类来说,最佳例证或许是呼吸道感染,如肺炎或流行性感冒。得病的人可能感到恶心、疲倦,直至发烧,这表明身体内部机能正在工作。如果感染消退,身体就会适应这种威胁。

与其他物种不同,人类发明了药品来帮助自己生存。抗生素可

38

阻止细菌感染,疫苗可预防病毒感染,外科医生的手术可以使器官复原。事实上,人类已经成功地消除了天花和其他疾病带来的灾难。不幸的是,病原体本身也在进化,从而降低药品和免疫系统对其的抵御能力。因此,我们的健康和生存总会面临新的挑战。

幸运的是,所有形式的有机体生命中都有天然的内稳态过程。生物需要维持内部环境,这个环境如果由于脱水或饥饿而耗尽,会导致失衡、疾病或死亡。功能性结构已经进化到能使有机体存活并将这些遗传能力传递给后代。这些并不是根据预先的蓝图,也不来自智慧的设计师,而是来自事后发展的后验遗传能力。我们可以揭开使得新物种进化的新特征是如何出现的。这些新特征有利于生存的随机变异。缺乏这些变异的物种消失了,而那些拥有变异的物种可以适应环境的变化并将这些特征遗传给它们的后代。恐龙、剑齿虎和猛犸象无法适应,现在已经灭绝,但是新的生命形式已经进化,在地球上繁衍生息,延续着"伟大的'**存在**'之链"——套用亚瑟·勒夫乔伊(Arthur Lovejoy)"伟大的'存在'之链"的说法。自然是动态的场景,是未完成的、有创造力的、和谐的、破坏性的、动荡的世界——还有比这更多的特征。它不一定是有固定科学法则的统一和优雅的体系。存在并不一定孕育未来。寻求囊括任何现有事物或将来会出现事物的统一数学模型是多么简单化的处理问题方式![1] 自然处于不断成长的过程中;自然有对称和常态,同时也有破坏、纷乱和转折,生物圈中尤其如此。

曾经,地球大部分地区都覆盖着森林和丛林,生命形式丰富多

---

[1] 关于对宇宙的两类争论性论述参见 Louise B. Young, *The Unfinished Universe* (New York: Oxford University Press, 1986);和 Brian Greene, *The Elegant Universe: Superstrings, Hidden Dimensions, and the Quest for the Ultimate Theory* (New York: Random House, 1999).

样。后来,由于气候、地质和地壳结构的变化,地球本身也在不断经历变化。今天,地球上有气候极端恶劣的地区——如撒哈拉大沙漠或戈壁沙漠,有极端寒冷的地区,如南极、北极和西伯利亚。地球上也有过剧变,例如地球上大部分地区都为冰雪覆盖的冰河时代,或者全球气候变暖时期。

39

亚马孙雨林:丰饶与浪费

自然资源丰富的地方,生命则生生不息。地球上的热带雨林尤其适合各种生命形式共存,每个物种都竭力找到一种生存方式,以至于欢欣鼓舞并生命繁盛。亚马孙热带雨林是地球上极少数得以保存下来的区域之一。不幸的是,雨林已经被农业种植和商业掠夺迅速破坏。滥伐森林是摧毁原始自然景观的关键性的第一步,亚马孙雨林正在迅速枯竭。亚马孙河流域包括巴西、哥伦比亚、秘鲁、委内瑞拉、厄瓜多尔、圭亚那和苏里南等地区。这一区域产生占地球总量20%的氧气,这是地球大气的重要补充来源。而真正令人吃惊的是亚马孙热带雨林中丰富的物种数量,许多物种在世界任何其他地方都无法找到。其中一个证据,便是生活在其中的成千上万种的鸟类,例如金刚鹦鹉,就包括许多亚群:绯红金刚鹦鹉、蓝金金刚鹦鹉、栗额金刚鹦鹉,等等。同样,美丽的蓝头鹦鹉,或红绿鹦鹉也有很多亚群。雨林里也有许多种类的蜂鸟,它们盘旋在花端,从花朵中吸取花蜜。此外,你还可以看到其他鸟类,如银嘴唐纳雀、蓝顶翠鸿、侏儒鸟和水雉。

亚马孙水域里有黄色食人鱼、粉色河豚、宽吻鳄(小型鳄鱼)、巨型河龟和蜥蜴。据估计,雨林里有300多种哺乳动物:包括多个种类的猴子——在树间跳跃的小蜘蛛猴、绒毛猴、红吼猴和卷尾猴。还有树懒以及蝙蝠和啮齿动物等哺乳动物。水豚鼠便是一种和猪差不多大小的水生啮齿动物。此外，还有小型鹿和巨型水獭，以及美洲豹、豹猫、美洲金猫、美洲狮、食蚁兽、浣熊、貘和犰狳。

亚马孙雨林拥有成千上万种昆虫，包括黑色和棕色品种的狼蛛、子弹蚁和火蚁，以及在兰花、百合、藤本植物、蕨类植物、金合欢树和水生植物之间轻快飞舞的各类蝴蝶。还有食虫植物——维纳斯捕蝇草、亚马孙茅膏菜或捕虫堇，凤凰木花和其他异域物种。生命形式的多样性令人难以置信，每个物种都在雨林中占有特殊的一席之地。

同样，各种树木的数量也在激增。它们中有许多参天大树，庞大的树冠笼罩着整个雨林；而其他小型树木，如木棉树、巴斯坚果树、无花果树和蒡叶茜木，需要努力生长才能求得生存。还有许多树被藤本植物和花枝缠绕覆盖。

树是森林之本。据估计，雨林里有 50 000 种木本植物、树木、灌木和藤本植物。树木通过光合作用释放空气。在绿叶覆盖的树冠上，你能听到不同的鸟类叽叽喳喳叫个不停，它们搜寻着果实和种子。高达 100 多英尺的粗树枝上，供养着大量的附生植物。这些有机体依附在植物或树上生存。高大的树木向上延展了雨林的空间，为生活在高处的生物提供了一个微环境，这些动物包括昆虫、鸟类、树蛙、蜥蜴和许多未知物种。

热带雨林给我们最深刻的印象是物种丰富——生态系统中充满各种各样的生命形式，它们都栖息在这富饶、茂盛、常年高温潮湿的雨林中。各种相互竞争的有机体紧密相连，热带风情的生命交织混战——植物、花卉、树木、昆虫、鸟类、鱼类和哺乳动物共同命运交错地生活在这喧嚣斗争但又无比和谐的密林中！然而现在这个生态系统的大部分正在消失,这多么令人悲哀!

亚马孙热带雨林一度曾拥有成千上万的土著部落;其中大多数已经消失或者惨遭殖民、战争、疾病、酒精或强迫劳动的蹂躏而摧毁。几个世纪以来,特别是在西班牙和葡萄牙入侵之后,热带雨林都是土著居民的庇护之地。雨林为各个部落提供食物和补给,其中许多部落仍然赤身裸体或只涂上装饰性的颜料。

人类在亚马孙河流域具有悠久的定居历史。欧洲的西方殖民主义者到来之前,生活在一起的部族社会砍伐了部分森林来发展农业。他们同时也捕鱼。殖民者入侵后,由于缺乏免疫力,估计有90%的人因染病而死亡,而那些被砍伐清理过的地区因为疏于管理或不再使用而再次变得茂密起来。

今天,亚马孙雨林中只剩下大约200个土著群体,使用大约30 *41* 种语系中的180种部落语言。文化差异性仍然非常大,许多生活在雨林深处的部落仍与外界相对隔绝。这些部落的规模在两百人到几万人之间。我们可以观察到延续至今的不同种族特点,特别是在亚马孙西北地区。这里的关键历史因素似乎是隔绝与分离,它们最终导致了民族和社会发展的不同路线。鉴于猎人和采集者能够找到足够的生存食物,这意味着,虽然有很多部落发展了农业,但有一些部落似乎没有必要开发先进技术、工具,甚至书面语言。

到目前为止,我们能从热带雨林这一地球上原始的栖息地中得出什么结论呢?

- 在这个生态系统中,生命形式的丰饶和浪费紧密交织在一起。
- 在热带雨林里能够邂逅生物多样性。
- 我们在这里发现每种生命形式都奋争找寻自己的生存位置,

获取阳光、水、氧气和食物,并生育繁殖。

- 并不存在明确的总体规划,只有持续不断的交替变化,包括连续和间断、规律和偶然、生存和重复、意外和死亡。

- 人类正在全球范围内改造自然,通常是以破坏的形式。

这也是地球上其他栖息地的境况。欧洲人抵达北美洲殖民之时,当地的森林还处于原始状态。殖民者砍倒灌木和树木,耕种土地,发展农业,饲养牛和家禽,铺设新路,挖掘运河、公路、铁路、城市、水坝、隧道和水库。所有这一切都以改变环境来满足人类的需求和目的。这已经破坏了自然的原始状态。地球上还有其他地带有不同的生命形式;而且地球上还有气候变化的挑战,生命如果想要生存就必须适应这种挑战。只要有人类生存的地方,自然环境就会改变。

42　　在地球的热带地区,太阳全年酷热。这片广阔地区的中心是赤道。这里一年分为两季——雨季和旱季。对于各种生命来说,这两种极端天气都不会舒服。热带地区包括拉丁美洲北部和中部、澳大利亚北部、印度尼西亚、亚洲、印度南部和非洲。

与此正相反的是地球的寒带区域,包括北极圈、南极圈和极地。这些地区是地球上最寒冷的地方,被冰雪覆盖。北冰洋环绕着阿拉斯加、加拿大北部、格陵兰岛、斯堪的纳维亚半岛北部和俄罗斯;南极地区包括南极洲、阿根廷和智利两国的南部。

北温带处于北极圈和北回归线之间。该区域包括北美洲和墨西哥北部,以及亚洲北部、欧洲和不列颠群岛。南温带包括拉丁美洲南部、南非、新西兰和澳大利亚。

生物一直在适应每个地区具有的地理和气候状况。地球很多地区被森林覆盖,另一些是平原。一些地区是干旱的和沙漠化的(如撒哈拉和戈壁沙漠),另一些地区则是潮湿的和沼泽的。一些地区布满湖泊与河流,还有一些地区则是戈壁和沙漠。

不言而喻,各种生命要想生存下去就必须适应这样的环境。数百万的生命都未能存活下来。从地理学上说,陆地生物是这样,无论它是生存在大陆上还是岛屿上,因为地壳的板块结构会随着时间不断移动变化。同样的,地球上依靠海洋、湖泊和河流生存的水生生物也是如此。

这次简短的地理巡游生动地说明了生物圈中偶然性的作用以及生物面临的不确定处境。特别是灭绝物种的发现,以实物的形式展示给人们的不仅仅是个体死亡的实际情况,还包括整个物种的灭绝状况。而且我们还在不断地发现那些早已灭绝的复杂而又美丽的物种,还有近期消失的物种,以及正濒临灭绝的物种。任何物种都有可能灭绝。

灭绝

43

已经确定的五大生物灭绝时期:

● 奥陶纪晚期(约 4.45 亿年前)

● 泥盆世晚期(约 3.7 亿年前)

● 二叠纪末期(约 2.5 亿年前)

● 三叠纪末期(约 2 亿年前)

● 白垩纪末期(约 6 500 万年前)[①]

威尔逊认为,由于受人类在地球上居住的影响,尤其是人口的增长

---

① 例如参见 Discovery Earth, "Mass Extinctions," http://dsc. discovery. com/earth/wide-angle-/mass-extinctions-timeline. html (accessed January 31, 2013), and Anthony Hallam and P. B. Wignall, *Mass Extinctions and Their Aftermath* (Oxford: Oxford University Press, 1977).

以及对地球资源开发的影响，正在发生着历史上最严重的生物大灭绝。

回到寒武纪时期（5.05亿年至5.43亿年前），当时出现了第一个海洋无脊椎动物，我们现在可以发现它们暴露在山区的湖泊和页岩中的遗迹。在不列颠哥伦比亚省附近的落基山脉内的幽鹤国家公园中，坐落着伯吉斯页岩。伯吉斯页岩有重要的化石资源，无脊椎动物死后，遗迹就沉积在上面。当时这个地区很可能位于赤道附近。伯吉斯页岩中存有大量有机体，当被压缩成页岩时，它们被保存得非常好。据推测，这些生物当时被高高的悬崖峭壁上落下的泥石流冲刷到这个位置。这些有机体和动物化石保存完好，数量丰富。这些标本中有小型软体生物马尔三叶形虫。这些化石在岩石表面上显示为高度压缩的薄片结构，仍然能看出其中的一些复杂的三维结构。标本中还有拟油栉虫，是在页岩中发现的最大的三叶虫种，其软附肢结构同骨骼一样保存完好。标本中也发现了海绵动物；下寒武统土卓虫是与现代卤虫相似的"双壳类"甲壳纲动物；奥托亚虫是一种蠕虫状生物，身体的一端有吻部和咽齿结构。所有这些发现都使科学家们能够将后来消失的早期多样生命形式进行分类。

三叠纪时期形成的化石尤其让人眼花缭乱。我们能在科学博物馆里看到展出的巨型恐龙标本。恐龙的首次出现可以追溯到三叠纪和侏罗纪时期，当时出现长着羽毛的鸟和大型植食性动物。白垩纪时期是恐龙时代的最后阶段。恐龙的灭绝据推测发生在第三纪时期，当时恐龙消失，哺乳动物和鸟类取而代之发展为优势物种。

关于恐龙为什么会灭绝是有争议的。一种理论认为，恐龙消失在6500万年前，那时地球上差不多三分之一的植物和动物物种都灭绝了。在考察过土壤、岩石和化石之后，科学家推测当时发生了灾难性事件。一种猜测是，小行星或彗星撞击了地球，造成的雾霾污染导致植物(食物供应者)的死亡,最终让恐龙走向大规模灭绝。这显然发生在白垩纪和第三纪地质时期。其他人则认为,地球被小行星和彗星不断撞击了成百上千年。还有一种说法认为灭绝发生在不同的时期,原因有很多,包括火山爆发、微生物和气候变化。对于恐龙灭绝的原因尚无科学性的共识,但无论是什么原因,其中必然包括偶然性的事件引发灭绝。虽然有多达数万亿的恐龙脚印,但是岩石和页岩中很少有关于这种脚印的痕迹。有趣的是,有很多种不同大小和不同外形的恐龙。进化过程为发生这些提供了解释框架。而这就引出一个基于概率的设想,其中偶然性在自然选择中发挥作用。

化石清楚地记录了史前恐龙物种和所有其他物种的多样性。古生物学家表示,在三叠纪末期,只有40种已知的恐龙存在。然而在白垩纪时期,恐龙的种类迅速增加,这一时期至少有245种恐龙。在恐龙统治地球的1.6亿年间,每当它们进入新的栖息地时,其多样性就会有明显的提升。它们被迫变得更适应特殊环境。由于还有尚未被古生物学家发现的地质化石记录,因此无法全面地重构历史。很显然,物种这幅拼图中有许多小块儿已经丢失。

1842年,英国科学家理查德·欧文爵士(Richard Owen)造出"dinosaur"(恐龙)这一名词,词根源自希腊语"deinos"和"sauros",前者表示"令人惊奇的"或"可怕的"意思,后者则代表"蜥蜴"。恐龙与其他史前生物的不同之处在于它们有直立腿以及支撑盆骨或者髋骨的三块或以上的椎骨。它们被归入爬行类动物。地球上各个地区都有恐龙的踪迹,当时的地球气候与现在大不相同,大气中二氧化碳较多,存在所谓的温室效应。而那时候海洋和大陆的格局也与现在明显不同:现在的各大洲是连接在一起的超级大陆,各大洋只不过是辽阔大洋的一部分而已。随着时间的推移,地壳不断活动,慢慢分成北部大陆和南部大陆，并且仍在持续变化。恐龙的新陈代谢明显比现存的其他生物要适应得慢。

已经发掘出土许多不同种类的恐龙骨架残骸。在中国自贡地区发现的恐龙表现出丰富的多样性。它们包括李氏蜀龙（长 9～12 米的中型恐龙）、天府峨眉龙（长约 20 米）、多盐齿都龙（两足行走，长约 1.4 米的小型恐龙）和杨氏马门溪龙（长 16 米的大型恐龙）。

这一时期的大量灭绝动物已被编目。目录里涵盖大约 1 000 种按英文名从 A 到 Z 排列的恐龙和翼龙——从醒龙、腕龙、雷龙到恶魔龙。还有巨大似鸟的动物，它们要么已经灭绝，要么成为现代鸟类的祖先。此外，还有与之类似的水生和海洋爬行动物，它们被称为蛇颈龙和鱼龙。仍有不断被发掘出土的新化石，如 2009 年在距离北极大约 800 英里的一座挪威岛屿上发现了巨大的上龙化石。这个庞然大物凭借四块强健有力的脚蹼在水下移动，以鱼类、似鱿鱼的生物以及爬行动物为食。它有 10 英尺长的细长头骨和强有力的颌骨，身长 50 英尺，重达 45 吨。很显然它们生活在侏罗纪时期，与陆地上生活的恐龙们没有直接关系[1]。

巨大的恐龙化石遗迹是这些生物数百万年在地球上生存、猎食、战斗、繁殖和死亡的无言证明——时至今日它们已从地球上消失。多么壮观的一场演出——一部恐龙家族的兴衰史。这些生物被后来地球上出现的鸟类和哺乳动物所取代，后者在进化过程中也重复着类似的生命轮回，虽然它们的许多后代至今尚存。看到在自然历史博物馆中展出的霸王龙的骨骼复原模型，让人既惊叹又震惊。迈克尔·克

46

---

[1] John Noble Wilford, "From Arctic Soil, Fossils of a Goliath That Ruled the Jurassic Seas," *New York Times*, March 17, 2009.

莱顿（Michael Crichton）在小说中描绘过这类生物，后来还被翻拍成电影《侏罗纪公园》（*Jurassic Park*）。所有这一切都证明，无论过去还是现在，偶然性和随机都发挥着作用。

列举在最近的全新世时代（可追溯至距今 11 700 年前）灭绝的物种数量，将很有启发意义。基本上在这一时期，冰河时期的衰落和人类文明的兴起并存。随着冰川融化，海平面开始上升。这段时期，海洋生物随着水流进入此前未被水覆盖的地区。所以这就出乎意料地解释了为什么在遥远的内陆地区会发现许多化石遗迹。虽然中间也出现过冷暖交替的时期，但是全球气候在变暖。这使得各种生物的栖息地随着冰川消退不断北移（到北半球）。

这些气候和地理变化直接影响着植物和动物的分布。后果就是，许多大型动物，如乳齿象、猛犸象、剑齿虎和巨型树懒都在冰川时期灭绝了。其他事件，如间歇性的小行星撞击和流星雨、地震和火山爆发，同样影响着生活在地球上的各种生命形式。生命，在一定时期内本来就飘忽脆弱，现在更是危机重重。

概述在南美洲，特别是我在前面提到的亚马孙雨林中灭绝的动物非常有意思。根据这些动物曾经栖息的地区还有个体生活的痕迹，说明有些是最近才灭绝的。例如，棘膝叶蛙是一种再未被观察到的巴西青蛙；达尔文稻鼠也是如此，直到不久前还出现在厄瓜多尔。灭绝的鸟类包括哥伦比亚鹦鹉和尼氏褐针尾鸭。也能列出灭绝的两栖动物、软体动物和昆虫的清单。我提到这些最近才灭绝的物种知识，只是为了重申这个观点，即生物的自然栖息地和生存之战无处不在。大部分——其实是所有——生物能够坚持一段时间，但最终还是无法避免走向灭亡，因为它们已经无法适应。所有这一切都清楚无误地提醒着我们，自然原本就不是一个和平、秩序和安宁的所在。

47

大多数情况下，尽管各种形式的生命能够在不同时期在地球上增长和繁荣，但从长远来看，它们最后都会灭亡。这不仅适用于物种的个体成员，而且也适用于物种本身，它们或者被替代，或者会进化成能够适应生存的其他生命形式。不过，这种状态同样只是暂时的，可能会持续数百万年，但绝不是永久的。读者可以说海龟和爬行动物已经存活了相当长的时间，但它们肯定不能永远存活，最终还是会屈服于自然的选择。

如果放眼全球，我们可以列举出大量灭绝动物的名单。在欧洲，灭绝物种包括穴居熊、穴居狮、矮象、河马、巨型老鼠和披毛犀。这些物种在人类第一次大规模居住兴起之前的更新世时期（11 700年至1 800 000年前）消失。在更新世时期，无数物种的减少也与受太阳输出能量变动影响而产生的间歇性冰期有关。然而，在全新世时期，物种灭绝的主要原因是人类文明在欧洲和其他地区的崛起蔓延。当人类统治一个地区并改变自然生态时，物种灭亡的速度就大幅提高。有人说，法国的任何一只鸟、兔子或野猪都逃不出大厨的刀！无论如何，几乎所有野生动物都已被人类猎杀或驯服。

在更新世时期，每一次冰川的形成都锁住大量的水，而每一次冰川消退都会改变生物的聚居方式。一旦气候变得温暖，植物和树木就会快速生长，各种哺乳动物则随之吃掉新长出的食物。反过来，每当地面忽然被冰雪所覆盖，结果就是人口大幅下降。

全新世时期灭绝的物种包括里海虎、高加索驼鹿、欧洲野驴、狮子、花豹、猞猁、蜥蜴和爬行动物。还有一些物种即便没有全部灭绝，也会在某些地区消失，如萨摩岛上的安纳托利亚豹、高加索山脉的亚洲狮、北海和爱尔兰海的灰鲸、亚美尼亚的猎豹、冰岛的大海雀和西

班牙的伊比萨公羊。同样，更新世时期发生了非洲大陆的第一次物
种大灭绝：三趾马、巨型角牛和非洲狼灭绝——现在这些动物都被
认为是珍禽异兽。在全新世时期，蓝马羚、矮河马和埃塞俄比亚两栖
鼠也灭绝了。灭绝的鸟类也非常多，包括渡渡鸟和毛里求斯冕鹦
鹉（又名阔嘴鹦鹉）。

　　地球部分地区的荒漠化使大量生物的生存状况不断恶化。
若是几乎没有水分，植物和动物都难以生存，尽管沙漠地区的骆
驼和草原土拨鼠已经适应了当地的高温炎热。北非体态优美的
瞪羚和羚羊类物种正在灭绝。在亚利桑那州和内华达州，荒漠地
区生长的仙人掌堪称一个奇观。在长期缺少水分的情况下，仙人
掌花竟然能够一夜之间开放。在如此严重干旱缺水的环境中，竟
然还有这么多种仙人掌顽强地生存着，不得不让人惊叹！但是，
灭绝的速度还在持续。

　　在全新世时期，北美地区的史前物种大量消失，如古代野牛、巨
型河狸和猛犸象。美洲猎豹、驼鹿、加勒比僧海豹和亚利桑那美洲豹
是新近灭绝的物种。美洲狮正在迅速地从以前广袤的美国西部
消失。

　　亚洲地区的大量物种也已灭绝，包括叙利亚象和中国象，巴厘岛
和里海以及爪哇岛上的老虎；巨型果蝠、阿拉伯瞪羚、巨型树鼠、弯角
剑羚、西伯利亚虎、日本海狮、中国江豚、亚洲鸵鸟和云南箱龟。

　　对珍惜地球生物多样性的人类来说，这是多么悲哀啊！这是人
类的过度开发和利用环境带来的后果。国家生态保护运动应该对人
类的良知提出道德要求。

第三幕　适应和进化

49 **自然选择**

> 除了豺狼尖利的牙齿，
>
> 什么能让羚羊有敏捷的四肢？
>
> 除了饥饿和百鸟的恐惧，
>
> 什么能让苍鹰有宝石般的眼神？
>
> 暴力一直是世间一切准则之源。
>
> ——罗宾逊·杰弗斯(Robinson Jeffers),《血腥的祖先》①

正如我们所见,生物圈有着非凡的多样性。这是如何以及为何出现的? 这将我们带向自然选择和达尔文的进化论。据估计,地球上有 3 000 万种生物,其中已知的只有 200 万种。虽然有许多人认为所有曾经存在过的生物中 99% 现在已经灭绝,但我们不清楚到底有多少物种已经消失。生命形态所具有的令人难以置信的异质性早已超出了人类的想象。小到细菌和大肠杆菌,大到鲸鱼和恐龙;从象鼻

---

① Robinson Jeffers, "The Bloody Sire," in *The Selected Poetry of Robinson Jeffers*, ed. Tim Hunt (Stanford, CA: Stanford University Press, 2001).

虫、蜘蛛到高耸的红杉树,这些物种大小各异。地球上每个角落都有生命存在——从海洋底部到炙热的火山地区再到为冰雪覆盖的极地冰层。尽管看起来它们前途渺茫,实际上数不清的物种都能够顽强生存。

进化生物学家提出,地球上最早的生命可以追溯到 35 亿年前左右。最有可能的情况是,所有生命发源于同一祖先,是不断分裂、摄取营养、排泄废物并能繁殖的分子或细胞。从那原始的生命形态演化出了大量的分支和物种。因此,地球上所有生物之间都有遗传学上的关联,而且任何物种的发展史都是一个不断修正的、向下传递的过程①。

然而,自然选择可以精辟地解释地球上无数物种的灭绝和外来新物种的出现。这一理论最早由达尔文在其 1859 年出版的《物种起源》(*On the Origin of Species by Means of Natural Selection*)一书中提出。自然选择被认为是生物学领域最具革命性的原理,现在成为所有生物和医学科学的奠基石。

50

---

① 我必须提出一个警示。地球的有机颗粒有可能来自外太空,可能来自撞击地球的彗星或者小行星,洒落的有机物、种子或者孢子产生出有机分子或细胞。毫无疑问,这只是推测性的假设,因为现在的主流观点认为地球上的所有生命形式都源自一个共同祖先;并且其证据就是生命形式的相似性。但是,并不是没有这个可能,即我们现在看到的进化来的生命,过去的化石记录可能来自外太空。这是 DNA 的发现者之一克里克(Francis Crick)在他的作品《生命:起源与本质》(*Life Itself: Its Origin and Nature*)中阐述的观点。这类似于泛种论观点,该观点认为孢子是从其他行星或太阳系来到地球的。地球上已经发现很多陨石。1969 年坠落在澳大利亚墨尔本北部的默奇森陨石上,也发现某些外星生命起源的证据。据检测过这块陨石的科学家说,陨石中含有氨基酸——地球上生命的构成物质之一。其他科学家认为这颗流星有可能已经在地球上被污染了。检测陨石的科学家们认为,有两种类型的陨石中含有^{13}C,而且这只能在外太空中形成。这些科学家认为,地球上的早期生命可能已经吸收了陨石碎片中的碱基和氨基酸,并且将遗传密码传递给后代。即使最早的生命形式中的有机混合物来自外太空,进化在解释可能由其演进而来的不同物种的起源时,仍然很有价值。

进化通过自然选择这一过程得以实现。进化意味着物种的遗传基因随时间而发生改变。达尔文自己并不了解遗传学理论，这一理论是修道士孟德尔（Gregor Mendel）研究了豌豆植株的性状遗传之后提出的，并最终发展成遗传科学。20世纪中期形成了关于进化的综合理论，该理论吸收借鉴古生物学、生态学、人类学、生物学、分子生物学和生物化学等多个学科。

这个新的理论推翻了认为物种永恒不变的传统观点。亚里士多德提出这一观点，后来得到有神论者的支持，这是因为人们相信是上帝创造了固定的、不变的物种[1]。这是智能设计论的一部分。根据这一信念，所有物种在和谐秩序中实现其独特的功能。例如，蝙蝠具有复杂的雷达式器官，使它们能够在黑暗中找到正确的位置并猎食昆虫。蜂鸟可以像直升机似的悬停在空中，并且瞬间就能改变位置。它们从长喙中伸出舌头吸出花朵中隐藏的花蜜，花粉同时就附着在蜂鸟的喙上，这让它们在飞行中就完成了传播花粉的使命。蜂鸟作为传播的使者让繁殖成为可能。蜜蜂也是植物授粉的关键一环，它们在植物间穿梭，头和身体上的花粉能使其他植物受精。没有蜜蜂，农业就会崩溃。蜜蜂产出的蜂蜜，又被发现其甜蜜多汁的人类食用。物种之间的相互依赖表明协同进化，也就是说，两个或更多的物种合作，一方与另一方息息相关的进化，满足彼此的需要并适应其他的需求。然而，自然界中仍有毁灭和灾难。最近世界上蜜蜂群体的感染和死亡令人担忧不已，这是因为它们对各种生物都有连锁影响。

根据设计论观点，世间万物都在精心设计的生态系统中有一定功能。但是，这种所谓的完美秩序中存在糟糕的漏洞。春天提早降

51

---

[1] 参见 Genesis 1 - 2.

下的一场雹暴可能会摧毁幼小的花;整个羚羊谱系可能因为捕食者或猎人而消失。所以,自然的设计并非完美无瑕,而是充满冲突与不和谐。

古生物学家在检查各种生物的骨骼后,断定其中许多生物来自早期灭绝物种。当他们深入挖掘到不同地层时,发现这些骨骼并不一样。这说明存在逐步的变化。科学家们可以将牙齿、下颌骨、头骨和骨骼拼合在一起,然后使用放射性年代测定法(如^{14}C测年法)确定年代。这有助于确定生物起源过程中的古文物的年代,如骨头、木头、布料或人造的植物纤维。因此,不管是古埃及的木乃伊,还是原始人使用的木质工具或在洞穴壁上用木炭制作的图画,都能够确定年代。^{14}C会衰变且不被替换,而^{12}C能在标本中保持稳定。^{14}C测年法在测定化石沉积地点时极有价值。这再现出某种类型化石在历史中的谱系发展,如不同时期马的进化,甚至是由恐龙长出羽毛并发展出飞行能力的鸟类进化。当生存受到威胁时,物种必须适应,不然就会遭遇灭顶之灾。

在《物种起源》一书中,查尔斯·达尔文写道:

> 当更多的个体出生,超过生存极限时,必然毫无例外会出现生存斗争,或者是同一物种内个体间的斗争,或者是与不同物种个体的斗争,或者是与生存环境的斗争……既然肯定发生过对人类有用的变异,那么在巨大而复杂的生存斗争中,难道在代代更替中,就不会发生对每一种生物在某些方面有用的其他变异吗?如果这样的变异的确能发生(记住产生的个体比可能生存下来得多),那么比其他个体有即便是轻微优势的个体都有最好的机会生存和繁育后代,我们对这还有什么怀疑的呢?另一方

52

面,我们可以确定,任何即便是最低程度的有害变异,也会严重地被毁灭。我把这种有利的个体差异和变异被保存,有害的差异和变异被毁灭,叫做"自然选择"①。

就此,达尔文提出了自然选择来解释生物的自适应组织。在这个过程中,产生进化性的改变,最终实现物种**多样性**。物种的多样性并不是自然选择直接导致的结果,尽管多样性是适应不同环境的副产品。

这意味着生物如果不能够适应自然的变化,就无法生存下去。根据近现代进化理论,随机变异发生,并且在有利的情况下,使得这些发生变异的个体不仅可以生存,而且可以将这些特征传递给它们的后代。发生变异的个体往往繁殖能力比同类未发生变化的其他个体要强。界定一类物种时,部分是因为它们有能力繁殖出相同的后代。当类似而又不同的物种进行杂交时,它们会生出像骡子那样不能繁殖的杂交动物。因此,自然选择的运行似乎受到法则或因素的影响,使一部分个体能够生存和繁殖,而一部分不行。所有物种皆是如此。这解释了物种的生存能力是凭借于此。这表明生命形式多样性的类律性规律。谁能生存和为何能生存受到**偶然性**和**秩序**的共同影响。这是普遍原则,使我们能够将生物圈内一系列事件跨越学科和主题而连接在一起。

自然选择的根本原则,和牛顿的力学定律或量子力学的概率原理一样,提供了有力的解释,使我们能够将各类单独事件结合在一起看。在古生物学中,都是按照自然选择理论来排列和解释人类、哺乳

---

① Charles Darwin, *The Origin of Species* (Amherst, NY: Prometheus Books, 1991), pp. 49, 59.

动物、植物和海洋生物的各种化石。达尔文在研究藤壶之后,估计它们多达 1 200 种。这很像拼图游戏,我们可以将这些碎片拼成一幅连贯的进化式改变的图案。我们邂逅的是生命形式的多样性和可变性。

　　达尔文之后,经过一个世纪发展出了进化综合理论,包括如下部分:①共同祖先;②渐进过程;③基因变异;④适应;⑤自然选择;⑥物种形成。虽然有适用于任何物种的普遍原则,但是就像我说过的,偶然性和随机是已经发生或将要发生事件的重要因素。无论如何,关于进化的普遍理论证据充分,而我会集中讨论四个方面的证据。

　　首先是精心搜集并运用最新测年法技术细心拼接的大量化石记录。间接证据使得古生物学家能对同一个物种的骨骼进行分类,显示它们如何随时间而变化。不幸的是,大部分化石记录已经丢失,所以我们依据现有记录进行研究,这也足以为进化提供充分的证据。

　　第二种证据是为得到有价值的杂交品种而进行的作物、植物和驯养动物的选择性育种结果。可见,人类数千年以来就一直从事基因工程,并明确进化的过程。橘子和油桃便是这一努力的"美味"证据,同样的还有纯种赛马和狗——从大丹到哈巴狗不一而足。此外,人类现在已经有能力通过优生学、人工授精和其他技术来选择孩子的基因特征。现在人们正尝试打造"设计婴儿"。随着克隆和干细胞研究的发展,极有可能尝试对人类后代进行进一步的试验。但是这引起许多人对创造"美丽新世界"的恐惧,毫无疑问,这是有危险的。但是运用这些技术有着积极的成果。如果我们能够治愈糖尿病、帕金森或阿尔茨海默症,那么这样做就不是徒劳无益的,而且除了神学意义,很少人会加以反对。如果可能,用这些技术来提升先天智力、创造力和身体敏捷性是非常诱人的。但这还不是现在需要考虑的问题：我只想指出以上这些能力都表明人类工程可以改变包括我们在内的任何物种，这也为进化增加了证据。

第三种证据是发现没有明显功能的退化器官，如人类的阑尾、男性的乳头或人类的尾骨。这些退化器官是以前功能结构的残留物。它们是物种进化过程中自早期祖先阶段遗留下来的特征。鲸鱼身上的腿骨痕迹表明它们曾经在陆地上生活。鲸鱼通过肺呼吸的事实表明它们是从陆地动物演化来的哺乳动物（也许是从与河马类似的生物演化而来的）。

第四种证据是抗生素和疫苗的开发，用以抵抗细菌和病毒的入侵，以及应对细菌和病毒快速适应而产生的耐药性。这迫使科研人员研究出能够克服细菌抗药性的新型抗生素。由于细菌增殖迅速，我们能在短期内目睹进化如何发生。人类努力找寻新型疫苗来对抗新的病毒感染，如禽流感或猪流感就是生动的说明。

现在是消除科学理论仅是猜想这个流行的错误观念的好机会。科学理论是对基于大量证据的可观察事实的描述性解释。因此这就意味着，物质的原子理论、疾病的微生物理论、遗传的基因理论、重力学理论和进化论都是事实性的。当有其他证据出现时，科学家们可以立刻修改理论以适应新的证据。例如，微生物理论是在 19 世纪提出的，电子显微镜和其他证据后来才弄清楚微生物这个术语不恰当，因为它包括了需要不同治疗方法的病毒、细菌和真菌。例如，疫苗只对病毒有效，抗生素只对细菌有效。科学家并没有试图否认或忽视新发现的事实；他们急切地将新发现纳入所谓的微生物理论之中。

进化的证据如此广泛充分，这让我们坚信进化论不只是一个理论，而是一个已确认的事实。令人羞愧的是，尽管存在大量证据，智能设计论的宗教支持者依旧强烈质疑进化理论。确实，不可否认，对于进化是如何发生的问题尚存争议，而且仍会发现新的影响因素。复合理论让我们可以解释广泛的数据，然而显然科学并不是一成不变的，将来出现新的证据时，可能需要改进和修订理论。我想重申的重点是偶然性在生物进化过程中的作用。偶然性至少以两种方式干预生物进化：适应环境中的突发事件的需要和随机变异的作用，这可能产生对物种很有利的改变，并能在整个物种中开始变得普遍化。这一切都证明偶然性在生物圈中的作用，而且更重要的是偶然性在整个自然界也是如此。

哲学家乔治·桑塔亚那（George Santayana）有一段话用在这里十分传神：

> 大自然是偶然的。一眼望不到边际的画布在我们面前铺开，可以在上面画出任何世界。事物的真实情况愈发清晰，同时事物的可能性也在放大。我们不再为不稳定和短暂的存在感到惊讶和不安……但是，也许所有存在都处于不断变化之中，甚至于第一原则也是如此①。

人类进化

现在，摆在我们面前的有趣问题是人类进化是如何发生的。查尔斯·达尔文提出了这样的理论："人类起源于一种多毛的、长着尾巴的四足动物，这种动物的习性可能是树栖。"达尔文认为，所有的物

---

① 出自 George Santayana, "A General Confession," in *The Philosophy of George Santayana*, ed. Paul Arthur Schilpp (Evanston and Chicago: Northwestern University, 1940).

种都有一个共同的祖先。他在《人类起源》(*The Descent of Man*)中写道:"这部作品的唯一目的",就是思考"是否人类和所有其他物种一样都起源于史前生命形式。"[①]我们与其他灵长类动物,例如类人猿和猴子,具有相似的特征:对生的拇指、指甲、32 颗牙齿、前视的眼睛和彩色视觉。确实,黑猩猩在许多方面看起来都非常像人。而这在达尔文所处的维多利亚女王时期,却触犯到宗教情感,因为该观点挑战了人类物种是上帝的创造物,有别于自然中的其他生物这种自以为是的看法。

56

然而,人类从其他灵长目动物进化而来的证据是压倒性的。动物学家和古生物学家将人类物种归入到人科动物,其中包括原始人(现在仅由智人代表)和类人猿科动物(类人猿,如大猩猩、猴子、倭黑猩猩、黑猩猩和猩猩等)。"人科"动物这一术语指的是人类物种家族。

福音派原教旨主义者在他们的创造论信仰中无法解释的一点是,历史上至少出现过六类原始人。例如,尼安德特人就是不同于我们祖先克罗马尼翁人的一种不同种类的人[②]。

达尔文并不知道,自他那个时代以来出土的大量人类和猿类的化石进一步证实了他的理论。基于这项研究,我们可以将人类的起源追溯到人类和猿类共同的祖先。我们已经追溯出这个祖先就是南方古猿,它介于类人猿和人类之间,生活在 530 万年到 420 万年前。有好几个种类的南方古猿:阿法南方古猿、非洲南方古猿、罗百氏傍

---

① Charles Darwin, *The Descent of Man* (Penguin Classics, 1871).

② 有很多关于地球上生命和人类进化的不错的著作,包括: Piero 和 Alberto Angela 的著作: *The Extraordinary Story of Life on Earth* (Amherst, NY: Prometheus Books, 1996)和 *The Extraordinary Story of Human Beings* (Amherst, NY: Prometheus Books, 1993).

人和鲍氏傍人。它们都在 110 万年前就灭绝了。1974 年,美国古人类-生物学家唐纳德·约翰逊(Donald Johanson)在埃塞俄比亚发现了露西(Lucy),这是一个令人兴奋的发现。露西是南方古猿阿法种女性,年龄在 20 到 30 岁之间,能够直立行走,大约生活在 320 万年到 318 万年前。露西被认为是类人猿与人类之间的过渡者[①]。出乎意料的是,原始人也分为好几个种类:直立人、能人和智人。能人生活在 240 万年到 150 万年前,其名字的意思是"巧手",因为与其遗骸一起发现的还有许多工具。直立人生活在 180 万年到 30 万年前。智人(聪明的人)被确认为是人类。此外,同属人类的还有尼安德特人,尼安德特人首次发现于德国的尼安德谷,并因此被命名;同样,在德国城市海德堡附近发现的海德堡人也属人类。尼安德特人壮硕矮小;他们使用工具和武器,生活在 23 万年到 3 万年前的欧洲和中东地区。

2003 年,在印度尼西亚的弗洛勒斯岛发现另一组人类化石。他们被称为弗洛勒斯人,身材矮小,只有三到四英尺高。因此,他们也被叫作"霍比特人"[借用托尔金(Tolkien)小说中的虚构人物]。他们直立行走,保持着奔跑的步态,脑容量小,然而能生产工具。关于他们的身份有过激烈的科学论战。[14]C 测年法表明他们于 18 000 年到 8 000 年前生活在弗洛勒斯。他们是另一种原始人,只是智人的变种,还是因为某种疾病而导致的体型矮小? 虽然他们已经灭绝,但是争议尚未解决。[②]

57

[①] 2009 年发现的一块化石,距今 4 700 万年,这块保存相当好的灵长目动物化石表明,它可能是人类与类人猿之间的纽带。这就是著名的麦塞尔达尔文猴化石。它是一个类似于狐猴的小动物,有指甲和可对握的拇指,它的后腿显示出朝着直立的能力进行进化。

[②] 参见 Jerry A. Coyne, *Why Evolution Is True* (New York: Viking, 2009).

杰里·科恩(Jerry A. Coyne)指出,非洲的环境变化,尤其是干旱,导致热带雨林成为疏林、热带稀树草原和草原。据推测这导致原始人进化到直立行走。直立行走让他们能从一片森林迁移到另一片森林,让他们解放出双手从地面采集食物或从低矮的树枝上摘取水果。这些食物采集者最终成为猎人。这促使发明武器来狩猎和杀死动物,发明石器来切割肉。

智人是唯一存活下来的原始人;所有其他原始人都灭绝了。尚不清楚以上所有这些原始人是不是独立的人种。在非洲、印度尼西亚和中国发现了直立人的化石。科恩观察到:"大约6万年前,所有直立人族群突然间消失,取而代之的是'解剖学意义上现代的'智人"[1]。

同样,尼安德特人也消失了。科恩指出,在他还是学生的时候,进化学家认为尼安德特人进化成为智人。但他认为这是不正确的并且"大约2.8万年前,尼安德特人就已消失"。智人取而代之,"他们显然取代了地球上所有其他原始人"[2]。"换句话说,"他指出,"智人显然排挤了地球上的所有其他原始人。"[3]

对于发生了什么,有两种理论。第一种理论认为是直立人,也许还有尼安德特人都演化成为智人,但这意味着通过自然选择,所有其他人类的基因可以任意地体现在世界各地的智人身上[4]。

第二种理论认为,智人起源于非洲,并在大约5、6万年前迁移到欧洲、中东、亚洲、澳洲和印度尼西亚,最后在约1.5万年到1.2万年

---

[1] 参见 Jerry A. Coyne, *Why Evolution Is True* (New York: Viking, 2009). p. 206.
[2] 参见同上。
[3] 参见同上。
[4] 参见同上。

前横跨白令海峡(当时处于冰冻的状态)到达北美和南美。这意味着智人同尼安德特人和直立人争夺食物,甚至可能将它们杀死。[1] 20世纪70年代,古生物学家提出一个相对激进的假设,即直立人和尼安德特人"是两个不同的人种,而非智人的祖先。"[2]

58

尼安德特人的化石看起来与10万年前生活在欧洲的克罗马尼翁人的化石不同。古人类学家阿兰·威尔逊(Allan Wilson)分析了智人的线粒体细胞,这些细胞只能来自母亲。他发现他们与当今世界各地的人类细胞相似,这表明我们共同的祖先来自非洲。原始人在数百万年前生活在世界各地。在欧洲和中东地区发现了尼安德特人的化石,在整个亚洲发现了直立人的化石。因此,有证据表明智人是一个相对近期才出现的人种,他们走出非洲进入全世界范围。与其他原始人不同,智人当时是一个截然不同的人种。卡尔·齐默(Carl Zimmer)指出:"非洲人和欧洲人是一个分支;而尼安德特人则是一个独立的分支。"[3]尼安德特人结实强壮,能够在冰河时期生存下来。他们制造工具和武器,能够狩猎并照顾病人,直立人也是如此。然而,这些人种都已灭绝,只有智人活了下来。

齐默问为什么如此。他提出,一个关键的原因是由于新的变异,智人拥有能容纳更大的大脑,使他们有能力制造出更复杂的工具并发明专门的技术。他们会捕鱼、狩猎、穿戴衣服和珠宝,能够凿出法国肖维岩洞中那样的壮丽绘画,能够制造出德国西南部乌尔姆的霍勒费尔斯洞穴中发现的乐器。他们能够使用符号进行表达,并且经过一段时间有抽象思维。智人发展出**语言**来与他人沟通,并将他们

---

[1] Carl Zimmer, *Evolution: The Triumph of an Idea* (New York: HarperCollins, 2002).

[2] 同上。

[3] 同上。

的技术和艺术技巧传递给子孙后代。某种程度上，**文化**出现了；文化的持续进步留存在人类记忆中，并传授给年轻人，智人开始具备了社会群体的特征。

同样重要的是道德原则在社会群体中的演变。人类能够延续下来，部分原因在于他们依赖大家庭，后来发展成为部落。小团体或部族的成员认识到他们需要制订一些游戏规则。这就是伦理原则，如父母与子女、恋人和朋友、兄弟姐妹之间的忠诚和依恋。同样，道德法则也出现了，我称之为"共同的道德礼仪"。这包括对部落成员的同感和同情，以及在他们受到威胁或有着迫切需要时挺身而出。达尔文自己指出"道德标准的进步无疑会给一个部落带来超过其他部落的巨大优势。"他注意到，一个拥有高度"爱国、忠诚、服从、勇气和同情精神"的部落，并且其成员随时"准备帮助他人，为共同利益牺牲自我，将胜过大多数其他部落；自然选择在其中发挥了作用。"①

因此，道德规范逐渐演化，并变成社会团体中提供某种凝聚力的文化价值观的一部分。就像一些进化心理学家所假定的那样，一段时间后，这可能会导致发展出一种"道德本能"②。最终，道义上的同感超越了同血缘的部落，延伸至乡村、城市或国家，直至全人类。宗教和哲学的任务，正是要将小的面对面团体的共同道德行为准则传递至更广泛的人类社群，这使人类向前迈出重要一步。正是归功于道德原则的普遍化，文明后来才得以发展。但是现在我已经跳过了人类发展的宏大叙事。

文化是如何传播观念、信仰和道德价值的？理查德·道金斯引

---

① Darwin, *Descent of Man*.

② 参见 Marc Hauser, *Moral Minds: How Nature Designed a Universal Sense of Right and Wrong* (New York: HarperCollins, 2006).

入了"文化基因"（meme）这一概念①。这是一个关于文化观念、信条或惯例的单位，通过手势、符号、语言或仪式从一个人传递给他人。希腊语中与之相对应的是"mimema"，意思是模仿的事物。"meme"是文化的基因类比。这个概念非常有见地，因为它展示了观念和惯例如何在人群中传播及其得以形成文化认同。有些人批评文化基因论缺乏足够的基于经验的精确度与证实。尽管如此，文化基因概念在强调文化进化中起着解释性的作用，这是人类进化的动力因素方面，使我们能够改变长时间以来通过自然选择形成的纯粹的生物进化的状态。因此，"协同进化"一词指向人类进化中的强大的双因素，并在人类历史的特定阶段变成了基因-文化进化②。

智人与地球上所有生物相比，其最独一无二的能力便是制造工具和器械，让自然服从于人类的意愿、干预并改造世界。鸟类能筑巢，河狸会修水坝，但这实际上都是本能行为。人类建造摩天大楼，发明探月宇宙飞船，这才真正令人惊叹。我们发明新药物来治愈疾病，拓展新途径来生产食物，开辟新前景让想象力能够翱翔。这里，创造性智慧能够作为一种应对机制发挥作用。人类不再需要依靠本能的行为来生存，因为我们可以评估自身所处的问题情境，并且有意识地适应或改变环境。我们可以修正自身行为，创造新事物来享受其乐趣；建造新世界、乡村或城市环境来居住，提出新科学、美学和哲学观点来沉思和赞叹。所有其他物种都是自然因素——遗传和环境的——产物。人类却可以理解我们的生存状况，改变自然来满足我

---

① Richard Dawkins, *The Selfish Gene* (Oxford: Oxford University Press, 1976, 2d ed., 1989).
也可参见 Daniel Dennett, *Consciousness Explained* (Boston: Little Brown, 1991); 及 Susan Blackmore, *The Meme Machine* (Oxford: Oxford University Press, 1999).

② Zimmer, *Evolution*.

们的愿望和要求。因此，认知是人类适应过程中最有效的工具，并且认知将新的文化带入现实世界。人类不再依赖缓慢的自然选择过程以求得生存，而是可以实现飞跃并且改变自然。不幸的是，这些新能力也让人类能够发动毁灭性的战争。人类的创造性智慧是人类善行的最有益工具，但是，若出于邪恶的目的，它也能成为地球毁灭的至高手段。唉，追求和平与和谐是人类面临的持久挑战。

数千年来，人类已经构建了复杂的社会制度以实现其目标。他们已经改造了地球，建立了独立国家和军事联盟。智慧让我们建造了沟渠、水坝、高速公路和排污系统、沿海港口和桥梁，产生了农业和商业，拥有了城市中心区、自然公园、医院、学校、宗教机构和大学，发展了音乐、文学、艺术、科学、神学和哲学——所有这一切都是文化表达和实践的产物。而这些都是我们生活中不可缺少，甚至愿意为之献身的事物。我们是文化的建设者，并把文化添加到自然的世界，这是智人的独特之处。这本身就标志着我们何以成为人类，并且成为自然界的一部分。

61 　　这种能力使人类能够超越生物禀赋的限制。我们可以驾驶摩托车、汽车、远洋客轮和喷气式飞机。我们可以实现全球的即时通信，进入外太空探索。我们发展了不同的法律和道德体系、宗教信仰、人权理论，以及寡头政治和民主治理。因此，与其说是自然，倒不如说是文化在表达和改善人类状况，其作用不亚于甚至强于人的生物和遗传方式。裸体的猿人穿上了被所有社会文化生活修饰的外衣。文明的广度和深度都在不断发展，持续为人类认识开辟新的前景。

在回顾人类的历史和演化时，很明显人类受偶然事件影响并做出反应。智人能够在与其他人种（能人、直立人和尼安德特人等）的竞争中胜出也许是偶然和侥幸。幸运的是，我们竭尽所能地生存、经受考验并蓬勃发展。我们已经超越了地球上的其他物种。就像史前恐龙那样,现在我们主宰着这个星球,可以随心所欲地支配和利用。事态会如何发展不得而知,人类能否延续至遥远的未来也尚不确定。创造性智慧是人类伟大成就的工具,但也可能是极度焦虑和恐惧的根源。除非我们尽管意识到自身本体论上的脆弱性和有限性,但仍能够鼓起勇气成为我们所希望的那样并且维持完整性。

性与爱

生命有很多共同的生物过程。哺乳动物的呼吸、消化、排泄、刺激和反应机制的功能都很相似。特别值得关注的是性在生殖过程中的作用。事实上,性遍及整个生物圈。性几乎是所有有机生物形式的普遍结构。一个物种的成员有可能无性繁殖。细菌可以简单地进行分裂,而无须性交配。卡尔·齐默提出鞭尾蜥蜴可以在没有雄性蜥蜴的情况下实现繁殖[1]。但这是罕见的,而且绝大多数物种都需要交配,雄性排出精子,雌性的卵子因此而受孕。因此,性行为是联系几乎所有生命的一种方式。它是大自然的一份精美的礼物,是感官愉悦的至高形式。对于那些充分体验过性的人来说,性让生命更有价值!

人们可以猜测关于性演化的可能解释。最有可能的是,性给后代带来更为广泛的基因分布优势。无性生殖产生与雌性成年个体相同基因的复本。有性生殖让染色体在一定程度上更为多样,同时也随之引发出现更多的个体化。遗传多样性源自变异,并且这也促进

---

[1] Zimmer, *Evolution*, p. 275.

了进化过程①。这在某种程度上就像在掷基因的骰子,有数十亿种的可能组合。偶然性在这里再次登场——携带各种遗传密码的这颗精子能够与携带不同特征的这枚卵子结合在一起,完全取决于交配和受孕时刻的状况。卡尔·齐默提出,这些基因重组能提供一定的保护,来抵抗能够入侵同类宿主并破坏宿主的寄生虫。在此过程中,个体身上有可能会发生偶性变异,并且这被证明可能会提高生存成功率。与在同种个体之间进行繁殖相比,寄生虫侵入和破坏不同种类个体的难度更大。有趣的是,男性会产生大量不必要的精子,而且我们也看到,其中大部分精子都浪费了,只有极少数能成功地与卵子结合进行受精——这样配子就带有两组交织在一起的不同的染色体,而不再是一组。

　　有趣的是,当排卵产生的信息素引诱带有精子的男性时,性吸引过程就开始了;达尔文认为,性选择无处不在。当男性和女性达到青春期时,双方开始互相吸引,性选择就此开始。这时,两个过程在起作用:第一,男性为了得到女性的青睐,并最终发展到交配行为,会在内部展开激烈的竞争。在一些物种中,雄性追逐雌性的斗争可能是残酷的。有的雄性成员会长出尖角(如犀牛)或分叉鹿角(如麋鹿)来与其他雄性争斗,以此征服雌性。有时,这会演变为一场凶猛的战斗,获统治地位的雄性(如大猩猩)会赶走所有的竞争对手。有一个故事说,两只公牛远远地看着一群母牛,年轻的公牛对年长的那头说:"看看那些漂亮的母牛,让我们上去和其中一头交配吧。"结果,强壮的年长公牛赶走年轻的公牛,向母牛群飞奔而去,一头接一头地与它们交配。

---

① Zimmer, *Evolution*, p. 276.

为什么性欲有着如此强大的冲动？显然，是因为极致的快感来源于性高潮，但也有可能是无意识的倾向或者本能要将自己的基因传递给后代。例如，准备与雌鸟交配的某种雄鸟的阴茎上会有小倒刺，这首先能让它在射精之前把雌鸟体内上一个雄鸟留下的精子刮干净。我们知道，雄狮会杀死母狮与其他雄狮生育的幼崽。一旦幼崽被杀死，母狮就会进入发情期，此时这头凶猛的雄狮就会与之交配；而且雄狮会与母狮多次重复射精过程，直到精疲力竭为止。

巨型海象会与其他海象搏斗，弄伤并驱赶它们，以便获胜者可以独占所有雌性海象来作为性伴侣。眷群原则适用于许多不同的物种，一名雄性拥有大量的后代，都继承了它的遗传基因。顺便提一句，某些人类文化中也是如此，拥有权利和财富的男性能够妻妾成群。有报道说，沙特阿拉伯王室的男性成员就有很多儿子和女儿。

当然，有各种不同的两性关系。一夫一妻制最近在西方文化中受到青睐，然而这种方式往往难以维持，最终会以婚外情和离婚结束。许多物种是一夫多妻、一妻多夫或多相性倒错，它们愿意并能够与许多异性甚至是同性发生性关系。虽然居支配地位的雄性黑猩猩会争取垄断与雌猩猩交配的特权，但是能发现很多雌猩猩会偷偷摸摸地与年轻的雄猩猩通奸。

在性行为中，不只是雄性间会围绕性权利和统治地位展开无休止的竞争，雌性在吸引理想的性伴侣方面也起着至关重要的作用。雄性动物会尽其所能地吸引雌性。孔雀就是典型的例子，雄孔雀会展开颜色艳丽的尾屏来引诱雌孔雀。杰里·科恩推测，雄孔雀为了拖动它们长满羽毛的尾部所付出的大量努力和精力似乎是违反自然

64

选择的,因为这常常会成为孔雀躲避捕食者和生存的负担①。这种现象在其他物种中也存在。雄性动物会出现性别双态现象,如尾巴、颜色或是鸣啭。很多这类形态可能会很好地吸引雌性,然而这些也往往会成为进化中极其重要的生存斗争中的笨重负担。实际上,性选择在自然选择中发挥了最直接的作用。

雌性也发挥着关键的作用,她们选择最出色、健康和英俊的雄性作为后代的父亲。在争夺雌性的斗争中,显然是最强大的雄性会胜出。但雌性的选择同样重要,最迷人的求偶行为往往会吸引到那些对最强壮伴侣感兴趣的雌性,她们也许还期望雄性能够在幼崽出生后尽到照顾的责任并且帮助捍卫领地。这并不是说雄性决斗中胜出的潜在配偶生存了下来,而是完成交配和繁殖的那个个体生存了下来。归根到底,生存下来才是最重要的,并且雌性的偏好和倾向在此过程中发挥作用。毕竟,探戈舞要两人一起跳,绚丽多彩的炫耀和啼鸣是最终交配的重要序曲。人类的性接触中,浪漫的吸引力是两情相悦的关键,或者至少将其灌溉在爱情之花上时,双方的关系变得更为亲密。法语 *L'amour, toujour, l'amour*(永远的爱)充满着芬芳和旖旎的浪漫——你可以想象一位拥有人猿泰山般体格的男运动员与一位体态轻盈、浑身馨香的女性之间的极端的、原始的关系。当然,这种性交行为可能是时间很短的,因为当女性被暴力地侵犯和强奸时,并没有体会到特里斯丹(Tristan)和伊索尔德(Isolde)或者是罗密欧与朱丽叶之间的那种美好和谐。但无论是否有前戏、后戏,或是是否浪漫,两性生殖都会接踵而来。

但是要牢记的一点是,性吸引和激情的结果可能是受精并诞下

① Coyne, *Why Evolution Is True*, p. 145.

婴儿,但它们同样也是爱情的先驱;爱上一个人意味着婚姻关系可能
会长久。它并不是一夜情似的狂欢,而是感情和承诺;由此,特别是
对人类来说——可能会发展出在激情热度和浪漫狂热消弭之后持久
延续的忠诚关系,而激情和浪漫的烈焰则变为时而燃起的余烬,不再
是将人吞噬的烈火。

　　尤其是女性能让男性不离不弃,照顾他们的孩子:如果一个男
人对女人是单相思,他需要说服她接受他的求婚。这意味着一个家
庭的诞生:他们不是简单地生活在一起来狩猎和采集食物的洞穴
人,而是通过婚姻的纽带联系在一起的血缘至亲,在孩子们身上则体
现为孝道。这样,劳动分工出现了。男性保护他的伴侣,时刻提防着
同类的觊觎或躲避野兽。男性外出狩猎食物,女性拾柴做饭,照料家
庭。很显然,虽然性欲在性交过程中是点燃激情的火花,但是它会变
为更深层次的情感和爱,并需要扩展到生活在一起的兄弟姐妹,扩展
到同一族裔和部落的其他成员。

　　因此,其他形式的情感也在该过程中孕育成熟——父母对子女
的爱,子女反过来尊敬父母;兄弟姐妹之间的爱——虽然也会向父母
争宠并且父母会偏心;以及一段时间后发展的同性成员之间的友爱,
这种爱可能是一种带有性暗示的感情来源,如女同之爱或男同之爱。
这是个老生常谈的话题:无论性别如何,人类都能相爱。这种跨越
性别的情感关系发展成为同志情谊和协同性。它们可以含蓄地披着
性这层底色上升到道德-社会关系的高度,受到与其他形式的异性之
爱同样的礼遇和重视。

　　性是人类进化的重要组成部分,发展出了超越交配生殖的本能
行为的新特质——它本身就具有内在价值。人类能够生存并繁荣昌
盛,首先是由于增大的大脑皮质面积和创造性思维的能力;人类能够

66　理解世界并解决可以克服的问题。其次是具备能感受欣赏根植于前戏、性交和后戏等多个维度的爱的能力,这种能力获得了影响维系人类关系纽带的完美无缺的品质,并成为人类能够作为人来爱他人的道德关系的基础,而不论其性别、种族、国籍或出身状况如何。正是这两股强大的推动力——理性和激情——共同必不可少地让原始裸身人猿得以开化,并最终成为真正意义上的人类,能够在宁静时代通过新形式的奉献与承诺以及新形式的文明,来克服并取代迄今在人类历史上出现的暴力和侵略行为。

回顾与展望

　　进化科学已经得出我想强调的人类状况的重要结论。第一,回顾一下,几乎所有生物圈中存在过的物种都已灭绝。这一点强调了地球上所有生命形式的持久而终极的脆弱性。第二,这对应着智人的进化。历史记录证实地球上一度出现过几种原始人互相竞争。智人最终获得胜利,所有其他人种则绝迹了,恰当地说明人类存在的危险特征。第三,如果我们用过去的知识去看待未来,我们只能心存疑惑。因为所有生命形式展现出的一般特点就是不确定性。的确,人类在经历曲折的旅程之后幸存至今,但这并不保证人类将来继续如此。这不仅反映的是自然的一般特征,也是所有生命本身的一般特性。

　　因此,智人的未来前景——取决于我们规划得有多远——笼罩在终极的不确定中。事实上,现在人类有史以来第一次普遍地忧虑起自身的长久生存问题。很显然这不仅是人终有一死——尽管有神论者竭力否认个体生命的有限。而且现在更令人不安的是,人类物种的未来前景以及人类的开拓在未来的某个时刻有可能戛然而止。

间奏曲

我们要面对与人类自尊有着直接道德关联的几个问题——尤其是基于人类进化是如何发生的以及智人是如何胜过其他竞争人种并设法生存的科学的解释。当然我们不能继续坚称人类出于某种原因居于自然世界的中心，并且我们肩负着特殊的使命。我们也必须承认宇宙中存在完美秩序这一信念的破灭。的确，我们在某种程度上生活在一个有秩序的宇宙中，但是其中处处动荡不安——意料不到的偶发事件时有发生，而人类最好的回应方式便是依靠自身生存。

如果人类是自然原因和意外的偶然事件的共同产物，那么人类在宇宙中占有特殊地位的宗教信念就是一个巨大的错误。自然选择理论肯定会摧毁人类一直以来的信念，即智慧存在设计了有序的宇宙和精确的地球以便人类能够生存发展。实际上，宇宙并没有被精心调校，因为意外的事件不断出现，偶然总在扰乱有序的发展。事实上，我们自己道德选择的不可预知的后果往往是无法预见的。也无须多说人类的无限潜力这种乐观天真的论断，因为偶然事件经常会破坏我们的梦想和希望，以及我们精心设计的计划。

如果按照地球上几乎所有其他物种的命运来看，人类也终将灭亡。这对人类的未来到底预示着什么呢？毫无疑问，即使对于世俗的无神论者和理性主义者来说，也很难深入思考这样的问题，即地球上的人类物种可能没有终极未来。那些对科学和理性有很大信心的人，以及相信人类最后将能够拯救地球的人，可能会意识到这一信念的薄弱基础。

68　　　事实上，我们可能会问，按照宇宙充满偶然和动荡不安的特性，我们有多大的把握相信人类会长久地存在下去？很明显，运气在人类进化史中扮演着关键的角色，并且偶然性无疑会在未来继续干预人类的进程。因此，我们无法确定人类物种，更不用说地球这个寓所，在 22 世纪以后能够再继续存在几个世纪？因为人类文明正在彻底改变着地球，滥伐森林、污染海洋和持续不断的工业化和城市化都在改变着地表状态。如果我们反思人类走过的至少 10 万年的历史，以目前的变化速度来说，我们几乎不能保证接下来人类还能持续 10 万年，更不用说 30 万年或者 40 万年了[①]。我们可能追随其他物种的脚步灭绝，这不仅适用于我们人类，也适用于其他生命形式。未来的某一天，地球可能变得不再宜居。由于自然生态的破坏以及其他不可预见的自然原因令人类无法在地球居住，只剩下昆虫、蠕虫、病毒和细菌——那时它们可能统治地球。

逃到外太空

　　人们一直都梦想着乌托邦式的未来，那时没有冲突、死亡和灭绝。我们知道试图在地球上创造田园诗般的乌托邦社会的命运，以及遭受背叛的革命通常会有悲剧性的结果。在后-后现代者们看来，人类有望最终能够居住在其他行星和世界。吉恩·罗登贝瑞(Gene

---

① 参见 Roger-Maurice Bonnet and Lodewyk Woltjer, *Surviving* 1,000 *Centuries*: *Can We Do It*? (New York: Springer Praxis Books, 2008).

Roddenberry)构想的《星际迷航》(*Star Trek*)中的情景一直被津津乐道,在那里人类可以逃离地球,并且移民到银河系里的其他可居住的行星体。更有甚者,科幻小说爱好者坚信人类可能到其他星系旅行。遗憾的是,到达银河系或"附近"星系中的其他恒星系统的巨大时空距离一直都是问题。而找到有氧气、水和阳光以及人类能承受的温度范围等足够先决条件的可以居住的行星(或卫星),难度会呈指数级上升。这一次,科幻小说又来解围了,即人类将建造能够长途旅行的宇宙飞船,并解决航行过程中会遇到的动力和燃料问题。

69

寻找外星生命是对未知的一种令人兴奋的探索。我们孤独地存在于宇宙中吗? 21 世纪初期,最令人兴奋的发现之一便是银河系中不断增长的行星/恒星系统的数目。那么问题是:这些星系有适宜居住的吗? 2009 年实施的开普勒空间望远镜任务,按照太阳的绕行轨道运行,其最初计划是观测大约 10 万颗恒星,来探测发现可能支持与我们类似生命的条件。这意味着要在太阳外行星上找到水的存在。按照推测,为了能够维持生命,这些行星不能有极端的温度。随之而来的问题是,我们的地球是不是宇宙间的例外呢? 或者是否存在围绕其他恒星运转的类似行星呢? 换句话说,我们的地球是不是这个浩瀚无边的宇宙中一个罕见的、偶然的个体行星呢? 人们已经探讨过很多巨大行星,这些行星都像木星那样高温并被大气覆盖。

天文学家发现了几个似乎和地球很像的系外行星。到目前为止,观测到的最小行星也是地球的三倍大。所以我们需要寻找类似于地球的行星,上面有可能存在着生命进化。通过测量行星凌日时太阳光的减少量,天文学家能够计算出外行星的大小、质量、密度和其他特征。

然而,弄清楚星团中是否出现感觉和行为方式上类似于我们所知的生命形式,以及这些生命形式是否进化到出现意识并建立我们能与之沟通的文明,这将是一次巨大的飞跃。与这些生命形式接触将标志着知识的惊人进步。但是,在我们可以确定其他恒星系中存在着一些外星生命形式之前,我们还需要继续进行艰苦细致的观察。

哈勃望远镜近期观测到两个临近我们的新恒星系,这特别令人兴奋。第一个被命名为仙女座 u(天大将军六),距离地球只有 44 光年,三颗行星绕着它旋转,其中一颗比木星大。第二个恒星系统是江波座 e(天苑四),距离地球大约 10.5 光年(约 63 万亿英里)。这颗恒星有三颗行星绕着它旋转,它(约 8.5 亿年)比太阳(45 亿年)更冷、更小、更年轻。这第二个恒星系有一颗巨大的气体行星,其质量是木星的 1.5 倍。围绕着这颗恒星有三条小行星带在旋转,包括冰冻环。最近的小行星带距它约 2.8 亿英里。这与太阳系中火星和木星之间的小行星带类似。另一条小行星带则远离这颗恒星,类似天王星与太阳的位置。这些恒星系虽然与太阳系不同,但我们可以通过一些普遍原则来解释它们的形成。

这类研究扩展了我们的知识范围,并为我们开启对宇宙的新认识。这清楚地表明太阳系中存在个体化,而且需要对恒星、行星和卫星如何形成进行历史的研究。在这种探索过程中,一般范畴的一致性和规律性显见是非常重要的。

也许,让人类最为之神往的问题是,其他行星或恒星系统中是否存在外星生物。也许人类在宇宙中并非茕茕孑立。可能与外星生命形式进行联系这种想法一直捕获着人类的想象力;大量的科幻文学作品描绘了与这类外星世界取得联系的未来场景。而在火星或是其他恒星系中的行星上发现水的痕迹进一步激发我们的想象力来寻找别的生命形式——尽管它们可能与我们在地球上匆匆一瞥或完全没遇见过的生物极为类似。

出于好奇，几十年以来，我对不同领域出现的所谓超自然现象进行调查。这包括对 UFO 目击事件的调查。它们真的是来自地外星球吗？在资深侦探菲尔·克拉斯（Phil Klass）创立的持怀疑态度的 UFO 研究者团体中，我是第 007 号成员（编号最多到 0019），菲尔是一位空间技术专家，他孜孜不倦地研究了所有 UFO 事件的情况（狂热的信徒声称目击到了这些事件）来寻求貌似合理的解释①。我们被称作"CSICOP 调查员"，即"关于异常声称的科学调查委员会"的特别调查员。我们起初非常严肃认真地听取了目击者的证词，他们称这些就是由智慧生物操控的外星飞船。我也调查过许多言之凿凿地声称自己真正目击过 UFO 飞船的人，其中有些人甚至说他们被绑架到飞船上并遇见了来自外太空的生物。

对这些我所调查过的大量说法以及不明飞行物的故事，我现在持怀疑态度。这些故事只能给出苍白平庸的说辞。我尤其对像天文学家艾伦·亨德利（Allan Hendry）②这样的怀疑论者的研究印象深刻，他仔细研究了每个案例，并且始终如一地听取了那些在外人看来平庸无新意的解释，不论里面是否有足够可以确认证实的信息。怀疑调查员们，包括诸如菲利普·克拉斯（Philip Klass）、詹姆斯·奥伯格（James Oberg）和罗伯特·谢弗（Robert Sheaffer）等人，都没有找到过一个无可辩驳的有关外星生物的确凿案例。当一位电视节目主持人问我怎样才能说服我接受 UFO 是真实存在的时候，我开玩笑地回答说："如果它们在太空也冲马桶就行！"其实，我的意思是需要有真实可

① Philip J. Klass, *UFOs: The Public Deceived* (Buffalo, NY: Prometheus Books, 1986); Philip J. Klass, *UFO Abductions: A Dangerous Game* (Buffalo, NY: Prometheus Books, 1989).
② Allan Hendry, *The UFO Handbook: A Guide to Investigating, Evaluating, and Reporting UFO Sightings* (Garden City, NY: Doubleday, 1979).

见的证据。但是,我认为在一定程度也有如下可能性,也就是浩瀚宇宙的某处存在其他生命形式,尽管它们可能不会在地球上以任何可辨识的形式出现,甚至可能与我们地球上存在的生物没有任何相似之处。鉴于距离遥远,任何这样的生命形式到达地球都将需要相当长的时间。无论如何,在未证实有其他智慧生物访问过地球之前,我们不能将之认定为既成事实。我认为这种对外星生物的迷恋是一种新形式的太空时代的宗教,它满足人类的超越论诱惑,这是从人类想象力中分离出来压制对存在的终极意义的渴望。然而,我们并不能排除先验的可能性。我们可以为太空狂热爱好者安排一个长期的任务,这样即使一代人无法完成,一代代人为了找寻未来合适的居住地也许会实现这个乌托邦式的梦想。现在这为人类戏剧呈现出歌剧式的特点。

遥远的行星和恒星系离我们约有数百万光年的距离。有人提出,与地球类似的行星,有可能绕着半人马座 α 星系中离我们最近的恒星旋转。天文学家认为这是个潜在的可居住区域,可能行星表面上有水。天文学家已经观测到太阳系以外的恒星系,并且可能有数十亿个这样的星系。我们使用高倍望远镜有可能看到附近的恒星系中的行星,甚至某天可以坐着探测飞船去拜访它们。我们已经在宇宙中发现了数以亿计的星系,这是可以进行无限探索的空间。

据天文学家皮埃尔·凯维拉(Pierre Kervella)2003 年发表在欧洲期刊《天文学与天体物理学》(*Astronomy & Astrophysics*)上的一篇文章,已知离我们最近的与太阳相似的恒星是半人马座 αA 星和 B 星(南门二)[1]。半人马座 αA 星和 B 星是引力相关的双星。它们与

---

[1] P. Kervella et al., "The Diameters of *a* Centauri A and B—A Comparison of the Asteroseismic and VINCI/VLTI Views," in *Astronomy & Astrophysics* 404, no. 3(2003): 1087.

第三颗恒星构成一个恒星系统,距我们 4.36 光年。半人马座 αA 星的直径为 106.1 万英里,半人马座 B 星直径估计有 74.8 万英里。作为比较,太阳的直径约为 86.4 万英里。第三颗恒星叫作比邻星,是一颗红矮星。半人马座 αA 星和 B 星相距 220 万英里相互绕转。比邻星则绕着半人马座 αA 星和 B 星在更大的轨道上运行。

　　这些行星离我们的距离如此遥远,人类基本无法到达。也许,这种人类逃离地球登上太空船的情景能让后代人略感安慰,但是这近乎是一厢情愿的想法,与基督徒和穆斯林幻想死后得到救赎并升入天堂没什么差别。有神论的救赎显然是一个纯粹的信仰问题,科学上无法证实。但是科幻小说中梦想遨游太空呢? 这就不是纯粹的幻想吗? 整个场景可以配合着音乐,由合唱队按照预期高唱和散那。这激发出一种新的宗教信仰:人类有可能探索宇宙的外围,这无疑是许多人巨大希望的根源。退一步说,这也是一次可能的向未知的跳跃。但是这个方案有难以克服的技术难点。

　　光年的计算方式是一年中光走过的距离,要用每秒光速 18.6 万英里分别乘以分钟、小时、天和年计算出来;是后代人需要突破的巨大距离。一光年的距离是 58.656 96 亿英里。如果你打算徒步走这么长的距离旅行,一定要多带上几双袜子! 然而,一些科学家猜测超越光速的星际旅行的方式,依靠可通过的虫洞或是反重力推进系统。科学家们思考着完全不同的太空旅行方式,包括一种收集反物质来缩短到月球或火星时间的方法;其他人则考虑利用激光或微波技术,用"光束式发射"人类的方法和远距离有效载荷。当然,怀疑论者会质疑人类是否能够接近光的速度,甚至是超越它,而且这仍然属于科幻的范畴。到目前为止,隐形传输只是纯粹的推测而已,虽然在《星际迷航》中很常见。

73

　　我们也不可能穿越回到过去,尽管好莱坞科幻片经常将这一幕
搬上屏幕。这全都是想象力的游戏,然而它却超出合理的范畴,因为
有机体都是物质的,随着人类的死亡最终会腐烂,尽管可以用防腐剂
保存死者或制成木乃伊。将生活在过去的人体的微量成分在未来进
行重组,其可能性也微乎其微。所以穿越返回过去的时间旅行,即便
不是近乎不可能,看起来也是异常荒谬的。这是已经做好准备取代
旧宗教的空间旅行的新宗教。

　　最重要的是,长远来看,我们对于人类的前景并不确定,因为未
来会怎样取决于无法预见的意外事件和对我们未来生存无法预测的
威胁——假如流星撞击地球,假如地震和海啸夺取大部分人的生命,
假如全面爆发核战争,或假如发生其他灾难性事件。

　　不确定事件的实际干预引出关于偶然性在过去和未来中作用的
问题。有人可能会问:形成遥远过去的因果力量和偶然因素到底是
什么?回顾性的探查工作有时很难验证,但预测明天、明年或未来将
会发生什么更为不确定。因此,云谲波诡的宇宙、脆弱性、危险性和
难以预测性都是自然、生命和文化的事实。以实际的观点看待事物
是智慧的基本要素——但这也可能引发对人类前景的终极绝望。喜
剧哲学家伍迪·艾伦(Woody Allen)说,他度过许多个不眠之夜,担
心太阳数十亿年后死亡时将会发生什么。面对着一个暗淡无光的未
来,人应该成为虚无主义者吗?人们希望不会如此,因为我们仍然可
以过着舒适的生活,而不用担心在遥远的未来最终会发生什么。这
与我们现在都知道每个人在未来都终有一死相类似。对比之下,我
们更应该充分享受生命的每时每刻。未来几代人的遭遇是一个有趣
且只能猜测的谜题,我们对此无能为力。如果我们的曾曾祖父们一
直烦恼他们的曾孙们(还未出生)怎样生活,他们就几乎没有时间充

74

分享受他们丰富的生活了。这是对人类或太阳系未知的未来存在的形而上学式焦虑的现实回应。一种建议是忘记它。不要因它而夜不能寐;试着去充分体验生命的每时每刻。同时,我们需要考察物理宇宙的状况,以及其未来进程是否也是不确定的。以我们现有的对生物圈的认识来看,类似的偶然因素也遍及物理宇宙。

第四幕 物理宇宙

"只不过"

让我们离开生物圈,跨越到物理、化学和天文学这些自然科学。我想提出的第一个问题是:这些实在科学与经典的科学理想,即要寻找可以涵盖所有科学的普遍法则(或综合的理论体系),两者之间的关系是什么? 这里的构想是实现"统一的自然理论"。照此理解,某些学科被认为是基础性的,所有其他的学科被认为是可以从中衍生出来的。物理主义模型认为物理和化学是基础科学。这是一种质量和能量的一元论。

怀疑论者质疑,目标是不是要发现适用于整个宇宙的普遍法则,如果是,这是否意味着宇宙中有一个确定性方案,其中没有选择自由和灵活度,没有自由发挥、不严密或例外。这是否意味着任何及所有已知或未知的事物已经隐含在事物的现有的秩序、柏拉图式的纯粹观念的形式结构,或者普遍的自然规律中了呢? 经典模式的怀疑论者问,在不断更新的宇宙中是否有真正的新奇和独特性,宇宙中到处充斥着冲突与分歧、新生与死亡、破裂与爆发,而且其真面目就是创造性、革新、适应和调整。那么宇宙中还有不确定性和偶然性的空间吗? 另一种有关宇宙或平行宇宙的观念显示多个开放性的制度,其中秩序与无序、规律性和无规律性、正常和异常、就位与错位都是内在的。生物圈中各种形式的生命所表现出的创造性,也普遍存在于辽阔宇宙中的未知领域吗?它也可以在物理宇宙中被发现吗?如果是这样,那么任何统一场论,无论其在天文学或是量子力学中有多么成功,都不应该排除在自然的其他领域中可以观察到的这种复杂性和多样性。

肯定有人会说,上述多元的和不稳定的宇宙观是毫无根据的纯粹猜测和未经证实的推论,归根到底不过是一种富有诗意的隐喻。不,事情根本不是这样。在我看来,一个开放的宇宙是能充分证明的,而多元自然主义基于我们对自然宇宙的恰当总结,汲取除物理和化学外许多其他学科的精华,是这些学科经验数据的外推。

至少有两种"科学统一性"的概念:①无懈可击的演绎系统,其中一切都可以简化成物理-化学基础;②基于各学科的一般特征和范畴的、关于知识统一性的多角度概念,而不是内部一致的演绎系统。这里,"一致性"这个术语很好地体现了在这一知识阶段科学所呈现的景象。它是基于我们观察到的证据,尤其是鉴于生物圈和人类领域的巨大复杂性而言的。它也是我们的经验和知识界限不断拓展的结果,我们的经验和知识来自于像哈勃望远镜和大型强子对撞机这类增强我们观察和发现能力的新发明。

从方法论意义上看,合力推理提供了比普遍-确定-演绎的自然科学模型更加均衡的对自然的因子解释;因为它借鉴了经由各级观察后得出的解释,而不是以基本规律推断出所有这些。它不仅可以用来解释实在宇宙,而且可以解释生命世界和人类事务。要我说,非还原论的**多元自然主义**为一个新兴的/进化的宇宙留下了空间,在这个宇宙中,如果我们不准备承认创造性和偶然性(量子力学)处于物理-化学基础之中,那么在物理-化学基础之上,创造性和偶然性是存在的。

我反对爱因斯坦"上帝不会掷骰子"的论点的理由是，它没有考
虑到事件的多样性和复杂性。为什么物理学和天文学——或者说自
然科学中的物理学元素——要为包括关于有机世界的科学在内的**一
切**其他科学提供唯一的解释模型呢？

逻辑哲学家奎因（W. V. Quine）是一位颇有影响力的物理主义
者。他非常有影响力地说服了许多哲学家接受科学自然主义。对于
分析哲学家来说尤其如此，他们在 20 世纪早期接受路德维希·维特
根斯坦（Ludwig Wittgenstein）的观点，他认为哲学并**不**是自然科学之
一，以及哲学的主要任务是"语言的逻辑解释"。现在，很多分析哲学
家已经准备摆脱旧观点，接受一种基于科学的自然主义认识论。

奎因的自然主义是指什么？ 他说："自然主义就是这样一种认
识，认为对实在的识别和描述，是从科学本身出发，而不是从某种先
验哲学出发。"①再换一个说法，他声称："我承认自然主义，甚至引以
为荣。这就是说……把哲学当作世界观的一部分，与科学的其他部
分一脉相承。"②

因此，奎因的自然主义首要的是确立自然科学的地位。我认同
这种做法。在奎因看来，物理学是科学探索的最佳范例，尽管他也把
化学和生物学视作自然科学。他认为，没有不依赖科学的形而上真
理，而且所有的科学知识都是经验性的。他还认为，没有所谓的为科
学提供前提的"第一哲学"，而且它也不可能独立于科学。因此，哲学

---

① W. V. Quine, *Theories and Things* (Cambridge, MA: Harvard University Press, 1981), p. 21.
② W. V. Quine, "Reply to Putnam," in *The Philosophy of W. V. Quine*, edited by L. F. Hahn and P. A. Schilpp (LaSalle, IL: Open Court, 1986), pp. 430 - 31. 均引自"Quine's Naturalism in Question," by David Alexander, in *Philo* 11, no. 1.

是"科学的延伸"①。奎因本人是物理主义的捍卫者,尤其他曾宣称"世界上没有什么事情的发生,甚至眼皮的眨动、思想火花的闪现,是能脱离开物质的再分布和微观状态的变化的。"②然而,奎因的自然主义并不是非还原论的。可惜的是,某些科学物理主义者依然在捍卫着一个更强的"只不过"版本。

　　奎因本人并不认为人文科学是真正科学的,而我认为他在这点上错了。"自然科学"这一术语需要在更广泛的意义上进行阐释,不能将物理主义的标准凌驾在人文科学之上,后者包括了如心理学、人类学、社会学、经济学和政治学等学科,这些学科尽管并不能完全从其物理主义的元素中推导出,它们仍然寻找可验证的假设。有些人会认为,这些人文科学验证的变量并不像质量、速度等可以明确测量。它们的变量可以有不同的诠释,这就使得它们不那么"科学"了。

　　诸如意识之类的依随现象其重要性并不逊于物理–化学基础,是限制或随后者而发生的。心理学和认知科学依赖于心理功能的神经学根源,但是这些高层次现象并不能"归因于火焰"③,因为这些现象不属于物理主义的,尽管它们在科学探索中发挥着解释性的作用。

　　像奎因那样坚称自然科学为所有科学解释提供了基石,是值得商榷的——除非有人(像我一样)将自然科学的概念扩展到不仅包含生物化学和生物学,还要包括大量心理的、行为科学的学科以及社会科学。

　　此外,关于自然科学模型的概念也要删减,除非它包括历史探究

---

① 参见 David Macarthur, "Quine's Naturalism in Question," *Philo* 11, no. 1: 11.
② Quine, *Theories and Things*, p. 98.
③ 火焰常常被休谟用作因果关系的例子。他认为因果关系不是实在的,只是人类根据经验的一种归纳和假设。——译者注

和个体化这些处理世界重要组成部分的内容。这一点将在第六幕中做进一步解释，但请允许我现在就个体化做出说明，它指的是在探索中遇到的特定事物、领域或事件的存在——如原子和分子、细胞和器官、植物和人类、行星和星系。自然科学寻求普遍规律，但这些需要在历史背景下和所观察到的具体实体中得到应用，其性质可能影响作为科学探索结果所得出的结论。因此，我们利用地质学的一般原理来解释从地球和其他行星上观察到的地质形态。并使用间接证据来重新描述探究过程中特定语境下可能发生的情况。月球表面的陨石坑是流星和小行星冲击的结果，也是远古时期火山活动所导致的。火星有（流水）侵蚀的证据，这意味着水甚至是原始生命形式存在的可能性。1994 年 7 月 16 日至 22 日，舒梅克-列维彗星撞击木星，而早在两年之前，在一次与木星的撞击中，它裂成许多碎片。这些都是偶然的事件，彗星在撞击后不复存在。同样我们也会看到，天文学家们观测到宇宙深处的许多超新星爆炸。这与认为宇宙是固定的、稳定的体系的经典理念如何调和呢？尤其是当宇宙绝不是这样的经典图景的时候。

79 　　寻求物理主义解释——还原论与非还原论——是备受争议的。首先，这是方法论意义上的目标，我认为这只是一个富有成果的探索计划，而不是最后的结论。将物理学和化学视为特定的首要学科是物理主义者的预设，但是在我看来，在这个科学探索阶段是不合理的，因为其他学科在解释独特的对象和事件中有重要影响。至少在天文学领域，物理主义模型是基于成功地扩大了知识边界的牛顿/爱因斯坦物理学。但是它们不足以说明生命科学中的不同种类的解释。

　　让我们不要过早对此下判断。在我看来，我们没有足够的证据证明整个已知的宇宙是统一的、环环相扣的物理主义的场域,同样也不能证明只有物质力量是决定因素。大爆炸理论假设发生在 137 亿年前的宇宙奇点时刻的爆炸,此后宇宙迅速地膨胀和扩张。这个理论基于一些似乎符合数据的假设,包括光速是每秒 18.6 万英里的假设。

天文学家使用多普勒效应来确定附近恒星的速度和距离。多普勒效应也用来确定星系正快速离我们远去。在很大程度上,它是基于对望远镜捕捉到的从外太空的恒星和星系发出并到达地球的光所做的分析。多普勒效应是由布拉格数学教授克里斯蒂安·多普勒(Christian Doppler)提出的,用于分析声波和光波。如果恒星离我们而去,光线的波长会增加,而且光谱分析显示光的谱线就向红端移动。如果恒星朝我们移动,则波长变短,光的谱线就向蓝端移动。

永恒宇宙的传统观念来自早期的科学。19 世纪末,科学家们认为我们的宇宙是"静止的"和"永恒的"。他们深受牛顿的引力理论影响,该理论能够精确地预测太阳系中物体的运动。在当代天文学的太阳系和宇宙的动态理论中,这一宇宙观被迅速修正。动力学理论者指出历史上的灾难性事件,这些事件已经改变了地球、太阳系以及银河系的结构,并根本性地导致了天文学领域的全新理解。

今天,我们发现宇宙经常处于剧烈的动荡状态。哈勃发现所谓星系是由无数个恒星"岛屿"组成的。天文学家认识到,这些星系在以接近光速的速度向外膨胀。我们能够追溯过去,因为我们今天通过望远镜看到的星系所显示的是数十亿万年前发生的事情。我们可以推断出第一次大爆炸时的情景,爆炸让物质以惊人的速度四散。这可以推断出,所有的星系曾经都是聚集在一起,因此,才有大爆炸和膨胀宇宙的设想。这就是著名的"标准模型理论",在诺贝尔奖获得者史蒂芬·温伯格(Steven Weinberg)的《最初三分钟》(*The First Three Minutes*)一书中有精彩的描述①。他援引了英国科学史家阿格尼丝·玛丽·克莱克(Agnes Mary Clerke)在1893年时写下的话:宇宙是这样的浩瀚,以至于人类的想象力难以企及——更不用说在20世纪末期了!

充满整个宇宙的微波背景辐射据称是大爆炸的证据。但是,这并没有告诉我们在奇点膨胀之前发生了什么以及是如何发生的,或者奇点之前是什么样的物理特性。同时,它也没有排除有如下可能性,即在不像太阳系和银河系那样受巨大宇宙力量的影响的行星和恒星系上,存在着由因果性和偶然性构成的孤立系统。

近代科学,最初的天文学家们都预先假定哥白尼-伽利略-牛顿的日心理论。根据宇宙论观点,上帝是第一推动力,是不可知的。谁或什么是上帝之因据称也不可知。尽管如此,它所假设的宇宙概念是纯粹的唯物论的(不考虑,或不允许生命进化)、机械论的(按照机械模型,而非生物学中的功能性解释)和决定论的(用不变的物质——机械原因解释实在宇宙,完全遗漏了有益的解释)。

20世纪提出的相对论和量子力学,都质疑确定性因果关系的概念。这些20世纪的新进展如何适应经典物理学呢?迄今为止,还没有一个完整的统一理论。此外,宇宙的绝对尺度(特别是自哈勃革命以来)已经从宏观和微观层次推断出我们关于宇宙规模的概念。此外,宇宙的膨胀速度使我们对它的理解相形见绌。我们可以简单地断言目前还没有统一场论适用于不断膨胀的宇宙中的一切

81

———————————————

① Steven Weinberg, *The First Three Minutes: A Modern View of the Origin of the Universe* (New York: Basic Books, 1988).

的足够证据吗？也许，只有物理学家和天文学家参与宇宙的猜测性推断。

新的宇宙学充分地考虑到宇宙中的生命吗？追寻外星生命形式是人类探索中最富于冒险精神的努力之一，虽然还没有足够的证据表明我们的星球已被外星飞行物访问过，但我们决不希望排除来自外太空其他星系或恒星系统的有机物的可能性。但是我认为，现今的天文学仍未能解释外星生命。要实现这点，我们可能需要一种自上而下的因果性，也就是说需要发展处理宇宙空间中有机体系的范畴和理论。

建议将物理和化学这样的基础自然科学作为主要的探索形式（我完全同意这一点）是一回事，而将这个议题变成宇宙原理则又是另一回事。我认为，这种形式的物理主义议题首先应解释为规范性的方法论建议，即我们应该在宏观层次和微观层次寻求基本的物理主义解释。在宏观层次上，经典力学和相对论适用；在微观层次上，量子力学引入概率因果关系和偶然性。

物理主义议题被很好地解释为研究战略；它认为我们应该尽可能寻求最基本的物理-化学解释。我们不应该做的是，排除可能相关的但不是严格意义上的物理主义的来自其他学科的解释。

神经科学中的许多研究者认为，对意识的解释（早期使用术语"心灵"，近期的术语为"心理行为"）应当只以物理主义解释为基础；也就是说，描绘出大脑的神经分布情况及物理-化学结构以解释其功能。随之出现的特性怎么解释？它们就不具备一定的本体论地位吗？关于人类大脑的神经网络科学足以解释所有形式的人类行为吗？目前，大可以斩钉截铁地坚持这种主张。

82 原子假说

如果我们不从哲学而从自然科学出发来解决这些问题，那么在现代科学因果关系中，原子理论的作用就是我们解释物理世界的事件是如何发生的基础。归纳-演绎的解释模式是我们希望在研究活动中实现的一个成功典范。从物理学的角度来看，基本观念都由牛顿力学推演而来。力学定律使物理学家和天文学家能够解释已知行星绕太阳的运转。通过运用第谷·布拉赫（Tycho Brahe）的细致观察，开普勒能够绘制出这些行星的轨道。观察发现，太阳系相当稳定，按照规律运行；因此，当时人们认为可以通过应用演绎系统来准确预测事物。而观察到的物理变化是确定性力量在起作用。

20世纪，爱因斯坦相继提出狭义和广义相对论，把空间和时间相对起来考虑，并修正经典物理学的观点。原子理论也变得突出起来。按照加州理工学院著名物理学家、诺贝尔奖获得者理查德·费曼（Richard Feynman）的观点，原子理论成为观察微观世界的基石。他认为，所有事物都是由原子构成的，我们可以从事物的组成部分出发来理解它们。

费曼说："我相信这是原子假说，或原子事实……所有的事物都是由原子构成的。永恒运动中的小粒子分开时会相互吸引，但彼此挤压时又会相互排斥。"[①]原子本身又可以分为亚原子粒子，在其中心是由质子和中子构成的原子核，原子核的四周环绕着电子，中间有大量空间。电子（带负电）被质子（带正电）吸引。这里出现一个难题。维尔纳·海森堡提出"测不准原理"，指出在一个量子系统中，不可能

---

① 引自 Natalie Angier, *The Canon: A Whirligig Tour of the Beautiful Basics of Science* (New York: Houghton Mifflin, 2007), p. 87.

同时确定电子的位置和它的动量,因为电子从一个轨道(壳)到另一个时发生了量子跃迁①。这似乎是将偶然性引入最基本的自然原则。最后,仍假定存在其他的亚原子粒子,如夸克、正电子和中微子。

　　这似乎破坏了自然中的确定性因果关系。这是由于我们自己的无知——因为我们无法同时确定电子的位置和速度,抑或是由于自然界固有的不确定性就是普遍特性呢? 根据量子力学,我们可以确定统计数字,但这是基于概率的,而非确定性的因果性知识。爱因斯坦拒绝量子力学的这种结果,并试图提出统一场论,将相对论物理学和量子力学容纳其中,不给"偶然性"一丝机会。量子物理学可以被解释为一台在应用领域中有效预测微观粒子行为的精准机器,而丝毫不援引宇宙中偶然性的作用。运用统计概率,量子物理学是我们探索微观粒子行为的数学工具。

　　这只是当代物理学中一些基本概念的简要缩略图。要考虑的关键问题是:①物理学是否提供了指导自然界由内到外各层级所有事物、事件和过程的基本原理;②其他科学,如化学、微生物学、心理学和社会科学,是否可以从物理学的基本规律中推导出来。如果事实如此,这意味着物理确实是推导出所有其他学科的基础科学。

物理主义还原论

　　还原论的目标能否为我们服务? 在自然只不过是原子(或亚原子)粒子的世界这个意义上,还原论可以被理解成自然界的基本理论,即指导质量和能量的原则和规律吗? 物理主义的论点认为,实在

①　物理学家伦纳德·特拉米尔(Leonard Tramiel)断言"测不准原理不是我们的技术局限,量子力学中一个粒子可以同时存在于不同位置或时刻。测不准原则认为这些不确定性的结果有最小值",以此对这一陈述加以限定。

根本上是物质的（或物理-化学的）。所有其他实体，如神、精神、灵魂、心灵和意识，都不是独立存在的实体。这一点我同意，在某种意义上，物理主义是传统的唯物主义。

　　然而，人们可以回应说整个物理主义论点没有足够的证据。也有人会问：上述的概括是科学的还是哲学的主张？从各个方面来说，它当然不是"科学的"，因为还没有经过实验方法上的验证；事实上，人们需要问：怎么去这样做？例如，影响广泛的物理主义理论并不像引力理论那样是基于实验的。我认为，还原论的自然主义（之所以是"自然的"是因为我们找不到超自然的原因或实体）大体上表达了一种不切实际的希望，超越了证据的范畴。如果是这样，它可以成为一种诱人的自然主义，而不是完全不同于那种诱人的超自然主义。它甚至可能是一种宗教教条或信仰的形式，因为它肯定不是与引力理论或自然选择理论一样得到证实的原理或推论。

　　请允许我对自己提出的批评做出修正，再次强调还原论的物理主义是有道理的，但只有当我们在战略性方法论意义（主要作为研究计划）上来解释时才是如此；也就是说，我们应该自始至终通过发现更基本的和更全面的微观解释，来尽可能地寻求更简单但更基础的对现象的解释。

　　物理学在发现用以解释自然界一切物质行为的基本定律方面已经取得令人瞩目的进展。按照物理学观点，宇宙间物质以优雅的方式运转。数学的应用使得物理学家能够准确地制定、测量和预测这些现象。

　　物理学家已经发现自然的四种力量：

　　第一种是引力，作为普遍的原则，解释质量和能量吸引以及其他物质之间互相吸引的关系。牛顿证明引力普遍存在：它作用于地球上所有物体、太阳系中的所有天体和微观层面的实体。

第二种是电荷间产生的电磁力。原子中的电子和原子核都是带电的：同极相斥，异极相吸。19 世纪，詹姆斯·克莱克·麦克斯韦(James Clerk Maxwell)发展了电磁场理论，并应用一系列方程式来量化表述电磁现象的相互作用。电磁力同引力两者同样都能在远距离发生作用。引力不仅适用于地球上的物体，也适用于大尺度现象，如星系、黑洞和宇宙膨胀。

第三种是亚原子粒子之间强大的力。这种力将夸克约束在一起以产生亚原子粒子、中子和质子。这种力还将原子核吸引在一起，并加强夸克和其他粒子的相互作用。

第四种则造成某些核现象的弱核力。最为熟悉的就是 β 衰变和相关的放射性。

夸克的共同发现者之一默里·盖尔曼(Murray Gell-Mann)发现自然引人瞩目的"协调一致"以及这些理论适用于整个宇宙[①]。就像洋葱皮一样，当我们剥掉它们，就会进入基本粒子体系结构的更深层次。他表述道，自然表现出"一级与下一级之间的相似之处"。因此"自然的基本规律适用于连续不同的层次"。他认为最终结论会是"所有自然力量的统一理论"，这个理论将是"基本粒子及其相互作用的统一量子场理论"[②]。如果实现了这个理论，这将统一爱因斯坦的广义相对论和量子力学。这样一个简单的统一理论将会解释自然界的所有基本粒子和力。

但是，盖尔曼补充道，自然不仅涉及物理和化学。我们需要考虑

———————————

[①] 来自盖尔曼在第七届探索中心国际会议上的发言。公开发表于中国科普研究所 2009 年出版的文集。

[②] 同上。

任何天体形成发展史的偶然性事件。对于地球来说,这意味着包括自然选择和进化。他认为超弦理论可以提供这样的统一理论。超弦理论预测了无数种力的形式,但是其中大部分都是太短距离内的,以致难以探测,至少目前来说如此。

对于地球上的生命是否不仅仅是物理的和化学的,盖尔曼赞同这点,他认为还存在新的层次的涌现。"生命",他说,"可以很好地从物理学定律和偶然事件来解释其起源",同样思维也可以如此在神经生物学中得到解释。"①他指出,虽然在原则上是可能从组织的一个层次"还原"到前一个层次,但是还原本身并不是理解自然的恰当策略。新的定律和现象不断出现,需要以它们的方式加以说明,对此,我的回应是——和散那!

史蒂文·温伯格不认同涌现理论而且他本人是还原论的强有力捍卫者,他认为粒子物理学是当代物理学的基础,而不仅仅是一种战略研究。在他的《终极理论之梦:科学家对自然终极法则的探求》(*Dreams of a Final Theory: The Scientist's Search for the Ultimate Law of Nature*)②一书中,温伯格两次为还原论欢呼,引用歌曲《你和我》(*You and I*)中歌手向她的恋人柔情吟唱:"你和我都知道"为什么天空是蓝色的,为什么鸟儿在树上唱着动听的旋律。③

86   因此,温伯格认为还原论是对真实的自然秩序的一个说明。他承认不同层次的经验要求不同的描述和分析,尽管他认为"我们永远

① 来自盖尔曼在第七届探索中心国际会议上的发言。公开发表于中国科普研究所 2009 年出版的文集。

② Steven Weinberg, *Dreams of a Final Theory: The Scientist's Search for the Ultimate Law of Nature* (New York: Pantheon Books, 1993).

③ "You and I," 罗伯特·梅雷迪恩·威尔森(Robert Meredith Willson)作词谱曲,亚瑟·米勒(Arthur Miller)于 1941 年录制。

不能抹杀科学的偶然和历史元素，正如生物学、天文学和地质学那样。"这一愿望是希望通过终极法则和历史上的偶然事件来寻求解释所有的自然现象。[1]

我重申一下，我们应该追求终极理论（作为研究议题），但我主张，这应该限定在物理学和化学的语境内，而且我并不相信从"终极理论"推断出各个领域的解释是可能的，甚至是可取的，至少在目前这一阶段来说。虽然我认为温伯格对物理学做出了重要贡献，但他坚持将"终极理论"仅植根于物理学本身的做法在我看来是一种诡辩形式，因为有充足的理由认为这个理论可能无法将所有其他理论归入其范畴。

在我看来，还原论局限性的最好例证在生物学领域。著名的昆虫学家和生物学家威尔逊认为生物学有两个基本规律。第一个是"所有已知的生命特性都符合物理和化学的定律"。我虽然同意物理学和化学定律是理解生物学的必要条件；问题是，它们是否充分？威尔逊提出的第二个生物学基本定律是"所有的生物学过程以及区分不同物种的特征都是通过自然选择演变而来的"。他通过细胞分裂来说明这一点，指出它们都是"涌现作用的产物"、"来自分子的相互作用。"[2]此外，他还说过："这种运动不能轻易地从物理和化学原理中推导出来。"涌现的特性是"如此复杂，对其知之甚少"，以至于必须用不同的词汇来加以论述[3]。他指出，生物学很大程度上与涌现的特性

---

① Weinberg, *Dreams of a Final Theory*, pp. 35 - 36.

② E. O. Wilson, *The Creation: A Meeting of Science and Religion* (New York: W. W. Norton, 2000), p. 110. ff.

③ E. O. Wilson, *The Creation: A Meeting of Science and Religion* (New York: W. W. Norton, 2000), p. 110. ff.

有关，而至少在目前看来，它们同物理学和化学定律的联系并不紧密。

生物学与物理科学之间最密切的联系是 DNA，即编码遗传的分子。其催生了分子物理学（涉及分子）和细胞生物学（处理细胞的过程和相互作用的元素）。除了分子和细胞生物学之外，还有其他的生物学研究。这包括自然选择的原理，我们在其中看到许多宏观因素：差异生殖、变异、适应、物种生存斗争等。进化涉及物种随时间发生的变化，而这又需要依据年代远近细致发掘和排列化石及骨骼。古生物学因此与进化生物学有关。虽然发生了基因变异，但光是了解这些不足以弄清楚雄性生物为争夺与雌性的交配权而发生的竞争，或者是雌性决定配偶时的选择性作用，而且这些因素肯定不可能简化到粒子层级上的微观事件。物理学和化学同样也不能帮助科学家了解生物多样性的衰退和物种的灭绝。

超越这一切，我们要在有机生物学上从内稳态层面上考察身体器官的功能和网络。同样，研究病原体入侵体内而白细胞必须对其抵抗的情况，或者研究来自体外的威胁时，也是采取类似的方法。粒子物理学或化学同样也不能使我们了解生态系统是如何在自然中存在的。因此，涌现出高阶特质——诸如"意识"和"思维"等心理现象——它们不能轻易地被简化为神经能量状态，尽管这些高阶特质不能离开神经能量状态而单独存在。另外，还出现其他较新的医学新领域，如流行病学和免疫学。这些新领域是否可以从物理学或化学定律中推导出来还有待观察。因此，我们可以得出结论，还原的物理主义是错误的，而某种形式的非还原自然主义似乎更适合解释我们生活着的这个偶然性和随机性兼有的宇宙。

死亡之地——天文学

认为宇宙是对人类友好的宁静之地的传统观点完全是天方夜谭。此外，所谓一切事物是由智慧的创造者"仔细调试"过的主张都是不着边际的以人类为中心的一厢情愿。以上这些说法取决于"宇宙"一词的含义。在地球上，这种说法肯定不正确，这里暴风雨肆虐，摧毁我们的家园；这里火山喷发，有毒的化学物质进入大气层；这里地震频发，毫无预警地大肆破坏我们的栖息地。冰河时期也并不宁静，当时地球被冰雪覆盖，后期反而全球变暖又接踵而至。我们的太阳系也并不宁静。据我们所知，地球是太阳系中唯一存在着生命的星球，尽管其他行星（如火星）可能在过去有各种形式的有机生命，可能现在也以一种简化的形式存在。其他的行星或者温度过高（如金星和木星），或者由于离太阳太远而太冷（如天王星和海王星），所以都不足以维持我们所知的生命。

问题在于我们的太阳系是不是一个宁静的地方，如科学家们观察到的那样完美和谐且秩序井然，还是一个动荡和混乱的地方。毕竟，行星的椭圆运行轨迹可以被描绘出来，我们也可以计算出它们的详细信息，并准确地预测明年或 50 年后行星的位置。不过，我们的太阳系也是冲突与毁灭之地，人们不应该忽略这个事实。我们已经提出这样的假说：恐龙的灭绝是由于大约 6 500 万年前，一颗巨型小行星猛烈撞击地球，造成植物的大量死亡。这个假说是猜测性的，但其并不是没有历史证据作为支持。有关流星雨的记录可以追溯至几千年前，当它们进入地球大气层时可以看到后面光的轨迹。

外星物体撞击地球的最好案例就发生在当代。1908 年 6 月 30 日，一颗小行星陨落在西伯利亚的偏远地区，靠近通古斯河。这颗小行星可能有 70 米长，在进入地球大气层时爆炸破碎，释放出巨大的能量。天文学家菲利普·普雷特(Philip Plait)称,这场撞击释放的能量是在广岛上空投下的原子弹所释放能量的几百倍[1]。当时俄罗斯境内很多人目击了这场爆炸。方圆数百平方英里内的树木都遭到破坏。但是并没有发现陨石坑,因为小行星在离地面数公里的位置就蒸发了。而在亚利桑那州可以观看陨石坑,那里有一个约5万年前小行星撞击地球的遗址。

实际上,我们的太阳系在大部分情况下对生命都不友善,尤其是在平流层和外太空,那里太冷,又没有有利的大气条件:包括有机体需要的氧气以及植物需要的二氧化碳。现实中,太阳系充满着碎片残骸,岩石带和垃圾带有时会与其他的物体碰撞在一起。请注意,月球表面的坑坑洼洼都是由于早期的火山活动和陨落的流星和小行星造成的。而地球和其他行星也都是如此。

普雷特估计,地球每天都会遭遇20~40吨的流星撞击[2]。其中绝大多数在进入大气层时就会燃烧殆尽,但也有很多坠落地面,其中一些会造成灾难性的后果。在太空中,地球持续不断地遇到碎片,那里充满着太空垃圾。大多数这种碎片是由小陨石组成的,但有一些相当大的小行星,它们对地球造成破坏性的影响。大多数岩石来自位于木星和火星轨道之间的小行星带,其数量估计有数十亿。它们大多数都很小,但有些则相当大。此外,我们还观察到进入太阳系的彗星,如哈雷彗星,它的运行轨迹被记录了下来。彗星由沙砾和岩石组成,并被冰块包裹在一起。它们可以来自外太空的任何地方。舒梅克-列维彗星最后砰的一声撞上了木星,并在冲击中毁灭。太阳也

---

[1] Philip Plait, *Death from the Skies: These Are the Ways the World Will End* (New York: Viking, 2008).

[2] 同上。

并不沉默。太阳的表面有许多"太阳黑子"，这些是能够在整个太阳系释放出巨大能量的磁暴。

地球是怎样起源的?

人类一直猜测着我们赖以生存的地球母亲的起源。创世神话中充满着诗意的神话式象征;据称这样的启示往往来自高处,宗教先知站在山顶上宣称神创造了天堂和人间。摩西(Moses)遇到被火烧着的荆棘丛,耶和华这时在火中向他显现,提示他要去做的事情,并且后来在西奈山顶将"十诫"传达给他。当穆罕默德(Mohammed)在麦加外的洞中和山上静修时,天使加百列经常出现在他面前同他交谈,后来这些谈话内容即是《古兰经》(Koran)的最初来源。据说大洪水后,诺亚方舟应该在土耳其的一座高山上遇难;而根据荷马史诗,希腊诸神居住在奥林匹斯山。在当代,我们不再有牧师的权杖来安慰我们;相反,我们有天文望远镜和人造卫星,它们让我们遨游太空。

根据卡尔·萨根(Carl Sagan)的说法,从外太空看到和拍摄的地球是一个"暗淡的蓝点"。它过去曾经被认为是一个完美的球体,每隔 24 小时自转一周,每 365 天绕太阳运行一周。从外太空更近距离观察地球,我们会对这颗星球有新的认知,随着我们逐渐接近,可以看到繁茂的绿色植物和树木以及被海洋包围的大陆;我们甚至还能看到白色的极地冰盖。这是一幅田园诗般美丽的宁静画面。

天文学家们试图推测地球可能的起源。地球并非如《创世记》(Genesis)中所称是由神在六天里创造的;相反,它是动荡不安的过去的结果,是天文学家和地质学家试图使用现代科学最好的工具重新描述的灾难性事件的产物。他们已经提出了可能的场景:在大爆炸理论下,宇宙估计诞生于 137 亿年前,当时不断膨胀的宇宙和星系以

极快的速度向外扩张形成猛烈的爆炸。地球的年龄据估计大约为 46
亿年。放射性的发现使我们能通过测定地球上岩石的年份来确定时
间尺度。因为这些岩石中通常含有长时间衰变的放射性元素。

在地球的起源与我们的太阳和太阳系的形成密切相关。最新的假
说认为,我们的太阳系过去是旋转的气体云和星际尘埃,它们可能受
到附近一个经过的天体甚至是超新星的扰动。由于引力的吸引,气
体云和星际尘埃开始向内塌缩。

地球表面在其初始阶段溶化。随着地球表面的冷却,火山爆发
了,释放出大量的二氧化碳。最古老的火山岩年龄可追溯至 37.5 亿
年,而与地球同时出现的陨石显示它们大约有着 45 亿年的历史。

在重现的历史序列中,关于细菌的首次证据出现在 38 亿年前。
根据这个说法,生命最有可能在地球形成大约 7 亿年后开始出现,它
们存在于靠近上升热气流出口和矿物的浅海。后来,当植物能将二
氧化碳和水转化为食物,利用光的能量通过光合作用产生作为副产
品的氧气,并把氧气释放到大气中的时候,其他基本的生命形式出现
了。大部分的二氧化碳以化石燃料和碳原子的形式封存在沉积岩
中。随着大气中的氧气浓度上升,臭氧层形成,它能够过滤掉紫外
线,使多样化的生命有机体的出现成为可能。

这是对基于间接证据和推测的地球起源的简要描述。从那时
起,由铁和镍的炽热地核、富含硅酸盐的地幔以及一层薄薄的地壳所
构成的地球上,其他力量就留下新的印记。地球经历了运行轨道的
变化、宇宙的粒子辐射、磁场转移、火山爆发、地震以及板块活动。德
国地质学家阿尔弗雷德·魏格纳(Alfred Wegener)的研究成果具有
相当的影响力。他在 1912 年表示,有证据显示大陆在漂移和运动。
在地球上,侵蚀过程持续进行;河流不断将淤泥和沙粒带向三角洲和

海洋;石灰岩和砂岩等一直存在化学分解,不断发生风化;冰川期和升温期交替出现。当然各种生命形式也竞相涌现。人类文明对地球产生尤其深远的影响;人类如今主宰着这颗星球。它甚至可以被认为是一颗有生命的星球,因为生物圈的生态系统是相互依赖的。因此,地球在其历史中一直发生着重大的变化。

另一个假说是,地球(和月球)可能最初只是岩石构成的雪球,后来才逐渐变热。还有一个理论是,大约 40 亿年前,一个大型天体掠过地球,导致大量岩石块从其上崩裂而下,聚拢在一起形成月球。月球表面显示着大量由小行星和流星造成的陨石坑。

太阳系是如何出现的?

哈勃望远镜的观测支持目前为止关于太阳系形成可能性最大的解释。证据支持如下假说:太阳系最初是由于"星际尘埃和分子气体云的引力塌陷"而形成的原始星云。包括地球在内的行星最终自浓稠的尘埃和气体环中形成。这些行星最后成为太阳系内的行星[1]。

与地球和月球相类似,太阳系的其他行星过去同样也经历了剧烈的火山活动。例如,已经有间接证据确定水星的表面是如何形成的。美国国家航空航天局(NASA)的太空船在飞掠过水星时传输回大量的信息,包括水星表面存在过火山活动的证据。水星表面的照片显示,火山活动在水星平原的形成过程中发挥了作用。水星表面平坦的平原上有与月球上的玄武岩盆地(月海)相似的火山岩成分。

92

---

[1] Roger-Maurice Bonnet and Lodewyk Woltjer, *Surviving 1,000 Centuries: Can We Do It?* (New York: Springer Praxis Books, 2008), p. 18.

　　类似的观测结果和猜想也被用来解释其他类地行星的起源。地球上过去和现在一直在发生的火山活动灾害,也在火星上出现过。类似的发现表明金星上也发生过火山活动。参与欧洲空间局金星快车任务的科学家指出,虽然金星与地球不同,但是它有着与地球类似的地方。金星具有与地球大致相同的构成、大小和质量。然而金星的表面温度却远远高于地球,超过 $800°F$。这最有可能是由于金星大气层的热捕获效应,其大气层几乎是由纯二氧化碳组成,且比地球上的浓度高。这类研究利用类似因果假说——太阳系中的各大行星和卫星的表面都因为在过去或现在受到小行星的撞击以及火山活动的影响而坑坑洼洼。然而,由于不同的小行星以不同的速度撞击着不同的行星,所以这些行星的历史不同,因此它们的表面和大气层(如果有的话)可能也会不同。对围绕木星和土星运转的各种卫星来说也是一样[①]。

　　行星具有相似的特征;它们基本上是圆形的,以不同的速度自转,并且绕着太阳公转。金星和地球似乎大致相似;有些人认为它们是"双胞胎",因为金星有着与地球近似的大小、质量和构成。金星的不同之处在于,它更靠近太阳,接收的太阳光强度是地球的两倍,足以溶化铅和锡等金属。金星的大气层也较厚,不过是由二氧化碳和

---

① 木星的卫星很多,包括: Métis, Adrastea, Amalthea, Thebe, Io, Europa, Ganymede, Callisto, Themisto, Leda, Himalia, Lysithea, Elara, S/2000 J 11, Carpo, S/2003 J12, Euporie, S/2003 J 3, S/2003 J 18, Thelxinoe, Euanthe, Helike, Orthosie, Iocaste, S/2003 J16, Praxidike, Harpalyke, Mneme, Hermippe, Thyone, Ananke, S/2003 J 17, Carme, Aitne, Kale, Taygete, S/2003 J 19, Chaldene, S/2003 J 15, S/2003 J 10, S/2003 J 23, Erinome, Aoede, Kallichore, Kalyke, Callirrhoe, Eurydome, Pasithee, Cyllene, Eukelade, S/2003 J 4, Pasiphaë, Hegemone, Arche, Isonoe, S/2003 J 9, S/2003 J 5, Sinope, Sponde, Autonoe, Kore, Megaclite, S/2003 J 2.

硫酸云组成。金星大气层的密度是地球大气层的 100 倍。

　　这些观测结果是由欧洲金星快车获取的，它是探测该行星的航天卫星。此前，水手 2 号探测器曾于 1962 年到达过金星。俄罗斯也成功地向金星发射过探测器。科学家们推测，金星是由大量的水形成的，但是因为太阳的热能过于强烈，水蒸发并转变成水蒸气云，这是一种在大气中捕获热量的温室气体。太阳系中的所有行星都已被发射过配有特写摄影机以及进行大气和地表测试手段的无人探测器。

　　有关火星的类似问题也曾被提出，而且人类航天器已经能够在火星着陆。有一些证据表明，很久以前火星上存在过水且其地表有着流水侵蚀的痕迹。这些行星相似，但又彼此是不同的独特个体。我们的太阳系由 8 颗行星组成——水星、金星、地球、火星、木星、土星、天王星和海王星——每一颗行星都有自己独特的历史。此外，太阳系还有四颗矮行星：妊神星、冥王星、鸟神星和阋神星，它们都在海王星和谷神星外面的小行星带上绕着太阳运行。行星是环绕太阳运行的天体，它们质量足够大能使其自身形成圆球体，并且能清除邻近的所有小天体。然而，每颗行星的组成、温度和表面都是不同的。太阳系中一共有 166 颗围绕这 8 颗行星运转的卫星。此外还有数十亿个小型天体，包括小行星、冰冷的柯伯伊带、彗星、陨石和星际尘埃。

轨道迁移

　　正如我们所见，牛顿的太阳系模型类似于精确运行的时钟。任凭时光流转，天体的运行轨道始终精准固定。另一种宇宙观认为，这个动态的宇宙自诞生之日起就经历着剧烈的变化，而且没有什么能比各大行星在太阳系的早期阶段经历轨道重新迁移这一事实更具说服力的了。这就表明太阳系曾发生过巨大变动。"尼斯模型"最早在十年前由法国尼斯蔚蓝海岸天文台（我在离这不远的地方度过今年的大部分时光）的天文学家提出。

94　　　　大规模的轨道迁移是短暂而又剧烈的过程。它将外围行星（土星、天王星和海王星）放置到它们现在的位置；形成在海王星外的柯伊伯带；确定外围行星的卫星奇怪的运转轨迹；还造成小行星轰炸和彗星雨[①]。为什么内部行星的轨道未受到影响还是一个谜。然而这一观点的支持者认为它是最好的说明数据。如果是这样，那么它就进一步证明了动态模型，最好地解释了天文学层面上的许多历史变化。

太阳是如何形成的?

太阳诞生于 46 亿年前宇宙的后期阶段。太阳占太阳系已知质量的 99.86%；它具有很大的气体内部密度，温度也高到足以支持核裂变的发生，释放出的能量绝大部分以电磁辐射或可见光的形式向外部空间辐射。氢的核聚变通常温度更高，亮度更大。太阳还持续地射出称为太阳风的带电粒子（等离子体）。此外，太阳表面有地磁风暴、太阳耀斑和日冕物质抛射现象。

太阳只不过是由不同恒星系统组成的银河系中的一员。星系有旋臂，由恒星、气体和尘埃组成。我们的星系银河系，是直径约 10 万光年、有 4 000 亿颗恒星的漩涡星系。

---

① 一个由 4 名科学家组成的团队提出了"尼斯模型（Nice model）"：H. Levinson, R. Gomes, K. T. Siganis, and A. Murbidelli, in *Science* (December 3, 2004): 1676. 也可参见 "Shifting Orbits Gave Our Solar System a Big Shakeup, Model Suggests," *Science* 325 (July 17, 2009).

关于太阳系的起源有几种理论。其中一种设想如下：

- 它形成于太阳星云，即一片巨大的由尘埃和气体组成的旋转云。
- 星云的密集中心开始发生核反应。
- 气态云内部物质的积累导致形成了行星。
- 太阳附近的行星演变为相对较小的岩石球体。
- 在远离太阳星云的位置，气体和碎屑积聚形成巨大的气态行星。

一颗邻近恒星（超新星）的爆炸可能使气体和尘埃散开。气尘在引力作用下聚集在中心。在不到 10 万年的时间里，这一中心不断压缩，温度不断升高，尘埃蒸发，最终成为我们的太阳。

95

关于银河系的猜测

银河系可能诞生于 123 亿年前，也就是大爆炸的 13 亿年后。它可能与其他姊妹星系合并，吞并了矮星系和星团，并与一个姊妹星系合并。银河系预计在未来大约 30 亿年后与仙女座星系碰撞。

有趣的是，太阳每 2.2 亿年就绕着银河系的核心转一圈。银河系中最古老恒星的速度会被经过的天体如巨型分子云、超新星、旋臂所干扰，也会因捕获卫星星系而受到干扰。

因此，银河系的历史是动荡的。恒星在空间中并没有固定的位置，它们四处移动，有时还会掠进其他星系，或者接近另一颗恒星来一场短暂的宇宙之约。太阳先是靠近，而后又远离银河系的核心，并在银河平面中上下移动。一个完整的上下穿行周期需要 6 400 万年，这接近生物多样性和生物灭绝的时间周期。银河系在引力作用下不断靠近巨大的星系团——室女座星系团。

来自外太空的宇宙射线影响着我们星球上的生命，并可能导致变异。我们的太阳系和银河系以每小时数十万英里的速度穿过外太空。它们通过引力与银河系中的其他恒星相连。气态云和各种形式的辐射不断地射向太阳和各大行星，包括我们的地球。

宇宙是开放的还是封闭的呢？它会继续以不断增长的速度收缩，还是会在有一天如橡皮筋那样回弹？这很难有确切的说法，因为我们只能窥见宇宙全貌的一小部分。太空时代已经让人类能够比古人观测更远的外层空间；20世纪下半叶是太空旅行和太空卫星的时代，这让人类的想象力进一步翱翔。我们的观测指向广阔的星系间范围的宇宙湍动。

96

有两件事尤其引起人们的关注：一是超新星的发现；二是暗物质的发现。

哈勃望远镜和太空卫星已经传输回宇宙深处相互碰撞的星系戏剧般的图像。在未来，开普勒望远镜和其他空间望远镜会将人类的目光延伸至未知的领域，远远超过今天的水平。它们观测到星系在旋转、移动，并相互穿行。这种星系的毁灭显然让新的和更大的星系得以出现。在这些碰撞中，可以看到引人瞩目的复杂结构。这些过程需要数亿年的时间才能使星系合并，而这些遥远碰撞发出的光又需要数亿年的时间才能穿越空间。当超新星在外太空爆炸时，随着星体的大部分质量以非常快的速度向外射去，它的亮度增加很多倍，甚至最弱的超新星SN2008ba的亮度都是太阳的2 500万倍。

我们银河系中已知的最近一次超新星爆炸发生在1572年。由天文学家第谷·布拉赫观测到，他对这颗超新星的亮度留下深刻的印象，认为其可以与木星相媲美。这是仙后座的超新星，仙后座位于银河系边缘的北方天空，有五颗恒星，以神话中的埃塞俄比亚皇后卡西奥佩娅(Cassiopeia)命名。超新星是恒星的暴力死亡。天文学家提出的假说认为,这颗巨大的恒星先是耗尽燃料,然后就塌陷了。随之而来的爆炸将外层结构弹出,只留下出现在望远镜拍摄的照片中的气态云。最终剩下的是一个残留的核心,似乎是一颗极度压缩的中子星。

天体物理学家劳伦斯·克劳斯(Lawrence Krauss)和罗伯特·谢勒(Robert Scherrer)认为,宇宙膨胀速度的快速增加,最终将使星系以超光速远离我们,进而导致它们移出我们的视线[①]。它会清除大爆炸发生引起的任何迹象,而且我们再也观测不到未来的宇宙动态。这意味着过去将在未来的某个时间节点消逝,至少对观测者来说是如此。当大爆炸发生时,宇宙不适合生命生存——它太热了,而且它可能也会变得不宜居住,即使假设太阳系在未来某个遥远的时间点冷却下来。

宇宙继续展现着它奇怪的尺度。这些都是什么? 伽马射线每秒释放的能量比太阳过去 10 亿年里释放的还要多;黑洞吞并着整个星系。超新星的爆炸将大量元素散射到恒星风中。

我们的宇宙观将更倾向于更加彻底地改变。我们必须谨防在读懂大自然的渴望中加入任何人为的主观性;宇宙是如此浩瀚无边,我们渺小的存在就像是这近乎无限的宇宙海洋中的一叶扁舟。宇宙似乎没有明确的目的:

(1)显然,物理和热核力量在天文尺度上相互作用。但偶然性和机遇也在干预——如同在量子力学和星系中所看到的那样。宇宙

① Lawrence M. Krauss and Robert J. Scherrer, "An Accelerating Universe Wipes Out Traces of Its Own Origins," *Scientific American* (March 2008).

的规模很明显地超出了以往的任何理解。一些最近的估计认为,它的大小达到了 10 的 500 次方(10^{500})。宇宙可能是无穷大的,观测结果表明它至少也比我们现在观察到的要大 10 倍。

(2)视线转回地球,地质学显示了侵蚀、碰撞、太阳系爆炸和气候变化的结果。生物圈表明,宇宙撞击是我们观察到的偶然性、和谐、秩序和机遇的促成因素。个人和社会、历史和个体化所构成的人类世界也同样表现出动荡和偶然的过程,以及人类建立秩序与和谐的努力。

(3)宇宙既有普遍规律和独特事件,也存在历史的个体化和普遍约束性。

天文学家直至近几十年才发现,宇宙的绝大部分是隐藏的或不为人所知的。有人认为,暗物质是过去半个世纪最为重要的发现。天文学家们认识到宇宙正以越来越快的速度膨胀。但是人们又假定这种扩张在未来某个时刻会有所减缓,因为他们相信引力最终会制约甚至逆转这一过程。他们还假定存在着一种反引力的隐藏能量,迫使星系以更快的速度向更远处移开。这种能量被称为暗能量,因为我们看不到它,尽管宇宙的大部分都是由它构成的。如果暗能量加剧,可能迟早会把星系、恒星和行星猛地分开,致使它们在广阔的空间中逐渐冷却下来。如果暗能量减弱,引力就会重新发挥作用,将宇宙的各个部分拉至"大挤压"[①]的状态。

以上这些大部分根据是从光谱分析而来的数学推断,光谱若是向红端的区域移动,则表明宇宙在后退并向外膨胀。也许,我们目前最多能说的是现在所呈现的,宇宙画面依然笼罩着一层神秘。不过,

---

① 大挤压(big crunch),与大爆炸相对,是一个解释宇宙如何灭亡的过程。——译者注

有一件事是清楚的：这是一个奇怪的、不安的、变化的和动荡的宇宙。我认为，"多元宇宙"这个术语能更好地描述我们所遇到的情况。我们需要对无法通过实验确认的一切事物持怀疑态度。我们只需要假定不可知论者的立场——而不是得过且过的胆小信徒的立场，他们在自然的宏伟和神秘面前卑躬屈膝，跪倒在巨大的未知神秘力量面前，希望某种更高级的存在能回应他们渴望被救赎的悲伤请求。

　　作为一个有着批判性思维的人，我对人类关于自然的既有发现印象深刻，但同时我们也认识到，除了看到多元宇宙最深处发出的暗淡光语，我们的脑细胞可能无法理解除此之外正发生的事情。到目前为止，有几件事情是清楚的。我们观察和注意到的一切，使得我们能够推测许多关于自然世界的事情。我们发现了秩序和规律性、对称性和平衡、结合与和谐；但我们同时也发现，有许多我们现有的理解不能填补的差距。

　　宇宙对我们的希望和恐惧无动于衷，毫不在乎事情会如何影响星系边缘上一颗行星上的生物。整个宇宙间，很多事情都能被注意到。有时候，事情可能进展得一帆风顺；然而，宇宙体系中常有瑕疵：自然的每个领域都有一定的无序和不规则、冲突和暴力；还交织着吸引与排斥、不平衡与衰退、增长与衰老。这意味着我们需要表达对生命的强烈激情，因为生命是自然界的终极肯定。然而生命是脆弱的，且不能永存。正如我们体验到的那样，生命让狂喜和痛苦、胜利与战败、成功与失败形成了鲜明对照。生命是脆弱的，终有一天将消逝。

　　自然随着生命的激增而丰饶多产，但同时它也带来毁灭。生物世界处处都是猎杀其他生命并享受美味的捕食性动物。人类畜养并屠杀了数以亿计的家禽、羔羊、奶牛以及无声的深海生物——丝毫不关心捕获的到底是什么动物或鱼类，只管烹饪来充饥或享用。有时

99

候，自然会面临来自干旱、洪水、龙卷风、肆虐的森林火灾以及令人眼花缭乱的流星雨的威胁；我的前列腺出了问题，肿瘤可能疯狂生长，或者一颗超新星可能爆发，摧毁其周边的一切。所以，在这个看似随机的宇宙中，我们体验到的往往是一种不和谐的生活。而在一个完全相互连接的**单一**宇宙、**多重**宇宙或**多元**宇宙中，我们很难设想是否有一个与我们有着类似的生命体验的存在。从一个有利角度来看，宇宙同时是单一和多元的。

如今，杰出的天体物理学家已备受尊崇，特别是当他们在能够理解相同神秘的科学解释的同行推荐下获得诺贝尔奖后，他们的声望则更为显赫。而在此前，这一荣耀地位由已经身败名裂的神学家们占据。

关键在于，他们提出的一些科学假说可以作为我们手中有效的工具。这些理论似乎使我们能够建造桥梁和摩天大楼，挖掘隧道，发射卫星进入太空，治愈疾病，减轻痛苦，延长并改善生命。科学怎么样，"尝尝"才知道；但是科学也有着各式各样的菜谱，一些能够成功，一些则会失败。

宇宙学理论就像是在罗夏测试中解读墨迹一样：我们如何去解释一块墨迹，更多的在于我们而非墨迹本身。请记住，托勒密本轮体系让人类能够计算天体运行的轨道，即使它们是错误的。因此，各种宇宙学理论可能被我们编造的理论所验证，而并不一定是真实的。就像大爆炸理论假设存在一个奇点，以及存在一个越来越快向外扩张的膨胀宇宙，这可能是个谜。弦理论可能是真实的，它具有数学般的优雅，尽管它可能并不是整个宇宙图景的终极解释。

今天，人类在观察外太空中的行星、恒星、星系和星团时，可能得出的推论是多元宇宙是令人难以想象得巨大。自古以来，人类一直被夜空的神秘所震撼。虽然原始人类只能依赖自身的视力,他们也同样被宇宙的神秘所征服,他们祈求看不到的神灵来缓解恐惧并得到恩惠。科学文化早已摒弃这种以人类为中心的自然解释。我们对科学在解释自然方面取得的进步印象深刻。利用现代技术,我们的观测能力已经呈指数级扩展。从伽利略的简单望远镜开始,天文学家如今通过改进的望远镜、太空卫星、射电天文学和其他手段大大拓展了视野范围。他们利用数学理论来解释我们能够观察到的事物,并且根据数据尽可能以实验的方式来检验这些理论。

100

然而,除了自然科学和天文学的成就之外,人类仍旧陷入深深的未知感,而且这只会越来越让我们感到敬畏和惊讶,因为宇宙是无限的,我们只能从这个围绕位于银河系边缘的微不足道的太阳运转的小小星球上窥见宇宙的一小部分。在地球上,对大自然的某些尊敬是合乎情理的。因为这既是人性的又是自然的,但是这不应该与古人对神灵的崇拜混为一谈。有些无神论者可能会对这些言论感到愤怒,但是如果他们真是这样的话,他们就不仅是对宇宙的辉煌壮丽无动于衷,而且对我们尽可能地探索它的深度并与其奇迹努力和谐共存漠不关心。

现代人类对宇宙有了全新的、开放的视野。通过使用望远镜的抛光镜片当作"眼镜",人们能够观察到更远的距离。天文学家应用物理学和力学的定律,计算远处巨大天体的引力。他们可以将卫星发射至太空,进入地球大气层外的更远空间,这些使人类可以探测其他遥远的恒星系。他们已经计算出恒星和星系正以极快的速度远离,宇宙的尺度正向外延展。

这将会引起人类想象力多么难以估量的飞跃啊!科学探索已经改变了我们的星空天文馆,这将我们的太阳系置于整个星系分布图中,在其之上展示出外太空中的各个星系：我们自己所处的银河系、仙女座、波德星系[1774 年由约翰·波德(Johann Bode)发现]、车轮星系(看起来像是车轮上的辐条)、雪茄星系(它看起来像是一支雪茄)、大小麦哲伦星系[以费迪南德·麦哲伦(Ferdinand Magellan)命名的大型"云"]、涡状星系等。

101   当伊壁鸠鲁(Epicurus)宣称"任何事物都不能阻挡世界的无限"时,他是有预见性的。我们的银河系有数十亿颗恒星,其中许多恒星很有可能有绕行行星,甚至一些行星上会有生命存在。迄今为止,我们只发现了大约 400 颗行星,这是由于确定它们的位置有很大的技术难度。究竟还有多少颗行星能够维持生命还是未解之谜,因为这需要它们既不能靠恒星太近以至于燃烧殆尽,也不能离恒星太远而冻结。

法国生物学家雅克·莫诺德(Jacques Monod)指出,生命通过自然法则的运转,即自然选择而演变,但偶然性和随机也发挥着作用。因此,地球上数百万物种的灭绝为新物种的出现留下了空间。毫无疑问,如果其他星球上存在生命——而且很有可能如此——那么能够进化的物种也是不确定的。在此意义上,地球上的生物表现出的创造性很有可能在宇宙其他行星上的其他生命形式中也能被发现。

第五幕　涌现的活跃

非还原论的自然主义

所有实体和事物、动物和植物、过程和事件、领域和系统本质上都是物质的，这有充分的证据。虽然确定基本的物理原因是理解自然的必要条件，但不是充分条件，因为存在从物理基础上涌现的附加属性、特质和关系。

没有大脑或身体，心灵便不复存在；心灵是大脑和身体的机能。没有足够的证据表明身体死亡后意识能继续存在。文艺作品是由人类创造的，出现并持续存在的文化产品和文化传统往往是漫长历史过程和传统的产物。以上这些都是非还原的自然现象。它们在自然主义的宇宙中占有一席之地。

变化是实在的一个恒定特性。各种过程可以在不同的背景下加以描述：有原子层面上快速变化的过程，有太阳系中行星和卫星、流星和小行星之间的相互作用。在地质学范围内，有侵蚀、冲击、裂缝、洪水和风暴的过程。生命系统中，存在基因和染色体的相互作用、分裂和繁殖、生长和发育、衰老和死亡的过程。生物圈中，有自然选择和物种的进化及灭绝。在星系范围中，存在着巨大的动荡：包括行星、卫星和流星的起源和最终的毁灭、恒星的诞生和死亡；还包括剧烈的星系碰撞、超新星爆炸以及新星的出现。

人类历史有记录以来，变化就持续存在。其中有变革和革命、战争和瘟疫、不断发生的社会文化变迁；还有军事、政治和经济发展以及智力、科学和技术的新发现。所有这些都不断改造着乡村、城市生活、全球贸易和沟通。

我们已经发现许多关于自然方方面面的事情。行星和卫星、太阳系和其他星系、火山和飓风、森林和丛林、沙漠和绿洲都是自然的组成部分；蜂群、鱼群、牛群、真菌和昆虫群落也是如此。

自然还包括人类及其村庄、城镇、城市、国家和宪法；以及由人类梦想和愿望而导致的文化变迁。此外，还有文学和艺术潮流：莎士比亚和莫里哀（Molière）的文学、米罗（Miró）和布朗库西（Brancuși）的艺术。人类世界包括萨福（Sappho）和汉尼拔（Hannibal）、伊壁鸠鲁和蒙田（Montaigne）、宫殿和塔楼、著作和圣约书、道德信仰和信念、科学和宗教、诗歌和歌剧。自然和文化的世界充满多样性和相似性、富有和贫穷、疾病和冲突、现存生物和灭绝物种、化石和古代文明的遗迹，以及人类历史上新出现的壮观事物。

非还原的自然主义并不否认任何事物或任何人的存在。它包括一切现在、过去或将来存在的事物。它容纳不道德的观点和恶意的行为：无论是真善美还是假恶丑，它都一视同仁。它包括古罗马和现代的西伯利亚、印加帝国和大英帝国、英国《大宪章》（*Magna Carta*）和人权理论、共产主义革命和法西斯迫害、神权政体和宗教裁判所、民主和自由社会、桥梁和隧道、金字塔和摩天大楼、泰姬陵和加尔各答黑洞。

你可能会问，这是真正意义上的包罗万象的自然主义，抑或只是过去、现在和未来存在过的事物的堆积场呢？它们之间有没有区别？怀疑论者会问，自然和非自然都是"实际存在"的吗？

在某种意义上，的确如此，事物存在于任何天空下和土地上，存
在于多种多样的背景中。这种元自然状态并不会因为过去或现在的
变化从自然界中消失。存在就是存在，不管怎样，不管其以何种方式
呈现。

　　自然包括人类的幻想、错误观念和猜测性的谬论吗？这样一来，
我岂不是让自己陷入死胡同，被迫承认《古兰经》《希伯来圣
经》(Hebrew Bible)、《新约》(New Testament)、《奥义书》(Upanishads)
和《摩门经》(Book of Mormon)这类宗教经书和欧几里得几何学、爱
因斯坦质能方程式 $E = mc^2$、自然选择理论、万有引力理论、抗生素
和心脏病学等量齐观？

　　不，显然我们需要区分真和假。如果人们相信鬼、促狭鬼、牙仙
和撒旦，那么它们在某个历史时刻可能就存在于人类的想象和文化
中，人们就会以它们为信仰来行事。但它们并不是真正的现实，所以
我们需要一些标准来衡量什么是真正的关于这个世界的解释，不同
于那些使人们误入歧途去相信的"真实"。我们寻求关于世界的可靠
知识，不受文化面具或偏见的干扰。就像我现在坐在我的木书桌旁，
头顶上是日光灯；我起身下楼走向冰箱。对于我和我的狮子狗和暹
罗猫来说，这是真实的，正如它——从某种意义上来说——对于不在
我视线中的蟑螂来说也是真实的。存在取决于我所处的环境、背景
和位置。我可以想象瑞昂莱潘的白色沙滩或是圣保罗德旺斯的艺术
博物馆，但我现在并不在那里。所以，世界依赖于万物众生及其所处
环境，并在此意义上存在。万物众生不能从宇宙中被放逐。然而，我
们有与常识延伸在一起的科学确证方法，而且我们可以确定哪些真
正与我们的主观幻想或文化神话无关。

　　孩子们可能会相信圣诞老人在圣诞节会给他们送礼物，并且整

105

个行业都在生产玩具来刺激孩子们的想象力来销售产品。这些是文化的一部分，但并不是真的——世界上并没有生活在北极会造玩具的小精灵，没有驾着驯鹿而来的圣诞老人背着给孩子们的礼物从烟囱中跳下。神话故事可能存在于文化中，并且可能永远会存在，但它们并不是这个世界的真相。神话故事只是传说，这些包括有关耶稣、摩西和穆罕默德的神话，其中信徒可以在天堂中得到救赎，而恶徒和背道者只能在地狱中煎熬。如果文化是自然的一部分，我们如何区分它们？难道美洲土著塞内卡部落的神话就不如信仰基督和犹太教的欧洲殖民者的离奇故事更可信吗？红夹克（Red Jacket）就是一位广为人知的塞内卡酋长，他在 18 世纪的法国印第安战争期间与英国人并肩抗击法国人。他出席了乔治·华盛顿（George Washington）与塞内卡部落签署的和平协定。在一次经典演讲中，他抗议基督徒试图向塞内卡人传教的行为，他认为这是愚蠢的，因为基督徒丧失勇气，而且传统的本土文化比他们有更高尚的道德品质。

显然，需要有一些方法来获取可靠知识，来分辨什么是真实的或可能的，什么是虚假的和错误的——而这就是科学确证的方法，一种关于科学探索和验证的多元阐释。需要补充的是，虚假信仰和神话观念已经改变了世界：它们发动战争并毁灭人类（如十字军东征、圣战和纳粹大屠杀）。它们建造雄伟的大教堂、金字塔、寺庙、犹太教会堂和清真寺来崇拜的神灵。

但是让我们回到一个基本问题：实在能否像物理学和化学描述的那样简化成最简单的要素？或者是否存在与其基本部分共存的新兴的事件、过程、特征、特质和关系？对此，一个美好的例证就是我妻子脑海中珍藏的法式食谱，从她的曾祖母或曾曾祖母那儿传下来，她做的食物真是美味啊！以焦糖布丁为例，其主要成分是鸡蛋、糖、牛奶、焦糖和香草。将原料混合在一起,再把面糊放在烤箱中烘焙,随后取出冷却就行;这样,一道美味可口的甜点即将让你大饱口福并心满意足。焦糖布丁是其各部分的总和吗? 是的,当然——从它们混合起来时就是了,的确如此,或者还能是别的什么吗? 我认为后者在某种意义上是存在的;焦糖布丁之所以能够存在,是因为一个揉面、烘焙并将之以现有形式呈现的创意性过程;它是一种涌现出的新产品,是文化传统的结晶。同样的,当我们在法国时,我妻子在商店里购买的葡萄酒、面包和奶酪也是如此,有着摩天大楼、汽车和人造卫星的现代世界更是如此。由人类的技术和艺术技能制造的产品已经成为自然的一部分,它们是真实的;鸟类为了栖息和繁衍所筑的巢,或者海狸建造的水坝也是如此。人类砍伐树木、采石切割,或者锻造钢铁这些创造性工作已经改变了自然环境,而且它们在这个世界上是真实的。但是错误观念和幻想又做何解释? 我前面曾经提到,基于原子和亚原子粒子的基本物理主义理论的还原论还不足以解释所有的一切。

我已经试图解释"涌现"一词的基本概念。它指事物出现、显露和显现,它们产生、进化、生长、发展或呈现。活跃可能涉及混乱和骚动。它也可能还蕴涵开放、繁荣、盛放或高潮的概念。在此意义上,它意味着存在的完满的,尤其是在生命世界中。很明显,涌现在某种意义上是自然的一般特征。

涌现的概念本质是新奇性、独特性和新颖性。所有这些术语都表明,存在不仅仅是作为物质各部分的组合物而存在,更是作为各部分密切协调的功能整体,其开始表现出荧光或是发光的特质,特别是当新事物的出现指的是完成进化的新物种或新实体。这是与灭绝或死亡的对照。因此,自然既有已消失的生命形式灭绝的一面(并且只能在化石遗迹中发现），也有进化生物涌现的一面——也就是新的、独特新颖的生命以新实体的形式出现。可以说，太阳底下总有新鲜的东西，而且这些也可以指物理宇宙中出现的新行星、新卫星，或者因新星爆炸形成的新恒星、新的星系以及聚集而成的新星系团。

法语中"诞生"（naissance）一词是涌现概念的固有特质，表示事物第一次出现。可以说，每个婴儿都是独一无二的新事物；从早期形式逐渐演变的任何新物种也是如此。文化领域同样上演着类似的现象。人类文明中的所有新的应用技术或发明都是一次涌现，是对已经存在事物的创造性积累和补充。通常会出现文艺复兴、复兴时代或彻底的觉醒，并且这可能会导致创造性的迸发，如新的音乐形式和艺术表现流派。政治起义或革命可能是暴力的，并且宣称为被剥夺财产或权利者带来新的权利和自由。从中可能会出台新的宪章和宪法，出现新的社会制度。因此，涌现可能适用于各种各样的现象，它们可能出现在一种文明中，并让一个民族众志成城、勇于献身，如新成立的美国和法国大革命就是如此。

现在就要谈到涌现的性质地位问题：自然中存在的涌现性质是否与之组成部分或人类文化无关？这尤其与发现涌现性质的生物圈相关。我们知道生物圈中有机物能够从其周围环境中摄取营养并进行有性繁殖。生命是无机物的一种涌现吗？我们有大量证据显示，新的特征和新物种正在出现，同时旧的事物已经开始灭绝。

涌现进化理论假设在历史上过去的某一时期，适应环境状况的早期细胞群体和新的行为形式发展起来。随着鱼学会离开水并爬上沙滩，适应陆上生活，鱼鳍变成两栖动物的四肢；其他动物也在适应环境，学习如何使用翼膜飞行，并进化为翼手龙或蝙蝠。这些新特征中有许多都以数量增加的方式逐渐演变，可塑性使得一种物种的成员能够延续和适应。

在其他情况下，可能会突然发生随机变异，让具有这种能力的个体在生存斗争中获得优势：能够将这些新特征复制并传递给后代，而且随着时间的推移，这些特征变得越来越普遍，一种新物种可能就此出现，但只能在相似的物种间交配繁殖。古尔德（Stephen J. Gould）和奈尔斯·艾尔德雷奇（Niles Eldredge）在其共同发表的《间断平衡》（*Punctuated Equilibria*）一文中将新兴的生命形式描述为就像一把拉紧弹簧蓄势待发的枪[①]。

正如我所说，生命世界中似乎普遍存在着新奇事物的出现。如同达尔文在加拉帕戈斯群岛之行中观察到的那样，一个物种中隔离成员的杂交繁殖会加剧差异性；我们今天仍然可以在马达加斯加或澳大利亚看到类似的奇特生命形式。

相似的还有新的行星、卫星、恒星或星系的出现：每个都是独一无二的，其形成取决于个体历史，并且在某种意义上算是一种"涌现"。环绕土星的小行星带就是很好的示例，它们是围绕着行星运转的独特的个体网络；即使其他行星可能有相似的（小行星）环，它们也不可能完全一样。

任何知道物理学基本定律的人都能预测到在有机界或无机界中会涌现出的这些特征和组合吗？我回想起那次难忘的克鲁格国家公园之旅，公园位于南非北部和莫桑比克之间的野生动物保护区。当我和我的妻子、岳父坐在一辆离水塘不远的车上安静休息时，两只巨大的河马走过来喝水并看着我们。可以想象它们之间的对话；一只

109

① Stephen J. Gould with Niles Eldredge, "Punctuated Equilibria: An Alternative to Phyletic Gradualism," in *Models in Paleobiology*, ed. Thomas J. M. Shopf (San Francisco: Freeman, Cooper, 1972).

河马对它的同伴说:"看看那边坐着的三个人。你见过这么丑的东西吗?"这就好像鲁布·戈德堡(Rube Goldberg)在世,制造并创造出奇怪的生物一样。例如,我们来看鸵鸟,它有形似大头针那样小的头,脖子长而且细,躯干大而圆,覆盖着浓密的羽毛。这并非是智慧设计的结果,而是自然选择的产物,同时包括法则似的规律性和随机偶然性、适应和生存的涌现能力。但是进化是一个确定的过程,具有可辨识的步骤,尽管这些步骤在既定的生命形式中的体现也许是完全不同的。所以,秩序中有偶然性,偶然性中存在秩序。

似乎也出现了结构的新原则。整体是其所有部分的总和,还是超出所有部分? 整体论捍卫者认为是后者。我们不需要援引自然界中独立的整体实体,但是在不同层次的复杂性方面,确实存在着新的性质。一些评论家认为整体性质似乎是无形的,因为它们难以作为理论的一部分进行验证。然而新的特性似乎确实出现了。新颖性表现为自然的一般特征,可能最终会变得普遍。曾经的意外成为常见的事情;开始时的异常可能会变得正常。因此,自然不断显示令人惊讶的新特征。总有新事物出现在太阳底下。偶发事件、个体化和历史性是宇宙中出现的普遍因素。但是,也会出现新的应对和适应方式,包括内稳态、自然创新和创造性。

根据涌现进化理论的倡导者[如洛伊德·摩根(Lloyd Morgan)],这些整体性质出现在复杂的组织层面,展现出现存实体的意外重组。这在新物种出现的关键转折点上可以看到,显示出以前不存在的新附属物或能力。这些是给定物种的成员所独有的,最终可以通过传递给后代在整个物种中成为普遍特征。这种方法的倡导者认为,在某种程度上,生命的出现本身就是从非生命中出现的"奇点";这点类似于意识行为的出现。我不愿意简单地假设这种推测性论断,即生命的历史演变处于一条明确划分的直线上。智人这个人种存活下来,而其他的人种如能人则没有活下来。我们都知道,有机物可能在各种行星系统中与无机物并存,而且有机物可能一直与无机物相辅相成。许多具有非凡能力的物种已经灭绝。因此,进化不是线性发展的,我们发现的任何新兴事物不是神秘的实体,都可以在观察到的层面给出经验性解释。

这种探索是跨学科的,它试图在各学科之间找到类似之处。该理论的主要倡导者之一是路德维希·冯·贝塔朗菲(Ludwig von Bertalanffy)[1]。其基本思想是,所有现象都可以被看作是系统内的元素或各部分相互关联的网络。在电、物理、有机、生物和社会层面都能发现这样的关联。这些表现出相似的性质。一般系统论并没有定律;但是它确实指出不同领域之间的类似之处。它指出适用于所有系统或领域的普遍原则,尽管存在不同的相关性和联系。

根据一般系统论,自然中存在着各种类型的、会出现特殊涌现性质和特质的系统、领域和层级。以下是不同系统、领域或层级的一般分类:

有机系统领域

原子　家族

分子　部落

细胞　社群

器官　社会机构

---

[1] Ludwig von Bertalanffy, *Perspectives on General System Theory: Scientific-Philosophical Studies*, ed. Edgar Taschdjian (New York: George Braziller, 1975).

有机体　　文化

物种　　　沟通网络

生态系统　文明

物理系统

亚原子粒子　　卫星

原子　　　　　行星

分子　　　　　恒星系

元素/化学物质　星系

物体/实体　　　宇宙，多元宇宙

　　我们可以根据复杂程度和规模来对涌现的性质进行分类：亚原子粒子和波（电子、光子、中子、夸克等）、原子（迷你恒星系）、含有多种元素的分子、细胞（营养、分裂和自我复制）。生命是有机的；其各部分在机体内和谐共存。细胞形成了器官（心脏、肺、大脑和肾脏）并在身体内部系统（循环和呼吸系统等）中相互关联。植物体内的各部分也与之类似。物种的特征是大量个体以社会群体的形式存在（如蜂巢、蚁穴、狼群、鱼群和狮群等），可以扩展到人类家庭和部落、村庄和城市、机构和民族国家、社会和文化的体现形式。我们知道自然选择可以解释物种的进化，但还存在着要基于观察和实证的理论才能解释的开放性问题，如亚原子粒子是否出现在分子之前，接着才出现细胞和更加复杂的系统——包括恒星系统、星系和多元宇宙等——以及这些阶段是如何出现的。否则，这样说就是纯粹的猜想。虽然这些都是富有见地的可能性选择（或者甚至是或然性），但是我们不能在未经证实之前就认为它们是正确的，尽管最简单的生命形式可能就是在实验室里或者在地球上的原汤中形成的。

　　一些理论家认为，创造性过程是实在的普遍维度。支持"创造性进化"的人包括亨利·柏格森(Henri Bergson)，他假设存在一种至关重要的"生命冲动"。这一论点非常让人怀疑。同样，对于自然目的论来说：并不存在目的或隐德来希在自然中起作用的经验证据；而皮埃尔·泰亚尔·德·夏尔丹(Pierre Teilhard de Chardin)所提出的以一种逐渐进化的方式来达到整个进化宇宙的任何未来目标也没有经验证据。

　　另一方面，我认为生物学中的功能性解释是有用的，但在经典目的论中则不然。人们需要知道细胞的不同群组（如心肌），或者循环系统的器官，或者呼吸系统的肺的功能，以及身体所有器官的生理功能。这从任何一方面来说，都不涉及设计论：有机体不是先验设计的（为了完成设计师的计划）；功能是事后才出现的并常常受偶然性影响（根据自然选择理论）。最不幸的是，这种设计论的观点是亚里士多德作为其理论物理学的一部分提出的。它作为解释 55 个天球如何持续旋转的原则，并不作为创造原则而使用。阿奎纳和其他神学家试图调和基督教与希腊哲学，所以他们将基督教中的上帝和他的创造行为带入自然。"设计"需要一位神圣的设计者。就像大卫·休谟(David Hume)指出的那样，这是与人类设计师相类比的一种诡辩。一旦将目的论从科学中剥离，就没有必要去纠结第一动因、不动而自动者，或是其他令人困惑的假设。这些完全不能解释宇宙的起源，只会让我们的认识发生倒退，而且更糟糕的是，它们只能加剧人类的自我欺骗，认为世界上存在着尚未揭示的解释，尽管可能根本不存在。

　　然而，功能性解释已经用于生物学和医学。现代生理学之父加

112

农（W. B. Cannon）提出"内稳态"这一概念来解释身体的功能。内稳态①从字面上理解就是"保持平衡"，它描述了生物如果要存活，需要如何维持一定程度的均衡。加农观察到，有许多疾病都涉及身体功能的失调和不平衡，需要白细胞来对抗感染。因此，当胰腺不能产生足够的胰岛素来排除身体多余的糖分时，就会患上糖尿病。而葡萄糖不足可能会导致低血糖。人体脱水时，我们可以生动地观察到内稳态现象的出现。同样，在需要将毒素排出血液或增加白细胞以对抗感染的时候，内稳态也会发挥作用。

113

身体中存在让血糖、水分、各种矿物质和营养物质处于正常水平的调节机制。因此，有机体试图调节身体的内部环境，以维持稳定和恒定的状态。不知不觉中就有多种动态适应和调节机制自动生效。加农称，有一种"身体的智慧"（内稳态），它大部分情况下是无意识的——尽管有时它会渗入到意识中，即当人们又热又渴且汗流浃背，出现脱水现象时，机体试图止渴并让体温降下来。共存在三种控制机制：①将传输信号给中枢神经系统的感受器以刺激感知；②设定正常范围的控制中心，尽管范围是可调的；③提供反馈的效应器。这表明有一种内在的、无意识的生化智慧在发挥作用。我很明智地使用了"智慧"这个术语——也许只是隐喻性地——然而人们在整个生物圈都能看到类似的事物。因此，自然选择在这个意义上是一种"智能"形式的选择，其中适应机制和能力经过长时期的演变。然而，这并不意味着在现实之前有所谓"设计"，只不过是具有这些有利的适应性功能的生物能够生存和繁殖，从而将它们传递给后代。

某些生命形式能够适应环境的变化。冷血的爬行动物不能保持

---

① 内稳态，也称体内平衡、体内稳态。——译者注

恒定的体温,但能够在变温条件下维持生命。平衡过程似乎也作用于外部世界。在更广泛的意义上,我们看到生态系统至少让生活在其中的物种间维持着某种生态平衡。如果将新物种引进一个地区,那么它可能会破坏某个现有物种的生命过程,而这个物种又依赖于为别的物种提供食物来源的其他物种,因此这个物种的缺失将会引起整个相互依赖的生态系统的破坏性失衡。

　　我总是好奇我家周围的大树是如何度过纽约西部的严冬的。秋天到来,树叶纷纷落下,树木也进入休眠状态来抵御强劲的暴风,尽管它们的树枝经常会被风刮断。春天阳光普照,树木重新抽芽,繁茂的树叶在太阳光的照射下,利用叶绿素进行能量转换,将二氧化碳还原为碳,并向空气中释放氧气。秋日里新栽种的一棵树能够通过物理、化学、生物过程自动实现适应和调节。

　　后来,随着更复杂、更高级有机体的出现,出现了意识形态。一只松鼠能够收集坚果吃,并躲避危险的天敌;猫或狗可以回应主人的命令,而且能学会理解指令的含义并做出相应的行动。意识的成长导致感觉、意图、情绪、认知甚至智能行为的出现。因此,由于高度适应性大脑的发育成长和自觉理性的出现,人类的本能才智变得愈发强大,它发生在文化环境中,而且从中出现语言、符号、象征和抽象思维。有意识的大脑(基于复杂的神经网络)能够进一步发挥并扩展身体的无意识内稳态智慧。当人类能够发明工具和器械,并使之控制和改变环境以满足自身愿望和目的时,就此开启新的时代。人类现在可以有意识地建造住所、生产食物和生活必需品,使我们能够生存和繁荣发展。

　　功能性解释对于理解社会和文化至关重要。政治、经济和社会制度各司其职,只有在了解它们是如何协调和运转之后,我们才能理解它们。只有涌现层次上的解释才足以说明这些。我不明白物理学如何告诉我们怎样编写或修改一部宪法；化学和生物学也不能充分解释经济制度，或者告诉我们如何改善分配、制造和提高生产率。在这里似乎合力推理又能派上用场了。为了还原主义的"圣杯"而弃行为科学和社会科学不顾是一种错误的观念。

我们生活在一个偶然的宇宙中吗？我们无疑每天都会遇到偶发事件。它们是普遍存在还是纯属巧合？它们本身是不是无法简化的？或者，我们说某件事是偶然发生的，是不是仅仅因为人们不知道它的起因？或者，一件事物之所以发生的初始条件和结果都是我们无法提前预料如何和何时发生的？

偶发事件可以是意外、偶然事件、不幸、例外、反常、始料不及或不太可能的事。尽管所有的事件背后都有原因——因为它们不会平白无故地出现——我们可能不知道这种初始条件或原因何时何地会起作用。

现实世界中，极少数的事件是绝对确定的或不可避免的。很大程度上，在正常的初始条件下，许多事件仅仅是有可能或者是可能性很高。但是，总会有例外存在，这取决于一个系统、组织、有机体或机器的规模和程度。

大卫·休谟断言，我们根据过去的经验建立预期——如太阳明天还会升起。当然，也可能下雨和多云，我们不一定看得见太阳。但是，鉴于我们对太阳系物理特性的了解，可以确定地球每 24 小时会自转一圈，而且会沿着既定轨道绕太阳公转。实际上，我们还可以说出准确的时间。所有行星的自转速度都不同。地球每 23.934 小时自转一周。过去，地球自转的速度更快，6 亿多年前大约 21.9 小时自转一圈。未来，地球的自转速度可能会进一步减慢。

相对较大的系统——比如我们的太阳系——是相当稳定的,存在我们可以预测的因果序列。地球上还有其他似乎是偶然的事件——新的因果序列可能会打断正常事件发展。这里有无数的例证——除了我已经提到过的 2004 年发生在印度洋上的地震以及随之而来的海啸,还有很多其他的例子,如飓风和龙卷风——恶劣的天气条件下会同时发生数不尽的事件。风暴的路径无法准确预测,而且说不定风暴期间还会出现意外情况,因此人们并不能提前确定风暴的确切路径。

生命世界中也发生了同样的现象。肆虐的森林大火可能会摧毁大片树林,而且火势的强弱还取决于风向以及风能否平息。位于大火中央的灌木和树木可能在劫难逃;动物们也一样,它们被迫逃生最后可能也难免一死——人类试图干预和压制火势的支配行为根本不起作用。

物理世界的事件也是如此,如撞击行星表面的流星和小行星——地球和月球表面的陨石坑都证实了这一点。偶然性在这里起到干预作用了吗? 或者这只是两个或更多天体间的相互作用,因而是偶然的?

我们通过望远镜能够发现外太空中巨大的超新星爆炸;一年中曾记录有 82 次这样的爆炸,但考虑到宇宙中有数万亿颗恒星,相对于实际发生的爆炸数量,这个数字是极小的。这些超新星意味着恒星的突然爆炸,恒星一下子变得极亮(可能像整个星系那么亮),并瞬间消失。我们能够探测到已经燃烧殆尽的矮星。仙女座星系的光谱分析表明正在发生蓝移,这表示它正在接近银河系,并且很有可能在几十亿年后与银河系发生撞击。宇宙学中的所有证据都表明宇宙的持续膨胀和速度在不断地加快。

116

传统观点认为，天体就像我们看到的那样是静止、永恒的，不会生成和湮灭，这是错误的。我们生活在一个动态的、多元的宇宙中，其中不同的因果性是相互冲突的。

偶然性的定义

该直接给偶然性下定义了。

如果存在一定标准条件(1、2、3等)就可以说引起一个事件(事件1)。

(1) 一个事件为**偶然的**，如果存在其他的原因、条件或事件对它的干预(例如，一道闪电击中房屋；因昆虫叮咬感染强病毒；洪水淹没了一个地区等)。

(2) 一个事件是**必然的**，当且仅当它必须发生，没有例外。

(3) 一个事件是**不确定的**，如果同时有几个相互冲突的因果序列或事件在起作用，且如果不能事先确定哪一方将占据优势。

*　*　*

117　对上述的评论：

(1) 这似乎在整个自然界中发生，在此基础上，我们制定因果规律。

(2) 偶然性在自然界普遍发生，打破了之前观察到的统一规律。

(3) 我们很少发现自然界中的必然事件(截然不同于高度可能的事件)，因为我们不能确定存在的初始条件以及冲突原因的干扰。

(4) 自然界中存在各种程度的确定性、不确定性以及各层次的可能性。

下一步将怎样取决于具有因果性、干扰、对立和对抗关系的不同条线在任意时刻的相互作用，也许其中一条线会取代所有其他的线。森林里的一棵树倒下，是因为暴风雪天气带来的降雪和大风使它不堪重负;或者一道闪电把它劈成两半。一只海狸被狐狸伏击并掐住脖子,准备饱餐一顿——这是两条不同的因果关系线的较量。圣海伦斯火山(在华盛顿州)喷发,岩浆漫延到乡村,吞噬掉来不及逃走的生命。

处理偶然事件还要进一步考虑许多学科都采用的统计数据。通常这是我们最佳的做法。我们从概率的角度(如在量子力学中)描述特定群体,通过计算平均数、均值或中位数来告诉我们所发生的事。因此,通常我们可以描述正在研究的数据的大致情况。我们可能会以图表的形式来说明趋势。这些图表告诉我们一个数量能表明什么价值。社会学和心理学研究发现在 0.05 这个水平上的显著相关性,而这绝对不是严格意义上的因果关系。在那些发现有很多因素起作用的研究中,这是很重要的。

尽管我们可以在自然界中看到一系列随机事件的作用,所谓的蝴蝶效应则对随机性提出异议。尽管蝴蝶看上去是随意地在花间飞来飞去,然而所有随机事件的总和看起来在发挥作用,而且煽动的翅膀与水池中的漩涡相似,因此它们是巨大因果序列网络的一个组成部分。相应地,即便是在明显混乱的情况下,也能有因果关系的后果,或者我们听到是这样。但是,这也表明一种波动现象,不能轻易统称为因果定律。此外,虽然"蝴蝶因素"在自然秩序中起作用,但它并不代表万事万物都以类似的方式相互联系。

我承认,有些相当孤立的系统中内部的因果关系在起作用。在不断演化的生物圈中,相同物种的隔离养育繁殖可能最终会改变其遗传密码,从而成为一个独立的物种。这也适用于地理上同其他生态系统分离的孤立生态系统。遥远的恒星系或星系上发生的事情对太阳系或者地球的影响可能很小,甚至没有影响。

118

因此,虽然物理学家们已经提出四种力——引力、电磁力、强力和弱力——但是几乎没有说到适用于其他复杂系统的其他因果要素及其相互关系,尤其是在有机物和人类范畴内;因此,需要在这里提出新的假设和理论。

神经科学很好地说明发展更高级的规则作为物理学和化学补充的必要性。我们应该尝试发现关于意识、感知、意图、情感、认知和其他人类体验(和/或其他有机物的体验)的心理内容的神经学组成部分。这意味着,大脑神经元回路的探查、大脑和神经系统如何工作的描述、物理-化学关联的发现以及心理功能的刺激是至关重要的。在一种现实且激动人心的意义上,这种形式的研究处于知识的前沿领域,需要我们大力推进。然而,关于大脑及其作用方式我们仍然有很多不了解的方面,因此这些知识需要以更高级的涌现特性相关的概念和假设来作为补充。

这里我要提到的重要限制条件是,存在同样重要的其他类型的解释。关于高层次解释的必要性,我举以下四个例子。第一个是心理学方面对服从权威的开创性研究,即由耶鲁大学的斯坦利·米尔格拉姆(Stanley Milgram)于 1960 年至 1963 年开创,并在心理实验室中完成。这一研究强调多数人容易服从命令,即使意味着对无辜者造成痛苦。它说明权威对人类心理学的影响,特别是在封闭社会和专政中的作用。来自心理学的另一个例证是阿尔伯特·艾利斯(Albert Ellis)的理性情绪疗法,其中病人配合心理治疗师所做的认知和情绪分析似乎是一种有用的疗法,不再必须使用药品或是运用受到质疑的精神分析技术。

还原论不足以解释的第二个探索领域是经济学。经济学是一门科学吗?经济学家们发挥了很多作用。无疑,他们对商业和政府有实际的咨询作用；他们力求制定政策以实现商业机构的利益最大化。此外，他们可能会建议政府如何刺激经济或制定公平合理的税收政策。因此，经济学是一门应用性的政策科学。它更基本的功能是如何理解经济行为。亚当·斯密在其经典著作《国富论》中试图确定如何在市场经济学中实现繁荣的社会，大卫·李嘉图、约翰·斯图尔特·穆勒、约翰·梅纳德·凯恩斯（John Maynard Keynes）和其他经济学家也试图弄清这点。

　　经济变动的一个经典标准是供需关系。价格是由市场中理性生产者和消费者的选择决定的，生产者和消费者这两个抽象主体可能无法在社会中切实得以体现，因为广告商们会影响他们的品位、偏好和情绪，甚至是理智，而这些因素无疑在供需中发挥重要的作用。当社会上投机活动层出不穷和"民众的疯狂"难以遏制时，就可以看到这一点，1637 年爆发于荷兰的著名的郁金香狂热中，郁金香球茎的价格疯涨，就是受投机热潮所驱动。无论如何，我看不出大量的消费者和生产者的微观事件本身如何能够替代对现实世界中人类实际经济行为的探讨。亚当·斯密的分析很有道理，还需要其他经济理论家提出的原则来进行补充，但这些原则都处于社会作用层面。

　　一个颇有戏剧性的例子是世界各地股票市场的起伏。的确，我们可能会问，什么是股票市场？它可以简化为人类大脑中的微观事件总和，而不失去它的意义吗？显然，从消费者自身的视角来考虑消费满意度是很重要的。因此，我认为这一行为领域根本不能简单地简化为微观事件，而不完全丢掉主旨。难道没有一种已经出现且必须在自身层面上理解的定性现象吗？

　　从另一个角度看，有人会问："公司是什么？ 是一个法律实体吗？难道它自己没有包含着历史、传统和结构的生命吗？ 而且，难道它没

120

有试验过生产率和成功间的关系吗？难道我们不是必须从雪佛龙石油公司自身的角度来考虑事情并做出解释吗?"因此,还原论面临着失去鲜明主题的危险。当然,无论过去和现在,公司都是由人组成的,但其互动行为和组织原则似乎是超越任何人的存在。

还原论局限性的第三个例子来自进化生物学。人们可能会问,达尔文自然选择理论如何解释受到很多宏观因素影响的物种起源和/或灭绝,如差异生殖、适应、物种的生存竞争等？换句话说,进化理论的生物成因原则——随着时间的推移而变化——存在更复杂的生物学层面,达尔文提出的原则不能单独理解为"自私的基因",除此之外个体的生存能力、与其他个体争夺雌性的斗争以及繁殖的时机在这个过程中都是至关重要的,不仅是对微观事件的描述。当然,变异在我们的解释中占据重要的位置,但不能忽视其他作用因素。

第四个需要考虑的相当大的领域是文化模式和社会制度。人类行为显然可以用文化术语加以描述,因为人类参与了独特的文化活动。在某种意义上,按照人类学家,如克鲁伯(Alfred Kroeber)和克拉克洪(Clyde Kluckhohn)的观点,文化一般指的是人类创造活动的历史积淀：通过漫长岁月而累积的书籍、艺术作品、建筑物和纪念碑、语言系统、宗教传统、道德和科学等。因此,可以从更大的范围上考察一种文化,包含许多个体、他们的观念和价值观,以及这些因素间的互相作用与这些因素随时间和地理而来的湮灭。因此,文艺复兴是文化史上影响广泛的事件,波及欧洲各个城市。试图将其简化成物理主义的基本要素是多余和荒谬的。

121 人们可能会问,我们应该如何看待诸如民族国家(法国或西班牙)、宗教制度(伊斯兰教或罗马天主教会)、交响乐团或音乐团体(克利夫兰交响乐团或大都会歌剧院)、艺术博物馆(卢浮宫或泰特美术

馆),或者著名的大学(普林斯顿大学、索邦大学、剑桥大学或斯坦福大学)这样的社会文化现象呢?

无论是现在还是过去,以上这些制度无疑都是由个体的人构成的。每种制度都有传统、结构和人员;更重要的是,它们有想要达成的目标以及评估表现的标准。这些是不能简化为物理学、化学或生物学——尽管这些学科包括组织或机构中的个体已经掌握或者需要掌握的技能。因此,我认为因果多重性,也就是多元因果关系概念是有价值的。

事物性质和关系

现在,有必要讨论涌现作为事物性质和关系的本体论地位问题。从物理主义的立场来看,所有存在的事物都是由其性质或属性所定义的物质实体。初级性质是指实体具有的质量、重量、大小和形状;二级性质是指事物具有引起生命体反应的能力——如色彩、味道、气味、声音和触感。三级性质是指生物之间存在的复杂关系。它们是在相互作用领域起作用的特质。二级和三级性质都是涌现——刺激功能(例如,花的颜色或其香味)及其在知觉领域的表现。

事物性质包括复杂的相关性,涉及事物、其性质与生命体之间的关系,尤其是生命体之间的关系。一个形象的例子就是两个生物之间的性冲动。例如,雄孔雀的漂亮开屏,或者某些其他种类雄鸟跳舞来吸引雌鸟。在人类中,这就是浪漫的爱情——感情、诗歌和旋律的源泉;或是由触摸和性高潮带来的芬芳美好。性行为的本体论地位是什么呢? 显然,它属于三级性质,即便是同性伴侣之间也一样。这是通向前戏和性高潮的关系,一种在两名及以上成员的性行为中出现的性质。

122

　　相反地,为什么雄性动物——大猩猩、驯鹿或公牛——要通过野蛮争斗来争夺雌性配偶以及生育繁殖的机会呢? 它们的敌对关系源于身体内旺盛的睾酮水平,并且许多物种会以激烈的战斗收场。竞争是权势争斗中出现的事物性质,是一种涌现特质的体现,包括两个及以上为争夺支配地位而打斗的雄性。

　　另一个事物涌现的例子是养育,许多物种中,母兽都有吃掉胎盘并将幼崽舔干净的本能行为。养育行为让幼崽能够吃奶,保护它免于伤害,教会它飞行(麻雀)或蹒跚行走和划水(鸭子)。这些涌现特质都是关系型性质。如果我们看到鸭妈妈身后跟着八只小鸭子,这个群体的行为本身就是一种特质。

　　在空中飞行的一大群鸟,调整它们的前进方向,是极其壮观的景象。它并不是空气中原子微粒间的结构搭配,而是成千上万只鸟在飞行过程中形成的相互作用域。同样的,象群会保护小象不受捕食者的威胁,在干旱季节跋涉数百英里路寻找水源。而幼仔们则向父母寻求食物和帮助,所以在被抚育期间就萌生出子女对父母的孝道。

　　蜜蜂窝、马蜂窝或蚁穴是一种基本的社会制度,蜂后、大黄蜂或者蚁兵都齐心协力地保卫家园,并繁殖无数的后代以延续种群的存在。如果将这种分析扩展到人类,它是开放性的,因为人类的生物特性和本能之上便是心理-社会-文化特性。这些都是真正开放性的,充满着令人难以置信的多样性和丰富性。

　　显而易见的是,存在两个或更多个体之间的关系,只能用他们自己的方式去理解,而不能简化到单独个体的层面。也许最好的例证就是性。因为人们可能不了解男性的生殖器官(用来插入的阴茎和产生精子的睾丸)和射精能力,除非了解到其与女性生殖器官的关系(接纳阴茎的阴道和排出卵子的卵巢)。只有两种生殖系统相互作用,人们才能理解它们的功能。当然,无论男女都能通过自我刺激来手淫,或者口交、肛交甚至插入山羊的阴道(据传农场青年的惯常做法)。但是,正是两种生殖系统的相互功能让我们能够理解其自然生物学功能。

家庭单位中也有同样的事情;女性的乳房要为婴儿提供营养,而男性则常担当"护巢"的角色。这适用于所有物种——鸭子给小鸭子喂食,然后教它们啄食,并在池塘或溪流中游泳。父母身份是一种关系性特质,其中女性通常会发挥主导作用;这类似于黄蜂的巢穴(像蜂窝一样的结构),其中大量的工蜂埋头苦干,完成各种任务。顺便说一句,在采蜜和传授花粉的过程中,黄蜂和蜜蜂与花和植物产生了相互关联。所有这些都是涌现展现出的性质。它们是相互依赖的现实。

如果我们进一步外推,同样的事务关系也适用于其他家庭成员(兄弟姐妹和祖父母,后者可能依赖于年轻家庭成员的照顾和保护)。我们也可以更进一大步,将这一过程扩大至出现了劳动分工的部落、村庄或其他更为复杂的事务领域,如公路系统,或为农民和城市居民供水的水库和管道网络。

因此,事务关系是新涌现的领域,它们在自身的相互作用的层面反映现实,而这些相互依赖的社会文化实体同孤立单独的人类个体一样"真实"。

家庭单位是原始人生存的基础。同样,考虑到婴儿和儿童需要长时间的养育并照顾,大家庭和部落就紧密联系在一起以求保护。人类紧紧抱团以抵御来自野生动物、其他部落、物质匮乏、饥饿和天气变化的威胁。食物采集者和猎人们协同工作,慢慢变成血脉相连的宗族、部落或村庄的一分子。因此,社会关系系统得以发展起来满

124

足人类共同的需求。这些都是已经涌现出的三级关系性特质。随着时间的推移，文化习俗出现了：用以沟通的语言；口口相传下来的传说；用于狩猎、捕鱼、雕刻或者打磨的原始工具（后来经过了改善）。最终，是火的发现；轮子、推车和住所的发明，以及学会使用技术工具并传递给后代；此外，宗教仪式、萨满和巫医的出现也是劳动分工的副产品。

最早的社会群体中有部落首领、猎人，有收集木材取火和建造住所的人，有看护照顾孩童的人和抵御外敌的人，这样一个社会群体的本体论地位是什么？这里面隐含着原始的任务分工和社会结构。这些制度深深地积存于社会习惯和支撑它们的信仰体系中，它们都是文化涌现。物理主义的还原论基本没有考虑这些与生物进化同时发生的不断演变的系统；然而，社会文化的变化可以从根本上改变人类行为——随着新工具的出现，它们改变我们的身份和角色，正如农业技术和驯化动物来耕作或挤奶使人类能够建立永久定居点。后来，人们学会如何制作面包、酿造葡萄酒、制作奶酪和压榨橄榄油，从而解决了食物保鲜的问题，并能够常年保存获得这些食物。正如柏拉图在《理想国》(*The Republic*)中指出的那样，城市居民发展了新的劳动分工。这催生了更复杂的社会系统——军队；法律体系；政治阶级；教师、诗人和作家；美容师和按摩师；厨师和织毯工；以及所有的文明瑰宝。这些是涌现出的三级性质，它们是真实的，甚至比其原始基础的对象和惯例更真实和重要。它们是一代代传递下来的社会系统和文化模式的特性。阶级制度自此出现，伴随而来的还有财产和财富、贸易和商业、地主和农奴、哲学家和政治家。

以上这些现象都不能单单通过了解人类大脑的神经网络，乃至他们的心理特性和能力来加以理解——尽管这些知识对于解释我们的身份和角色至关重要。

在理解社会和文化、制度和民族国家、教会和股票市场、大学和 *125*
艺术博物馆、政府和政党方面,至关重要的就是我们要以它们的角度
来处理不同的主题。我们需要了解古巴比伦和美索不达米亚、中国
文化和日本武士道、非洲艺术和欧洲文化、北美洲和南美洲、巴黎和
纽约、布宜诺斯艾利斯和悉尼。在此,我们正面临着一个新的探索层
面——人类事务、人类历史以及个体化过程在历史变迁中的作用。
这将把我们带到超越物理和化学的层面,进入到行为和社会科学中,
以及复杂的文化和文明领域。

第六幕　个别实体及其历史

个体化

　　从我们对各门科学的探讨中可以看到,自然中明显普遍地存在着个体化。个体化是无数的具体实体、对象、事物、过程和事件的一般特征。它存在于生物圈、物理宇宙和人类事务中。自然界中,可以辨别许多不同的特殊个体。这些个体包括行星和卫星、星系和小行星、陆地和岛屿、河流和小溪、鹦鹉和大雁、棕榈树和杜鹃花、马和牛、人类和黑猩猩、细胞和器官。人们不能轻易地解释这些个体。它们是既定的——无法计算数量。此外,它们由于多样性可以被识别出来。它们是自然世界的基本组成部分:没有两片雪花、两颗砂粒、两颗钻石、两个女孩、两个男孩、两只鸽子或者两只小猫是完全一样的。同样,没有两个人有完全一样的指纹!因此在世界上,有很多这样的个别实在对象或者实体与其他对象和实体相互作用。

　　亚里士多德用实体这个术语表示存在的事物,尽管它们可以被分类成不同的属类,但任何个体都是独特的事物。我将这些各式各样的事物称为偶然影响的产物;**偶然**在这里发生作用,因为尽管它们能够通过创造、进化、成长、发育的一般过程而发展,但还存在一种残酷的事实性。这里所包括的事物从海滩上的卵石、岩石、漂砾到蚂蚁

和蚯蚓、绵羊和狮子、花朵和植物、钢笔和计算机、人和制度、行星和

恒星。

　　对此,我们需要增加个别实体的属性或其所属的事物和事件。很难想象存在不以它们为基础的任何特性和特质,对于这些个体对象和它们特性之间的关系也是如此。它们具有一种客观结构,然而尽管这样,它们也存在不同,所以它们不可能完全一样。因此,本质上个体化是事物意义的基本范畴。可以看到由相互联系和作用的领域、力量和事件构成的系统。恒星系中,行星围绕着恒星运动,而恒星系又处于星系或星云中;鱼群和鸟群、雨林和珊瑚礁、蜂群和蚁群也是如此。

　　另一个一般特征的表现是特异个体性,尤其存在于生物系统的生命世界。这非常适用人类,但是其他物种也存在。我已经注意到,一窝小狗中每只看起来都不一样;一只可能活泼好动,另一只可能怕生往后躲;一只可能主动好斗,另一只可能被动温顺。异质特性处处存在。甚至具有相似基因的异卵双生子,也在品位和态度、信仰和价值观、需求和兴趣上有很大的偏差。虽然个体可能具有同样或相似的环境背景,但他们也会展现出不同的人格特征。我以前的学生山姆,食欲非常好,几乎能吃掉端给他的所有食物。而他的兄弟汉克,则是个挑食的人,碰到和以前不一样的食物会吸着鼻子闻;他不喜欢蔬菜,但是他会吃掉一大桶冰淇淋。汉克拒绝任何新的食物——例如蟹肉饼或者龙虾;然而山姆则会欣然接受任何新的口味,并津津有味地享用。山姆是个勤奋的学生和很棒的棒球手。汉克学习自然科学,足球技术精湛。

　　我们知道个体化是人类生命的普遍特征：有人喜欢古典音乐——巴赫和贝多芬,或者马勒和巴特——其他人可能并不喜欢。有人很喜欢爵士乐,有人喜欢摇滚乐;有人如饥似渴地阅读,有人则从不碰书。玛格丽特喜欢整夜跳舞,莎伦喜欢在家享受宁静的夜晚。西摩喜欢户外活动,鲍勃喜欢待在图书馆;吉姆是保守的共和党人,桑德拉是左翼民主党人;有人是自由的出租车司机,有人是美容师,有人参军,有人喜欢待在研究所做研究。

因此,尽管我们与他人有很多共同的价值观和观念,我们同样也有不同的看法和信念。法国有多少个政党? 答案是 6 000 万,几乎每个法国公民都是一个党派! 据称戴高乐说过,法国不好治理,因为每个省或者地区都有一种不同的奶酪和葡萄酒!

有些文化鼓励存在于品位、信念和生活方式中的个性、胆识以及容忍等异质的多元化。其他文化试图抑制个性差异,并且慢慢向个体灌输遵从和顺服。有些人只有通过极度充满情欲的性爱活动才能燃起激情;其他人只是通过传教士体位就能获得高潮。我承认,个性化是偶然事件的产物,这些事件影响个体将要成为谁或成为什么样。这归咎于个体的遗传基因,胎儿在母亲子宫中受到的影响,以及特别是在早期成长阶段环境的印记和调节——以及他们如何回应这些刺激。虽然人类有如此之多的共同需求、能力、快乐,并且参与共同的活动,但这些都是对每个人的偶然影响,标志着他(她)的独一无二。这包括从经验中吸取教训的能力,理性地、力所能及地适当调整行为的能力,以及个人(特别是对孩子)已经达到的任何程度的理解力。

我很震惊地得知,这也可以用在甚至是最简单的生命形式上,包括大肠杆菌这种无害地存在于每个人肠道中的细菌——我们每个人身体中都有大量大肠杆菌,在遗传学上完全相同的大肠杆菌[1]。按照

---

[1] 参见 Carl Zimmer, *Microcosm: E-coli and the New Science of Life* (New York: Pantheon, 2008).

科普作家卡尔·齐默所说,科学家仔细研究大肠杆菌后,发现了一个惊人的事实,即从大肠杆菌身上发现的生命原理在所有其他生物中也随处可见。法国生物学家雅克·莫诺德说道,"在大肠杆菌身上真实的事,在大象身上也一样",我们同样还可以加上海参、海豚和人类。尽管我们邂逅的生命形式有巨大的多样性,生命又令人惊讶地具有一致性;例如,大肠杆菌使用 RNA 和同样的遗传密码将其传递到蛋白质(鞭毛),并且用 DNA 来编码基因。因此,微宇宙世界反映了普遍意义上的生物圈,基于物理、化学的微生物科学已经揭示了生命的基本组成部分和过程。这支持还原论者的议题,然而还有更多的故事内容。

对大肠杆菌的研究也揭示了我们从其他有机生命形式中所发现的相似的其他显著特征。大肠杆菌是有性繁殖,与种族的其他成员相互协作并交流;它们发动战争,制造化学武器,必要时甚至也会牺牲自己。就其菌落而言,齐默坚称大肠杆菌有社会生活。但是它们也展现出一种令人震惊的个体化形式。在这个意义上,大肠杆菌类似一群即使在相同的条件下行为也不同的个体。如果两个大肠杆菌并排游动,其中一个一直旋转其螺旋形的尾状物,而另一个则不动。如果菌群被给予乳糖(牛奶中的糖),一些会避开而另一些会吸取。齐默称,大肠杆菌变幻莫测;这一次克隆可能产生很多份蛋白质副本,而另一次可能什么都没产生。生命不只靠基因程序来运转;因此,即使具有同样基因遗传网络的微生物也能通向不同的结果。大肠杆菌能够把别的基因吸收进它们体内,并因此发生变异。它们看起来是在从事生物工程。

人们在大肠杆菌和所有生命形式中所发现的基本生物化学规律性,给环境因素、历史挑战和个体差异表达留下了空间。

在同一个家庭中长大的双胞胎可能有完全不同的品位和信仰，因为环境的影响并不完全相同。据报道，即使是由相同细胞克隆而来的动物也会发展出不同的个性，因为生活中的所有经历是不同的。经常被忽略的是，个体化也适用于单独的物理对象和事件。就像我们所看到的，这适用于我们太阳系中的行星，适用于太阳系本身，甚至更适用于过去和现在的文化和社会。

历史性

131   对自然界中任何事物的理解，一个重要来源是历史知识。所有物体所表现出的不同——不论是有机物还是无机物——都可以通过重现它们的过去来进行分析。这适用于鸟和蜜蜂，甲虫和树，也适用于行星和银河系。它在最大限度上适用于理解个人传记，适用于在社会和文化制度中观察到的改变。

这意味着我们需要按照改变、进程和流动来观察自然和生命。牛顿科学认为宇宙是静止的；宇宙优雅的机械法则使我们能预测行星绕太阳旋转的轨迹以及地球上物体的行为。19世纪，人们重新聚焦于历史变迁，黑格尔和马克思将历史事件作为思想关注中心，并且试图通过历史来解释理性的进程。因此，需要去揭示历史变迁。着眼于历史变迁使达尔文进化论的出现成为可能，因为物种随着时间的推移而发生改变；并且它们现在已经与过去更加不同，化石记录已经清楚地证明了这点。

随着时间的推移而发生的改变有两种解释：第一，一个事物或者事件，人或者国家，物种或者领域的起源和开始。一个孩子的出生或者一个自然事物的创造，比如一座雕像和一条路，或者一个像美国宪法那样的社会制度；第二，我们也需要理解每个改变在发展、成长和调整时遵循的进程,或者,反之,也需要理解它是如何被分解和破坏的。亚里士多德将这称为"动力因",某事如何成为可能,并且/或者如何被分解的——就像火山爆发;最终结果是形成一座山峰,或者由于地震导致的大厦坍塌,或者一个国家诸如迦太基的毁灭。

如果我们想去了解一个民族,社会中的历史变迁记录必不可少。我们来看美洲,美洲最初是蒙古人种建立的,蒙古人种从亚洲穿越白令海峡到达北美洲和南美洲。随着时间的推移,发展起来数百个部落和文明。通过考察像秘鲁的印加文明这类现存的遗迹和建筑,我们可以追溯他们的历史。历史学家可以描述出他们的艺术作品,他们的耕作方式,他们的丧葬仪式。历史学家也已经描绘出从新英格兰到加利福尼亚的数百个部落以及他们多样的语言和风俗。

132

最先到达美洲的欧洲人是列夫·埃里克森(Leif Ericson)和 11 世纪的维京海盗。英格兰、西班牙、荷兰、法国和葡萄牙的大批欧洲探险者和殖民者于几个世纪后接踵而来。直到 1776 年,杰出政治家[杰斐逊(Jefferson)、麦迪逊(Madison)、门罗(Monroe)]领导英国殖民地居民反抗大英帝国皇权,宣布独立,起草宪法,并由此诞生美利坚合众国。从东部和南部殖民地 300 万居民征战前线,镇压当地美洲印第安人,直到率先成立 48 个州,然后最终发展到 50 个,我们可以追溯美利坚合众国快速成长的轨迹。这是通过向全世界的移民敞开大门,[英雄人物亚伯拉罕·林肯(Abraham Lincoln)领导的]结束奴隶制的残酷内战,铺设铁路以及快速工业化来实现的。到 20 世纪初[西奥多·罗斯福(Theodore Roosevelt)领导时期],美国人口已经增长到 1 亿。美利坚合众国获得了作为世界强国的地位;它为夺取菲律宾群岛与西班牙开战,并参与一战,帮助英法联军抗击德国、哈布斯堡帝国和奥匈帝国,就像总统伍德罗·威尔逊(Woodrow

Wilson)所说的要"建立一个安全的民主世界"。

美国经济和科技的进步以及带有挑衅性的摩天大楼和国家军事实力让全世界震惊。再者,经过 20 世纪 30 年代毁灭性的经济大萧条,美国插手欧洲事务对抗德国和意大利的法西斯政府,在亚洲与崛起中的日本相抗衡。后二战时代见证了两个超级大国的兴起:美国和苏联;民主资本主义与苏维埃共产主义制度之间的一场冷战导致苏联解体,并确立自由市场经济在世界范围内的地位。南北朝鲜间以及南北越南间都发生过战争,全球冲突逐渐消失。各国亲历了联合国的成长,联合国最初是二战的战胜国要建立一个全球安全(其成 *133* 效有限)体系,并确立《世界人权宣言》(*Universal Declaration of Human Rights*)。21 世纪前夕,美国人口已经增长到 3 亿;欧洲力图治愈其陈腐衰败的民族主义创伤并发展共同市场和欧洲议会。实际上,欧洲的整体经济实力大约与美国持平,与两者相抗衡的新兴经济力量包括日本(现在是世界上第二大经济体)、韩国和实力逐渐增长的工业技术国家中国,以及其他新兴的有竞争力国家,尤其是拉丁美洲的巴西和南亚的印度。

随着农业领域的绿色革命阻止了饥荒和医疗技术手段的提高(抗生素、外科手术、先进的医疗卫生设备),带来公众生活条件的改善,世界各国人民的生活水平都在提高。当然也有例外:非洲、亚洲、拉丁美洲部分地区,以及南亚地区的印度和孟加拉国仍存在饥饿和疾病问题;经济失调和衰退,失业和持续不断的人口增长,资源枯竭和环境污染,与全球气候变暖一道都是繁荣发展无时无刻都要面对的威胁。

全世界人民逐渐认识到迫切需要新的全球制度来处理金融危机、资源枯竭、全球变暖和国际合作的需求等问题。

　　这一对美国和世界的简略概览意在表明历史性分析非常重要——变化是持续存在的，危机此起彼伏。持续出现的新问题无法逃避。如果我们想要理解世界上的某个领域，那么对政治-经济-社会的、科学的、意识形态的和文化的变迁进行回溯性历史分析必不可少。

传记

　　同样的道理也适用于我们对个体的理解。没有详细的传记叙述，我们该如何解读人们的身份和性情？

　　想想有多少部关于亚伯拉罕·林肯的传记：一个出身于边境地区贫苦家庭的小男孩，自学成才，在南北战争期间一跃成为国家总统，不幸遇刺殉国（或者说死于叛国，这取决于你支持南北方中的哪一方）。林肯的妻子玛丽·陶德（Mary Todd），脾气古怪，是一个在自己的丈夫成为总统之后还恶意抨击他的悍妇。关于林肯的多部传记中，哪些才是真实的叙述呢？传记作家特里普（C. A. Tripp）声称林肯是同性恋，或者至少是双性恋，19世纪30年代，他与时常出入位于塞勒姆的林肯府邸的青年男子比利·格林（Billy Green）同床共枕。第二段与男性朋友的关系持续了很多年。这段关系可从几封饱含愧疚和情愫的信件中推测出，19世纪40年代，这位所谓的情人——来自伊利诺斯州斯普林菲尔德的乔舒亚·斯皮德（Joshua Speed）很可能与林肯共眠多年。特里普指出，贫困并不至于让他们同床睡眠。同样有记录翔实的证据表明，林肯与戴维·德里克森（David V. Derickson）上校在白宫幽会；当玛丽·林肯不在白宫时，人们看到两人身着睡衣，形影不离。作为公众人物，他的伟大当然应该同这些私人越轨行为完全分开①。

作为美国的开国元勋和《独立宣言》的起草者，很多人都将托马斯·杰斐逊视为神一般的人物。然而，他与漂亮的黑白混血女奴萨丽·海明斯(Sally Hemings)长期存在的私情，在当时就不是秘密。当他还是大使时，就带她一起去了巴黎。

詹姆斯·科连德(James T. Callender)是一位政治记者，也曾是杰斐逊的支持者，他在1802年写道，杰斐逊包养了一位名叫萨丽·海明斯的情妇——他的女奴——并与她生了几个孩子。非常可能是杰斐逊当时的对手捏造的这些故事。尽管在19世纪，这些故事满城皆知，但是杰斐逊并没有公开回应这些对他的人身攻击。杰斐逊的拥护者反驳道，他的侄子彼得(Peter)和塞缪尔·卡(Samuel Carr)有可能和许多蒙蒂塞洛的仆人们生育了儿女，因此与杰斐逊有几分相像。

135   托马斯·杰斐逊基金会的特别研究委员会重新检查了这些证据，包括研究萨丽·海明斯后代的DNA。2000年，他们得出结论"杰斐逊很有可能是伊斯顿·海明斯(Eston Hemings)的父亲"，并且他也极有可能"是萨丽·海明斯六个孩子的父亲"②。人无完人，一切伟大的政治领袖尤其是！

许多伟大的历史人物都有普通人的七情六欲。本杰明·富兰克林(Benjamin Franklin)这位费城的智者，喜欢向女人献殷勤，他给他的法国情妇留下一笔可观的财产。比尔·克林顿(Bill Clinton)因矢口否认他与莫妮卡·莱温斯基(Monica Lewinsky)的丑闻而差点下

---

① C. A. Tripp, *The Intimate World of Abraham Lincoln* (New York: Basic Books, 2006).

② "Monticello Research Committee Report on Thomas Jefferson and Sally Hemings," Thomas Jefferson Foundation, January 2000.

台。他坚称:"我没有和那个女人发生性关系!"他的意思是他们没有躺下,但是有充足的证据表明她给站着的总统口交,而且在她裙子上还发现了精液。

　　我的岳母,一位气度不凡的法国贵妇,在她九十多岁的时候曾经问过我,"告诉我,为什么媒体如此猛烈抨击比尔·克林顿? 难道别的国家元首就没有绯闻吗?"看看路易十四(Louis XIV)和他的情妇,或法国前总统弗朗索瓦·密特朗(François Mitterrand),他的情人和他一起入住爱丽舍宫(法国的"白宫")。密特朗死后,他的合法妻子和两个儿子被拍到出现在葬礼仪式上,旁边是他的情人和他们的女儿。这件事经法国媒体曝光后,民众一片哗然,因为这是他们第一次了解到总统的私生活,法国人对私生活都保持低调(不像美国人,他们希望天下皆知)。当流言爆出肯尼迪曾与希腊海运大亨亚里士多德·奥纳西斯(Aristotle Onassis)有一段风流韵事的时候,难道肯尼迪(Jackie Kennedy)总统不是和众多女性在白宫共度良宵吗(据传其中还有女演员玛丽莲·梦露)? 要我说,克林顿的政敌计较的并非是他的风流韵事,而是因为他作伪证。我岳母问道,"这也算作伪证吗?"她是这样理解克林顿撒谎的,"谁愿意把绯闻真相公之于众呢?难道每个公众人物都不撒谎的吗?"她接着说道,"你们这些美国人,真是天真"。此后不久,新上任的法国总统尼古拉斯·萨科齐(Nicolas Sarkozy)又爆出离婚后和意大利名模卡拉·布鲁尼(Carla Bruni)打得火热。他很快与之结婚。所以法国民意并不像之前那样对公众人物的绯闻漠不关心。

　　不管怎么说,这一点是显而易见的。如果我们想要了解任何一位历史人物,他们的传记和自传中的描述都是隐秘的信息来源。想理解如何和为何做出决定,我们需要清楚地了解做出决定的人的私生活，不仅仅是他们的性丑闻，还有他们的欲望和激情、野心和嫉妒心、令人尊敬以及遭人唾弃的个性。

间接证据的使用

　　历史学家到底是应用科学家还是文学艺术家呢？毫无疑问，两者都是。历史传记常常伴有文学隐喻，以此表达个人的观感和时代的氛围。一部恢宏的巨著展现了隐喻诗歌，就像极受欢迎的亚历山大·汉密尔顿（Alexander Hamilton）和塞缪尔·亚当斯（Samuel Adams）的传记那样。但很显然，任何值得重视的历史叙述都必须公正客观。其描述应该以事实为基础，并详细记录精确的日期、时间、地点、事件发生的顺序。这些数据应该基于实证记录——出生证明、结婚证书、城镇办事员开具的销售单据、墓碑、建筑物和纪念碑上列出或篆刻的日期等。另一个信息来源是可靠的报刊记者和书籍作家所记载的内容。此外还有事件目击者的证词。以上所有都可能被凌乱地记录、有偏见的记者甚至居心叵测的历史学家所破坏。尤其值得仔细推敲的是这类事件目击者的证词。其中许多可能基于偏见，二手或是三手的叙述，这些在复述传闻或谣言时可能会被断章取义。遗憾的是，有些目击者很可能会有倾向性地按照自己的理解来解读事件。有意来歪曲事件的真相，虽然可能是出于无意识。如果你同时问在一场车祸现场的六个人"发生了什么事？"你可能会得到六种不同的描述，这取决于事故发生时目击者所处的位置、其性格或行为特点。当然，我们需要依靠目击者的证词，但我们必须确保他不带偏见和客观。

　　我们还必须考虑事件是什么时候发生的。如果事件发生在昨天或今天，这和过去发生的事件和精确记忆是风马牛不相干的。时间慢慢流逝，过去发生的事件也变得模棱两可和模糊不清。记忆模糊后，我们就需要查明事实的真相。考虑到这些注意事项，很显然，历史记录应基于准确的事实证据，无论是书面记载还是通过可靠的目击者口述。

在许多情况下，证据可能已被损坏，但我们尽可能地去还原真实的情形。在大多数情况下，我们需要依靠间接证据，并把它们拼接起来。关键的方法是假设。调查者就像侦探或警犬一样，试图确定事件发生时的主人公、地点和时间。最好的例子是乔·尼克尔（Joe Nickell），他是英语学博士，但却成为20世纪后半期最著名的超自然现象研究者。我并不是在诋毁胡迪尼（Houdini）（20世纪早期的魔术师）或曾做过一流调查的大魔术师和表演家兰迪（Randi），但是乔·尼克尔几十年来致力于严谨、公正的调查，他认为天真的"真正的信徒"或"真正的怀疑者"——在还未调查之前就拒不接受某个说法武断的怀疑论者——都是不可取的。

例如，尼克尔以不偏不倚的态度开始调查所谓的尚普兰湖怪。有大量目击者声称，几十年来，纽约州的尚普兰湖里常有一只长长的、滑行的怪物出没。这些无疑具备良好品格的人们都说自己看到在湖中游荡的怪物，湖面上能看到怪物隆起的背和长脖子。甚至还有人拍到照片。每隔几年，总有当红杂志的记者想一探究竟，电视频道也特别推出了解此谜的节目。

尼克尔从目击者的叙述入手调查，大量叙述被舍弃或归为"疯言疯语"；他的调查就是想要得出对所看到事物的解释。人们确实看到某个东西。那么怎么解释？淡水海怪？如果是这样的话，就应该不止有一头——能繁殖成一个种群（除非它是一个玛土撒拉式的怪物）。是否有幼崽出生？水下还有其他迹象吗？是否和游泳者、游艇或摩托艇发生过冲撞呢？尼克尔告诉我们，都没有过。是否有人被这种传闻中的怪物骚扰或咬伤吗？也没有这方面的报道。人们之前都是从远处看到这只怪物。所以，为什么有人会说看到了什么呢？是幻觉还是错认？现在已经有了几个假设：第一，附近经常有潜鸟出没。潜鸟的脖子很长，因此在湖中，它看起来像个"水怪"。第二，水獭经常在湖岸线成群游走，看起来像一个背部多处隆起的怪物。第三，漂流的伐木也可能被错认成"怪物"。第四，人们可能看到了一只巨大的鲟鱼。答案有可能是上述所说的情况，也有可能不是；也就是说，原本对于自然现象完全平淡的解释，因为染上一层都市传说的色彩，使得人们相信确实存在尚普兰湖怪，目击者也坚称"我看到一个像水怪样的东西！"

*　　*　　*

我要重申一下，物理学和天文学之间并没有明确的分界线，工程、地质、气象等理论科学和应用科学也是如此。掌握物理、化学的普遍规律是一回事；在具体情况中重现事件发生的过程和原因又是另一回事。就像我们在第四幕中看到的，自然科学同样也有面对历史性和个体化的问题。它们试图了解太阳系中行星和卫星的起源与历史变迁。因此，地球、火星、金星、木星、土星、月球的历史和它们同太阳的关系，以及它们同银河系里太阳系的关系，还有银河系与宇宙中其他星系的关系，都是我们了解自然的必备知识。因果规律的充分性，如万有引力定律，在不同的物理环境中经过不断检验而得出：小至微观层面上了解物理对象的日常生活并计算它们的活动，大到对太阳系以及其他星系的研究。

正如第二幕和第三幕中所言，这也适用于生物圈，使人们了解自然选择在物种进化过程中如何起作用。而在生物化学领域，理解生物系统的功能也会用到它。

　　所有的这些同样也适用于人类事务，其中个体、社群、民族国家、文化和文明的历史重建尤其重要。我们现在就转向关于这一领域的探究。

第七幕　人类事务中的偶然性和冲突

协同进化：生物的与文化的

人类自存在以来，大部分时期都是以狩猎——采集群体的形式存在的。人类内化是经过长期进化发展的特定行为模式。正如我们所看到的，自然选择强调某些有利生存的特定行为模式，并且代代相传。

不论是亲生父母还是养父母，都不会在婴儿还小的时候就遗弃他们，因为父母都会照顾养育自己的孩子。他们会一直为孩子提供一个安全和可预知的环境。他们喂养和保护孩子免受捕食者的侵害，直到孩子们能够自我保护、行走、觅食、发现庇护所、找到休憩之处，并学会如何逃跑或保护自己，免受环境中不利因素的威胁。哺乳动物是这样——猫类、犬类或牛类——尽管大多数动物只需要相对较短时间的亲代养育。鸟类将自己的幼雏安置在巢里并衔回食物，它们等待着自己的孩子有朝一日能够展开翅膀，自力更生。对大象而言，幼象要在相当长的时间内依靠成年大象，而对人类来说，孩子对父母的依赖期更长。另一个在人类生活演变和改善中起作用的动态因素就是文化和社会制度的最终出现。

有趣的是，仍然零星存在这种狩猎-采集群体，尽管他们与世隔
绝，有些在东非，极少数在巴布亚新几内亚、亚马孙流域还有北极地

区。狩猎-采集是 200 万年前人属动物存在的首要模式。人类通过猎捕猛兽/或采集食物获得生存——就像陆地上生活的其他物种一样，到处游荡寻找食物，比如以植物和浆果为食物，又或者捕食猎物。近日，美国《国家地理》（*National Geographic*）做了一项关于坦桑尼亚哈扎族人的研究，这个群体约有 1 000 人，研究以独特的视角呈现出他们的生活[①]。《怀疑探索者》（*Skeptical Inquirer*）的编辑肯德里克·弗雷泽（Kendrick Frazier）和他的妻子露丝（Ruth）提供了进一步的材料，他们游览坦桑尼亚时遇到一些哈扎族人，并观察了他们的狩猎-采集食物的行为。

哈扎族人靠搜寻食物来生存。他们从未发展过农业；显然他们并不需要，因为食物丰富足够维生。他们狩猎并杀死任何能捕捉到的动物来生存：如狒狒、羚羊、疣猪、灌猪、鸟类、斑马和水牛。他们食用任何可以找到或捕杀的东西。妇女收集浆果、可食用的块茎和猴面包树的果实。男人负责狩猎和采集蜂蜜。

这样一来，哈扎族人几乎没有什么私人物品——除了一把斧子、弓和箭、剪刀、做饭的锅，还有条毯子。因为他们居无定所，到处打猎，只是临时搭建庇护所。显然，他们没有什么社会结构、礼节礼仪或者庆祝活动。没有牧师、萨满巫师或巫医，没有死后会发生什么这样的观念。哈扎族人实行食物公有，捕猎过后，全体族人一起享用美餐。一个小族群的人数很少，大概有 30 人。他们几乎没有社会义务，显然更没有宗教组织。他们有自己沟通用的部落语言。女人在灌木丛里蹲着生孩子。有一半的孩子活不过 15 岁。

---

① *National Geographic* 216, no. 6, December 2009, http://ngm. nationalgeographic. com/2009/12/hadza/finkel-text.

随着农业的发明，农民种植粮食、收割庄稼，不再需要依靠打猎为生。此时，村庄开始出现，随后形成城市，最终形成更为完善的社会政治制度，当然期间也伴随着文化的发展。

人类存在的最重要因素就是社会群体和文化习俗为年轻人提供持久的保护。如果自然对个体存在威胁，家庭网络、部落或社群就会为个体在长时间的依赖期中提供关爱。

143

儿童心理学家告诉我们，虽然人脑内部的连接让人类做出本能反应，但是它能够以多种方法适应环境。儿童首先在家庭/部落/社群学到正确或不正确的反应，以此受到奖励、训斥或惩罚。通过服从社会规则和惯例——社会制约和自由——该结构延伸并且超出本能的生物过程。对人类来说，语言发展和道德同感根源于其生物禀赋；而它们如何发展则依赖于文化背景下的培育滋养。

因此，教育、学习以及外部条件为人类生存提供了保护网。就像豹子或野猫一样，儿童并不需要自己觅食，因为家族早已提供好生活必需品。少年时期，他们需要学会如何觅食，如何采摘水果，之后还要学会如何打猎和捕鱼。以驯养动物为生的部落成员们学会喝牛奶、饮牛血，用动物皮毛做衣服、建住所。正是这样的社群在人生的各个阶段提供了保护。

文化演变的关键进展是发展农业，播种和收割。这样，部落能够安顿下来，占据一块土地或洞穴，修建屋所，保护自己免受伤害。因此，自然风险通过社会系统和文化传统的演变，以及技术工具如铲子、剪刀、斧子、耕犁和技艺的传授而得以克服。约定俗成的道德规则也同样代代相传；它们是群体选择的产物。社会群体维持个体存在，所以个体不会被留下独自谋生；很少有人能孤立地存活。文化被添加到人类生物学上，是过去 11 700 年来人类演进的主要动力。

　　因此,社会文化制度为实现更和平、更有效、更令人满足的生活提供途径。随着时间的推移,人类离开野外的住所,在乡村和城市中定居,并且复杂的经济、政治和社会制度网络发展起来。城市生活保护人们免于直面自然环境问题。环境已经完全变成社会文化环境。

　　这促使人们面临全新层面的复杂性。由此产生新形式的竞争、冲突和侵略,使个体为了生存在群体间进行竞争。关乎个体自身未来的个人责任感在现代社会中发展起来。自主选择给人们提供生活繁荣的新途径。今天,我们的起点不再是自然——丛林中大猩猩养育的人猿泰山,或是传说中的狼孩——更准确地说,人类的初始状态受文化影响,而不仅仅是自然。在其大多数发展形式里,艺术和科学为人类在高级复杂的社会系统中繁荣兴旺提供途径。如今,丰富多彩的文化不断发展,提供了语言、文学、艺术、宗教、哲学和科学知识;因此,文明与日俱增。

　　我们在自然界中遇到的不确定性完全消失了吗?一点儿也没有。尽管文明带来法制与秩序、和平与安定、治愈人心的艺术、奢华的品位和舒适——虽然人类已经在很大程度上从自然的残酷力量中解放出来——实现成功的过程中仍有动荡的斗争。文化中随机和偶然性在自然中同等重要,尽管它们以新的形式和维度出现。人类面临的挑战不只是野兽或疾病、干旱或暴雪,还有社会系统的冲突和相互斗争的宗教和意识形态。既有辉煌鼎盛的时期,同样也有战争和灾难时期。为了摆脱变幻莫测的命运,人们开始创建希望长久使用的法律和宪法体系。但是这些体系并不能无限期持续,时间会冲淡一切,即使最坚不可摧的社会制度也会烟消云散。阻挡改变的政治权威总是被新势力侵略和削弱,新主张和新观念应运而生。纵观古今,我们可以看到,文明兴亡,风云变幻:历史是展现人类活动中动

144

荡不安的最好示例。它预示着未来的走向。

145 文明的兴起与湮灭

 英国历史学家阿诺德·汤因比（Arnold J. Toynbee）全面地描述了文明兴衰[①]。在《文明》（*Civilization*）一书中，他提到复杂的"文化和宗教观点"控制某一时期或地区，并且最终衰落或被取代。历史上出现过许多文明，例如苏美尔文明、印度文明、巴比伦文明、亚述文明、犹太文明、希腊-罗马文明、波斯文明、印度文明、中国文明、日本文明、伊斯兰文明、南美和中美文明以及西方文明。他将文明的衰落归咎于它们是否能够应对其面临的挑战。虽然有和平与安宁的时期，人类事务不会一成不变，动荡一直是每个文明的永恒特征。唯一不变的就是变化本身。野蛮人一直就站在门口。内部的新力量已经准备好抢夺权力并推翻旧的统治。

 由威尔·杜兰特（Will Durant）及阿里尔·杜兰特（Ariel Durant）夫妇合著的令人叹为观止的 11 卷本的《世界文明史》（*The Story of Civilization*）概述了东方文化传承、古希腊文明和古罗马文明，经过中世纪时期，直至欧洲文化和现代时期的文明[②]。杜兰特夫妇十分详尽地研究了文明的历史，呈现出不同历史时期的经济、政治、宗教、科学、哲学、音乐和艺术纪事。威尔·杜兰特自己撰写的前几卷和后来与阿里尔合著的部分展现了各个历史时期的翔实细节和状况。自东方古国开始，他们追溯了各类文明直至 19 世纪的欧洲文明。书中清楚地告诉我们，这些历史时期揭示了那些波诡云谲的年代，复杂的文

[①] Arnold J. Toynbee, *A Study of History* (Oxford: Oxford University Press, 1939).

[②] Will Durant and Ariel Durant, *The Story of Civilization* (New York: Simon &. Shuster, 1935 - 1975).

明互相交织,充满辉煌和创造力,然而最终每个文明仍旧被不确定性和偶然性所吞没。其中,人类真实清楚地呈现出类比、相似的模式、常见的动机和激情。这其中不仅有失败、灾难和悲剧,还有卓越的发现和成就;不仅有战争年代,还有相对和谐、和平和繁荣的时期。

这部著作通篇展现经济活动的演变,从狩猎采集到农业耕作,到物物交换与贸易、手工制作与生产制造,再到发明和工业。政治要素是显而易见的:从宗族部落到乡村城市,再到民族国家和伟大帝国的发展。同样适用于竞争的派系间的权力、控制和冲突——每个文明阶段不仅有冲突争斗,也有相对宁静的时期。他们不仅描述军事力量的作用、武器的演变、战术,以及征战沙场的策略,而且他们还记述道德是如何进步的。描绘这些时期历史上道德准则的多元化,但也指出普遍一致的伦理纲常——从《汉穆拉比法典》(Code of Hammurabi),《摩西十诫》(Ten Commandments),《登山宝训》(Sermon on the Mount)再到现代的道德人文主义原则。书中讲到大量的神,从埃及的艾希斯(Isis)女神和奥西里斯(Osiris),再到奥林匹斯山的宙斯(Zeus)和太阳神阿波罗(Apollo)。存在各种怪异的仪式,不同的地区都有差异——从泛灵论的魔法到原始神话的迷信,再到基督教、伊斯兰教、犹太教、佛教、印度教、儒教和神道教的故事和寓言的出现。从巴比伦到中国,从非洲到斯堪的纳维亚,从印度到波斯,不同的文明孕育出不同的服装风格和行为习惯;同样,不同的文明中方言、语言、口语、符号语言、书面文字也存在巨大的差异。

从人类制作和食用的各类食物中,也能发现文化的差异性——从生鱼片和鲸脂到马肉,从鹅肉和鸟类到蜗牛和昆虫、坚果水果。还有大量的发酵饮料,包括红酒和啤酒、清酒和龙舌兰酒、白兰地和威士忌;还有主食:面包和土豆、米饭和面条、豆子和木薯。美味的小

146

吃则包括罗克福尔干酪、杏仁蛋白糖、焦糖、巧克力、薄荷糖和太妃糖！

　　人际关系模式也多种多样，从一夫一妻到重婚、异族结婚、一夫多妻、一妻多夫、眷群、群婚、试婚、开放婚姻、卖淫、浪漫的爱、忠贞、独身主义、父系社会和母系社会。抚养孩子有各种各样的风俗。也有不同的法律制度用于解决争端，处理复仇、赔偿和责任：报复律、代替报复的损害赔偿、罗马法、《大宪章》、《拿破仑法典》（Napoleonic Code）、人权论、《权利法案》（Bill of Rights）和人权的普遍原则。昔日文明中巧夺天工的建筑是当今人类的共同遗产。我们能够欣赏到它们形形色色的形态和色彩色调：宏伟的金字塔、神庙、清真寺、拱形大教堂；米开朗琪罗和罗丹的雕像；法国和西班牙洞穴中壮观的史前绘画；基督徒和穆斯林神秘主义者的叙述；中国、印度和非洲具有异域情调的艺术作品；伦勃朗（Rembrandt）、雷诺阿（Renoir）和毕加索的绘画。我最近参观了位于尼斯的马蒂斯美术馆，也就是亨利·马蒂斯（Henri Matisse）生前的住所。紧挨着美术馆的是一家位于举办公共活动的古罗马竞技场里的考古博物馆——虽然石头搭建的竞技场破损不堪，但灿烂的罗马文明仍展现着往昔的辉煌。

　　从过去的伟大哲学家——亚里士多德、斯宾诺莎（Spinoza）、康德、休谟、德里达（Jacques Derrida）、罗素（Russell）、皮尔斯（Peirce），再从拓展人类知识边界的科学家们的发现中——从牛顿和伽利略、达尔文和爱因斯坦到沃森（Watson）和克里克，我们可以学到很多知识。对文明丰富多样性的研究使处在任一文明状态下的人们能克服沙文主义和狭隘主义。欣赏人类已经创造的文明让我们的想象力和创造力更进一步。

　　威尔·杜兰特认为,人类历史中一直存在着魔法和神话与科学和理性之间的冲突。他注意到,对科学和艺术的僧侣式操控既会禁锢思想,也会阻碍人类福祉的进步;随着知识不断扩展,反教权主义导致宗教迷信的衰退。一个文明中信仰和道义的神学原则可能最终由于理性回归而被替代。但最终,这可能会退化到理想破灭和道德享乐主义,除非出现切实可行的道德原则,来代替那些已丧失信用的原则。唉,也许最终这些也可能会被新的神话替代。世界文明的范围如此广阔,我只能聚焦主要的几个文明来描述文化和文明的普遍特征——就像书中的文字、艺术、建筑和遗迹中所展现的那样——证明这些对于生活在其中的人们的意义。

希腊文明和罗马文明

　　让我们先从希腊和罗马开始。研究古典文化的学生都很熟悉古希腊文明的黄金时代,这是西方文化的源泉。我们脑海中很容易浮现雅典的辉煌,其在哲学、逻辑、科学、文学、艺术、建筑和法律方面具有创造性的成就;但是同样为人们所熟知的还有其混乱的军事、政治和经济冲突。我们深受希腊时期作家、哲学家、诗人、艺术家和建筑师的影响。我们拜读柏拉图的《苏格拉底对话》(*Socratic Dialogues*)并从中受益;阅读亚里士多德辉煌的科学和哲学著作;欣赏阿里斯托芬(Aristophanes)、欧里庇得斯(Euripides)、索福克勒斯(Sophocles)和埃斯库罗斯(Aeschylus)的戏剧;我们惊叹于帕特农神庙和其他经典建筑和雕像的庄严盛美。

　　大体上看来,古希腊文明产生于米诺斯和迈锡尼文化,迈锡尼文化于公元前 1150 年湮灭。古希腊文明的发祥地是克里特岛,并通过《荷马史诗》,《伊利亚特》(*Iliad*)和《奥德赛》(*Odyssey*)广为流传。

148

在《荷马史诗》中，特洛伊（现土耳其）王子帕里斯（Paris）与斯巴达王墨涅拉俄斯（Menelaus）的妻子海伦（Helen）私奔，因此爆发特洛伊战争。希腊人在阿伽门农（Agamemnon）的领导下，调集 1 000 艘船只，向特洛伊城发起猛攻来夺回海伦。阿基里斯（Achilles），一位勇猛的希腊勇士，就死于这场战争。

公元前 8 世纪，希腊开始成为著名的商业和航海大国。主要的城邦国家有雅典、斯巴达、科林斯和底比斯。公元前 776 年，奥林匹克运动会首次在特尔斐举行，并提议运动会期间各城邦国家休战。虽然希腊城邦国家之间战争连绵，但希腊文化一直蓬勃发展，只因波希战争（公元前 499—公元前 479 年）中断过。希腊领地不断扩张，越过爱琴海和爱奥尼亚海，在意大利南部、西西里岛、小亚细亚建立了殖民地并遍及整个地中海区域。

马其顿王国的菲利普二世（Philip Ⅱ）攻克了希腊内陆。他的儿子，亚里士多德的学生亚历山大大帝（Alexander the Great），举兵击败了波斯人。亚历山大大帝征服希腊的多处城邦，横扫小亚细亚岛、埃及、亚洲和波斯，跨越兴都库什山脉，直抵印度。因此，他扩大了希腊对世界的影响。这位所向披靡的年轻人鼓舞着他的将士们追随他征战到世界的尽头，不断向小亚细亚岛内部扩张，将希腊文化的典范和美带向远方。唉，当公元前 323 年亚历山大大帝意外身亡，希腊的巅峰也走向终结，然而直到公元前 146 年，希腊才被罗马打败，至此希腊的政治独立结束，但是希腊文化对罗马帝国的影响却从未消退。罗马时期盛行的斯多葛学派、怀疑论者、伊壁鸠鲁学派都源于希腊。

149   虽然时常卷入各种争斗中，但希腊文化在地中海区域广泛传播。两位伟大的希腊历史学家——希罗多德（Herodotus）和修昔底德（Thucydides）——留下关于雅典和邻近城邦战争的珍贵史料，并

推测人性中固有那些导致人类活动中不断引发动荡和骚乱的特征。

公元前 5 世纪的历史学家希罗多德著有一部 9 卷本的描写波希战争的作品,记录波斯帝国在公元前 480 年的最终侵略以及公元前 490 年的溃败。他描述了一群斯巴达勇士在塞莫皮莱(温泉关)传奇般的英雄形象。修昔底德生动地记录了斯巴达和雅典之间的伯罗奔尼撒战争,这场战争在公元前 5 世纪晚期一直持续了 27 年。这场战争总让人联想到近代的英法战争,或随后的德法战争。他犀利的笔触分析客观,描述到在城邦之间的战争中,军事问题可能会压倒伦理公正和道德上的考量。修昔底德形象地记录了战时无效的强权政治。战争早期他是一名军官,由于输了一场战斗,他从公元前 424 年到公元前 404 年被雅典人民流放出境。为了揭露战争的暴行,他对人类本性和战争是如何诱使人类犯下不可饶恕的罪行的观察鞭辟入里,时至今日人们仍欣赏他的洞察力。这是对人类状况的经典评论。两位历史学家的反思性观察,讲到了人性一直就有的东西,以及人性在战争条件下变得脆弱不堪,使得个体对其他人做出极度恶意的行为。修昔底德对雅典政治领袖伟大演讲的记述尤为传神,例如,伯克里斯(Pericles)的葬礼演讲中维护雅典的民主制度,将之与斯巴达的军事帝国相对比。这些演讲往往都是虚构的,是修昔底德表达自己观点的载体。

已经提出的问题涉及哲学、道德、宗教因素在驯服人类内心残暴一面时的作用——人性之恶得以释放时所造成的苦难,难以想象。这些趋势在人类历史中比比皆是。每当全面战争取代正常的文明行为,人与人之间的义务和责任似乎消失殆尽。任何一个冷静观察人类行为的人都会发现,当人类脱离社会约束(习俗、法律、宗教或道德准则)时,他们的行为常常就像野兽一样。此时,他们对自己的对手

150

杀伐抢掠，不再有人性的慈悲，必须要击垮消灭对手。

　　柏拉图《理想国》的第一卷中，色拉叙马霍斯（Thrasymachus）概括了人类自私的一面。他举出裘格斯戒指的神话，这个戒指拥有可以隐身的魔力：如果可以不被社会规则约束，人类会无恶不作吗？色拉叙马霍斯断言，人，本性为恶，残忍且自私。这一观点后来得到托马斯·霍布斯（Thomas Hobbes）的认可，他认为（我认为是曲解）人生来自私。色拉叙马霍斯声称，如果有人能隐而不见，他可能会谋杀国王、强奸王后、篡夺王位。苏格拉底不同意这种人性论；在《理想国》的剩余部分他详细阐释一个道德学说，这个观点认为人世间的真善美指引着理性和公正。

　　人性中的原始冲动——尤其是侵略的本能——可追溯到史前。许多人把这种原始冲动归到男性身上，因为男性比女性更为健壮。男性无疑受到体内强烈的荷尔蒙刺激，让他行为暴虐。当道德标准崩溃时，侵略的行为在有着竞争关系的部落、宗族、城市或国家之间时有发生。其中正是男性全副武装，击败他们眼中的顽敌。

　　因此，只要道德约束失去作用，暴力的潜在冲动就一触即发。这种冲动具有感染力，即使女性没有同等的荷尔蒙分泌水平，且性情都较为平和，但女性可能感受到对手的恐惧与仇恨，她们因此唆使自己的伴侣加入战斗，为他们的出征欢呼鼓舞，对他们的胜利加以赞扬，对他们的伤痛给予慰藉，并沉痛哀悼牺牲者。男性在性交时积极主动，具有进攻性；射精时激情勃发。女性则较被动，性交中能达到多次高潮。

　　当然，不太可能在男性和女性之间做出严格区分，因为人类是兼具两性的（表现为钟型曲线），同时具有男性和女性的特质。各种广泛的幻想都能激发男女的性欲：个体间存在顺从和控制的差异，有些女性可能会像男性一样自我、霸道，但是还有些女性可能更喜欢被动的角色，享受屈服于另一半的感觉，男女皆是如此。许多男性渴求统领别人的野心和权力，但肯定不是所有男性都是这样。

无论如何，人们的各种行为大多出于冲动和激情，其中理性的作用很小。希腊人注意到，人类行为的情感动机很强，如果情感强烈，人们会被情感左右。另一方面，人类能够深思熟虑；理性的审慎可以让人们约束自己的激情，能够在强烈的渴求中变得自我节制。社会状况也能够训练儿童，让他们不要屈从于变幻莫测的诱惑，并抵制一切狂热的愿望和要求。色欲、贪婪、财欲、权欲、怠惰并不能支配人生。一个人可能会希望在公众场合脱衣服或追求任何激起其性欲的人，但是社会阻止他屈服于所燃起的欲望。一个成年人能意识到，理性和谨慎应该能够干预冲突的激情，并让激情达到平衡。

还有一个经常被忽略的因素，即同性协作的重要性，这种关系可能在人类活动中发挥重要作用，而且也的确常常如此。在战场上这点能看得最清楚，士兵们发现，打败敌军的唯一途径就是团结一心，一致对外。这也被人们称为"团队精神"，这种精神在运动赛事中也颇为常见，如果一支足球队想要打赢比赛，每个队员都知道需要团结一致。场外啦啦队的欢呼刺激观众为主队球员摇旗呐喊，所以球队成员间必须团结协作。运动赛事可能和真实战争道德上等价，战争的殊死搏斗中，想要击败敌人，并令其死亡或负伤的冲动，在运动赛事中呈现出一种戏剧性的形式，却不会想让对方球员致残。

我们可以推测男性协作的根源，然而这有可能在某种程度上是精神性欲。希腊人意识到了这一点，因为他们崇尚男性裸体，并在广场上竖起男性裸体的雕像，以此表达这种偏好。希腊有句俗语，最强大的军队由恋人们组成，他们并肩作战，出生入死，剿灭敌军，凯旋而

152

归。这的确是亚历山大大帝的写照。他的童年玩伴和恋人赫费斯提翁（Hephaestion）一直陪伴在他身边。同性之爱并没有阻挡亚历山大大帝追求美色。他鼓励他的部下迎娶战败国的女子，他自己则娶了大夏（巴克特里亚）的一位公主罗克珊娜（Roxanne），并和她育有一个孩子。他还娶了波斯王大流士（Darius）的长女巴西妮（Barsine）和其他女子。他很有可能是双性恋。

因此，希腊文化颂扬男性之间的爱情，尤其是青年与长者之恋，长者的责任是提供道德引导。伟大的希腊诗人荷马，在《伊利亚特》中以戏剧的形式表现了阿喀琉斯（Achilles）对其年轻恋人普特洛克勒斯（Patroclus）的深厚情谊。普特洛克勒斯的战死，让阿喀琉斯做出重返沙场为其报仇的举动。这种关系意味着同性之恋还是袍泽之情？希腊人更愿意让男性把酒言欢、女性传宗接代。希腊诗人希波纳斯（Hipponas）说过："女人能让男人高兴两次，新婚之夜和她的葬礼。"

如今，男性之间或女性之间的情谊肯定并不一定指的是同性恋。然而同性之情也是保持社会群体和谐的重要关系。男性的两极化就体现在侵略和情谊（友谊）共存于人类关系中。

后来，希腊在地中海地区的霸权被罗马取代，罗马成为当时的军事和政治强国，尊崇雅典并极大地借鉴希腊文化。大量史料记载了罗马帝国的崛起和最终衰落，罗马征服了欧洲的大部分地区、近东和地中海区域。这都源自罗马的军事实力和法律，同时罗马也创作出我们从中受益的文学作品。罗马公民权利是典范，帝国为商业贸易提供良好的基础，尽管其很大程度上依赖对战败国和奴隶的剥削。

153   罗马帝国由古罗马军团建立和维持，其非常愿意使用铁血维持国家法律和秩序。共和制时期的贵族或帝王，为了维持权力会折磨杀死对手。迦太基的命运就是例子，它成为北非海岸突尼斯著名的

商业城市。后来,迦太基开始与罗马竞争霸权。公元前 218 年,迦太基名将汉尼拔率军攻克了西班牙;他率领象队穿越阿尔卑斯山脉侵入了意大利——一项有胆识的军事功绩! 他让罗马城走向毁灭,罗马人口大量死亡。第三次布匿战争之后(公元前 149—公元前 146 年),罗马帝国终于攻破迦太基。迦太基的男人被屠杀,妇女和孩子被卖为奴隶;迦太基城被夷为平地。公元前 146 年,迦太基正式灭亡。同样的命运——没有如此惨烈——随后也降临到了罗马头上,西罗马帝国被来自北部和东部的包括匈奴王阿提拉(Attila the Hun)在内的野蛮民族一举推翻。

　　人类历史上,动荡、屠杀、破坏十分普遍,成千上万的战争、起义、暴乱、革命和内战充斥其中,这些也是人类文明经久不衰的特点。人类事务的全部动力是平息门口虎视眈眈的野蛮人——这常常能通过发动暴力战争来达到。唉,没有哪个文明能经得住时间的涤荡,即使再强大的文明也会终结,但希望血腥的历史教训能让人类远离军事战争。

　　我们并不能保证,既丰富又有创造性的人文主义文化在未来不会被新的文化神话形式所淹没。我们也不能保证,人类能够一直进步,或者是远古时期的绝对主义不会破坏一切,或者理性不会再一次让位于新形式的精神疯狂。宗教热情可能会产生破坏性或启发性的影响,并最终发展成为一种新的文明。尽管如此,人类能够以史为鉴,并且还有着创造新的全球制度和世界法系统的强烈愿望,从而使未来社会能够和平地解决分歧。

文明的湮灭

　　历史告诉我们,文明和人类历史的其他发明一样,都会湮灭。我们知道这点,但却常常忘却。文明开始形成,起初带着冲劲和希望蓬

154

勃发展,辉煌灿烂,然后衰落枯竭,逐渐消逝绝迹,这样的例子数不胜数。这个过程几乎没有特例,确实在人类文明中十分常见。但是它能在将来被超越吗?

我们先来看已经衰落的南美文明,尤其是玛雅文明。我之所以聚焦于这一文明,原因是欧洲失落的文明通常会被其他文明取代,例如地中海的希腊文明或罗马文明,或者俄国的可萨文明。但在南美却并不如此,玛雅文明消失了,城市遗址被丛林覆盖。以色列是个特例;它的反常是因为位于巴勒斯坦地区的犹太古希伯来文明,被罗马人和野蛮民族摧毁,如果不是在《圣经》上有所记载,它可真要完全消失了,这让世界各地的犹太人对以色列魂牵梦绕。1948 年,以色列重新建国,成为犹太人的家园,在这之前,纳粹屠杀大量欧洲的犹太人,迫使许多犹太人渴望重返巴勒斯坦以恢复古老的以色列国。这源自宗教情感——上帝把以色列赠予犹太人,尽管建立以色列的大量犹太复国主义者是彻底世俗的。

分布在墨西哥尤卡坦半岛、危地马拉和洪都拉斯的玛雅文明在已经消亡的文明中极为辉煌,因为玛雅文明和其他文明一样取得伟大成就,而且玛雅文明也自认为不朽。但是玛雅文明却已消失,虽然我们现在可以在荒草蔓生、无人居住的中美洲丛林腹地中搜寻其昔日一度辉煌的城市和金字塔遗迹,来想象其曾经繁荣的景象。遗迹见证了玛雅人的创造力及其引以为傲的建筑;这些遗址和雕像也见证了玛雅文明不受命运牵制的信心。

玛雅文明的全盛时期位于美洲地区,大约出现在 8 世纪。王室统治者身着颜色艳丽的服装;他们以年轻女孩慰藉神灵(他们挖出女孩的心脏)。巨大纪念碑和石头城早已废弃。

在南美和中美地区,还发现其他文明的遗存,例如在利马以南

240英里发现的秘鲁纳斯卡文明。今天，许多人很熟悉秘鲁纳斯卡荒原上的巨型线条图。考古学家认为纳斯卡文明存在于公元前500年到公元650年。

　　另一种是分布于玻利维亚、秘鲁南部和智利的蒂瓦纳科文明。阿卡帕纳金字塔就在这里。蒂瓦纳科文明存在于公元前15世纪到公元12世纪，10世纪是其全盛时期。蒂瓦纳科文明发现了铜的用途，使其遥遥领先于其他文明。而自然环境，尤其是缺乏水源，很可能是其衰落的主要原因。在欧洲侵略者到来之前，这些文明就已经衰落。这充分说明没有永恒的文明。这些文明通常持续200～600年。许多文明都毁于灾难性事件，如传染病或瘟疫（欧洲的黑死病掳去许多人的生命）。还有其他自然原因，如摧毁庞贝古城的火山喷发，或者大洪水或地震。当然，一度辉煌的文明往往由于入侵而毁灭。这意味着人类才是文明消失的最重要原因。位于中美洲伯利兹城的阿顿哈玛雅遗址提醒着我们：玛雅文明一度是那样璀璨夺目，随后却又衰落。现存的13个建筑（看起来像金字塔结构）和三个广场证明了昔日先进的文化和农业经济。玛雅人种植玉米和鳄梨，食用野猪肉。阿顿哈在玛雅古典时期（250年—299年）奠定其作为权威的、繁荣的贸易中心的地位。它坐落于一片能为整个部落提供充足的食物和水分的原始雨林中，估计人口最多时大约达到100万人。不幸的是，由于环境恶变，阿顿哈文明迅速衰落。持续的战争和冲突无疑酿成了恶果。但是缺水显然是这个文明消亡的主要原因。玛雅人依靠盆地收集雨水。雨林里几乎没有什么溪流或深井，所以一到变暖时期或旱季，这些水源就无法承载庞大的人口数量。

　　2009年，我到访这里时就惊奇地发现，他们一度引以为豪的宗教（他们崇拜太阳神、风神和雨神）依然有迹可循；至少还存在一些古

156

老的传统。许多玛雅人的后代仍旧信奉"亡灵节"。每年,他们都会
点亮蜡烛,用食物祭祀逝去的亲朋。16 世纪的西班牙征服者和牧师
向土著印第安人传教(基督教),这种古老的风俗也随之融入基督教,
这时距玛雅王国轰然倒塌已过去很久,昔日这片繁荣的土地已被中
美洲不断侵入的雨林覆盖,文明的大多数遗迹就此抹去。玛雅人在
天文、数学、历法上成就卓著,很多现代人对此仍旧颇感兴趣,尤其是
玛雅人关于世界末日的预言。

科学家和历史家们曾经试图解释文明的兴亡。例如,美国生物
157 地理学和演化生物学家贾德·戴蒙(Jared Diamond)曾提出,在过去
的 13 000 年中,为什么不同大陆所出现的人类文明迥然不同。他尤
其关心为什么欧亚地区(欧洲和东亚地区的民族)自 16 世纪开始之
后人口如此迅速地扩张迁移到全世界。他认为,任何关于历史变化
的科学叙述都应该基于自然和物理原因。他这种跨学科的研究涵盖
生物地理学、考古学、语言学、分子生物学以及动植物遗传学。他提
出如下问题:为什么非洲、澳大利亚的土著居民和北美、南美的土著
印第安人(玛雅文明、印加文明、阿兹特克文明)会如此轻易地衰落?[①]

戴蒙认为,原因在于非洲人、澳洲人和拉丁美洲人沿用石器时代
的工艺,以捕猎采集为生,而欧亚民族发展了农业、冶金技术和政治
组织,这些远胜于他们所征服的那些落后社会。更确切地说,他认为
枪炮、钢铁、种植作物、驯养动物(马和牛)以及航海工具,这些都导致
落后文明的瓦解。其中具有特殊意义的是,美洲的印第安土著对欧
洲传入的病菌没有免疫力,结果导致数百万名土著居民因传染性疾

① Jared Diamond, Guns, Germs, and Steel: *A Short History of Everybody for the Last 13,000
Years* (New York: Vintage, 1998).

病丧生。戴蒙认为,地理因素是文明领先的一个关键因素：文明的地理位置、气候、自然资源(淡水、肥沃的土壤、食物来源、矿产),以及文明是否位于有利商贸发展的沿海区域[①]。

卡尔·马克思从历史社会学角度解释社会发展。他认为经济力量和生产关系是社会变化的基本要素,这些经济因素决定着社会文化的发展水平。存在不同的生产方式：农业(耕种作物)、制造业、商业或科技带动的知识产业;有不同的劳动力来源：驯养动物、人力(奴隶、农奴、工人)或技术。还有不同的能源：木材、煤炭、油类和天然气;还有蒸汽、电力、核能等等。马克思认为生产关系,即社会系统的等级结构,是经济基础的一部分,这包括罗马时期的国王、贵族、公民和奴隶;封建时期的农场主和农奴;重商主义社会的资产阶级和手工业者;现代工商业经济中的无产阶级和资本家。

按照这种说法,一个社会的政治、宗教、道德、智识、文化特征是"上层建筑"的一部分,也是经济基础导致的结果。经济基础包括生产关系的关键作用——社会生产和分配商品和服务的方式。马克思也通过工资、租金、利息或盈利等形式来论述剩余价值理论。他认为,尽管劳动力创造了价值,但价值并不是平等分配的。这种阶级分析夸大阶级在因果关系中的作用,因为上层建筑中的因素——政治、宗教、科学——有时可能会取代经济因素。尽管如此,马克思主义者强调经济因素能强有力地解释过去的社会。然而,它并不能充分解释出现了新的生产方式的信息社会,例如远程办公的独立经营者。

事实上,社会或文明的兴衰起伏是多种因素造就的。历史上,偶

158

---

① Jared Diamond, Guns, Germs, and Steel: *A Short History of Everybody for the Last 13,000 Years* (New York: Vintage, 1998).

然事件往往起决定作用,其中大多数都不期而至,无法预见。同样,历史上的大人物或英雄(拿破仑或杰斐逊)也是如此,像伟大的宗教预言家圣保罗(St. Paul)、穆罕默德,或道德领袖甘地(Gandhi)、马丁·路德·金(Martin Luther King)。变革性的科技发现也可能迅速改变一个社会,例如电、抗生素、汽车或火车的发明,这些都产生了无法预料的后果。让我们跳转至当代社会,来举例说明人类活动中反复出现的动荡。

20 世纪的战争

　　人性动机和社会经济政治因素都能够引发冲突、革命和战争。这包括侵略、嫉妒、贪婪、权力欲、仇恨、抢掠好战、民族自豪感、种族民族仇恨和市场竞争。也包括人们对胜利的错误期望、对敌人的恐惧和对荣誉的强烈情感。人类历史中的偶然事件往往是决定性的。1914 年,在波斯尼亚和黑塞哥维那的首都萨拉热窝,奥匈帝国皇储斐迪南大公(Franz Ferdinand of Austria)和妻子索菲亚(Sophia)被塞尔维亚青年暗杀,这是第一次世界大战的导火线,一个月后正式开战。刺客是民族主义情绪高涨的塞尔维亚人,他们想将塞尔维亚分离出去并建立一个独立国家,塞尔维亚在一战后建立国家,是南斯拉夫的一部分。1941 年 12 月 7 日的偷袭珍珠港事件是另一个偶然事件,导致美国向日本宣战。

　　当然,不论是上述发生的暗杀还是偷袭事件,都已经激流暗涌的政治经济状况的一部分,也早有前兆。一战时,欧洲列强间存在经济、民族、军事竞争——法国、英国、俄国与德国、奥匈帝国两派相互对立。二战时,由德意日组成轴心国同盟来对抗美英盟军,尽管日本偷袭珍珠港事件是促使美国参战的特殊事件,但无疑是潜在的经济、政治、种族、军事因素促成战争的爆发。日本宣称,贸易壁垒妨碍其自由贸易,而且他们试图削弱美国对日本的经济压制。然而,确实发生了这些事件,而且如果没有这些事件,随后的事件可能会有所不同。

意识形态因素是社会变化的另一个诱因。二战之前,纳粹德国和西方国家之间存在巨大的意识形态和价值观差异。法西斯主义是一场民族主义运动,谴责西方各国的民主制度并宣扬追逐"权力"的英雄主义价值观。墨索里尼(Mussolini)强调法西斯国家的权力,并试图恢复罗马帝国的军事道德。希特勒(Adolf Hitler)威胁民主制国家,迫使它们不得不重整武装反击;随着纳粹的装甲坦克和空军引发的多米诺骨牌效应,一个又一个国家沦陷,这种恐惧也不断加剧。希特勒把他的不满归咎于一战后签署的《凡尔赛和约》(Treaty of Versailles)。他宣称,德国需要生存空间;西方殖民帝国统治了整个世界,而德国受到排挤孤立。他认为金发碧眼的雅利安种族要比其他种族优越,并希望建立欧洲新秩序。他试图控制或消灭那些他认为劣等的民族,例如波兰人、斯拉夫人以及犹太人。希特勒建立起反犹主义的意识形态,将德国的困境归咎于犹太人的阴谋。他谴责犹太人既是金融资本家又是共产主义分子。这位昔日卖画为生的奥地利青年画家,以他富有魅力的性格,煽动起当时处于经济困境中的德国民众,他们同样也对《凡尔赛和约》极其不满。正是希特勒"慷慨激昂"的演讲让德国人支持重整军备,为二战做准备。尽管许多人都反对希特勒,但是他们却无力对抗希特勒推行的法西斯主义独裁。历史上谎话连篇的领袖制造了数不清的杀戮和苦难。

二战期间,我在美军驻扎德国慕尼黑的部队中服役。我常常在夜间光临慕尼黑啤酒馆,这是希特勒起步的地方,这让我非常感兴趣。他曾被投进监狱，后来获释后开始筹建国家社会主义（纳粹）党，来击败共产主义的左翼反对派以及社会民主党派。希特勒的权谋之术以及对德国民众的洗脑是政治欺骗和权力争斗中的一次教训。德国是个伟大的民族，其科学、哲学、音乐和形而上学蓬勃发展；然而，它却被一个疯子所控制。我们应该感到庆幸，二战后，德国重整旗鼓——这本身就是个奇迹，不仅清除长期控制德国的普鲁士容克阶级，而且构建一个民主社会并同其他民主国家合作，对纳粹统治时期的罪恶充满忏悔。德国愿意避开过去的狂热民族主义，切实参与到建立一个新的欧洲议会和欧洲经济共同体中。因此，在民主国家看来，德国完成了自我救赎——尽管人们对纳粹还心存恐惧。这说明使一个文明国家受到创伤的动乱漩涡如何被战胜。

阿道夫·希特勒的性格犹如魔鬼一般，他在 1933 年成为元首，开始重整德国军备，预备发起另一场恢复伟大德国的战争。尤其值得注意的是他的掌权和后来对相当一部分德国民众的蛊惑。（我提到这一点是出于个人原因。1944 年，差 6 个月未满 18 岁的我在美军服役。经过半年的基本训练，1944 年我被派到英格兰，之后在阿登战役期间又火速赶往欧洲，希特勒在那里做最后的努力试图分裂盟军，派出纳粹国防军攻打西线。我当时在巴顿将军的第三军，坐着半履带战车一路杀到苏台德区的皮尔森，压制住德军。我们随后返回慕尼黑，我就驻扎在此。这是一座几近被摧毁的城市。）西方国家纷纷反击法西斯主义，捍卫民主价值观。确实，伍德罗·威尔逊声称一战的目的是"建立一个安全的民主世界。"因此，这种新的国际对抗是多元的——政治的、经济的和军事的——但它同时也展现不同意识形态之间的反差。民主主义者认为，所有人具有平等的尊严和价值，他们寻求捍卫人权。法西斯主义者坚决反对这些伦理原则。

事实上，许多历史学家一致认为，在二战前夕，富兰克林·德拉诺·罗斯福（Franklin Delano Roosevelt）深信美国需要参战，于是他开始向英国提供军事援助——例如协议交换50艘驱逐舰。罗斯福是一位精明的政治家，他能够召集美国民众为民主而战，反抗高涨法西斯主义浪潮。他出身名门，深受统治阶级的憎恨，然而他却能够成功地结成盟军与德国法西斯相抗衡。美国对英国有一种强烈的亲和力，所以珍珠港事件具有感召力，得以克服美国强烈的孤立主义情绪。尽管许多民主主义理论家批判这种暴力解决国家问题的方式，但很多人都认为反法西斯战争是正义之战。早期，许多理想主义者加入左翼"林肯营"，在西班牙内战期间与弗朗切斯科·佛朗哥（Francisco Franco）的法西斯势力做斗争。这种意识形态不仅是社会经济结构的反映，而且本身也是一种诱因。人类的动机和意识从根本上改变了历史的走向。思想必定产生后果。

我在漫长的一生中见证了帝国和文明的起伏，至少是经历了土耳其统治的奥斯曼帝国的"残留"时代。奥斯曼帝国统治长达500年之久，在一战时覆灭。游历今日的东欧和中东时，我们仍可目睹昔日辉煌帝国的遗迹，包括其曾一度掌控后又被迫撤退的希腊、波斯尼亚、塞尔维亚，甚至是其以前所控制的北非和中东地区。奥匈哈布斯堡帝国也如此，一战战败前，它是一个统治领域广阔的大国。游历维也纳这座仍旧壮丽的城市会让人深受启发。维也纳是为帝国而建，曾是科学、哲学、音乐和艺术的中心，而如今这座遗留下来的首都城市，尽管过去幅员辽阔，如今已然成为一座空壳，黯然失色。二战前，奥匈哈布斯堡帝国是精神分析和逻辑实证主义的源地，成就了众多优秀的科学家和哲学家（弗洛伊德、维特根斯坦等）。它见证了莫扎特、贝多芬和勃拉姆斯（Brahms）等人伟大的交响乐作品。维也纳

163

一度光芒四射，伟大壮观，但最后却衰退。今日，维也纳只是奥地利这个小国家的首都而已。

整个 20 世纪都遍布野蛮的种族屠杀。我们见证了土耳其奥斯曼帝国在一战中和一战后屠杀 150 万亚美尼亚人的暴行，包括大规模屠杀、驱逐出境和奸淫妇女。1994 年，卢旺达的胡图人屠杀了 80～100 万图西人，是另一番可怕的景象。西方民主国家袖手旁观，毫无作为。二战期间的纳粹大屠杀，致使数百万名犹太人、吉普赛人、同性恋者以及精神残疾者被屠杀迫害，这样的行为令人难以理解——所有的一切都以种族优越论为借口。

种族灭绝可以说贯穿于整个人类历史。常被西方民主国家忽略的是在非洲的猎奴，并把他们送上横跨大西洋的肮脏的运奴船（许多非洲奴隶死在去美国的路上），以及这些奴隶被主人（他们手捧《圣经》和十字架）售卖后的悲惨命运。同样，美洲印第安人被征服，他们的文化被视他们为野蛮人的欧洲殖民者破坏。

在 20 世纪，一战摧毁了德国、法国和英国芳华正茂的青年一代。二战从俄德到英法，再到菲律宾和日本的城市大轰炸，屠杀了数千万无辜的人。向日本广岛和长崎投放的两颗原子弹让战况达到高潮，近 20 万无辜的男人、妇女和儿童被烧成灰烬或身受重伤。这不是种族灭绝，又是什么呢？暴力贯穿人类文明始终，以上帝和救赎、祖国和旗帜或者民主、和平和繁荣之名肆虐。这些现象不仅限于西方国家，在亚洲也同样存在，从中国和印度到韩国和日本处处可见。中国历史上战争连绵，远至修筑长城御敌，近到现代战争。从古至今各个朝代的更迭都伴随着绵绵战火。甚至到了"中华民国"时期（1911 年—1949 年），中国也与蒙古、日本等国发生过战争。在此期间，也发生各种内部争斗、起义、战争，经过国共两党之间一场旷日持久的革命战争,毛泽东率领的共产党上台执政。

同样,印度也曾遭受过多次被征服和奴役的战争。印度教徒将种姓制度强加于达罗毗荼人身上,他们被虐称为"不可接碰者",并被剥夺平等权利。16世纪,蒙古人征服北印度。他们占领德里以及印度大部分区域长达四个世纪。直到19世纪中期,蒙古人的统治才结束,此时英国东印度公司建立霸权,将印度纳入大英帝国的殖民统治。印度在二战后才恢复独立。大英帝国在其全盛时期被称为"日不落帝国",其殖民地遍及五大洲。二战后,大英帝国瓦解,不再具有全球霸权地位。

法兰西帝国的没落

为了说明人类事务中偶然性和动荡的作用,关注法国在20世纪(尤其是二战后)的遭遇大有裨益。我们与这些戏剧性的事件如此之近,能够看到它们映射出的人类历史境遇,尽管人类历史中的任何片段都能反映同样的现象。

法兰西殖民帝国自17世纪开始,一直到20世纪60年代结束,那时它已经丧失大多数殖民属地。在全盛时期,法国有一支强大的海军和陆军,以及雄厚的经济实力。法国船只开拓公海并到处建立殖民地。当然,其他欧洲国家,尤其是英国、西班牙、葡萄牙、比利时、荷兰,也是如此。法兰西殖民帝国仅次于大英帝国,沿着亚洲的印度支那半岛(越南、老挝、柬埔寨)一路扩张,直至加拿大(魁北克和新斯科舍)和美国(路易斯安那州和新奥尔良州)的部分区域。其殖民地还包括加勒比海的许多岛屿(马提尼克、瓜德罗普、圭亚那、圣卢西亚岛、海地);它还控制印度洋的马达加斯加,获得北非的大量殖民地(阿尔及利亚、突尼斯、摩洛哥)。在中东地区,它控制叙利亚和黎巴嫩(贝鲁特被称为"东方巴黎")。它的统治疆域扩大至法属赤道非洲(加蓬、法属刚果和喀麦隆)和西非地区(塞内加尔、科特迪瓦、马里、贝宁、多哥、尼日尔、乍得、上沃尔特、毛里塔尼亚、法属索马里和中非共和国)。它还拥有太平洋上的塔希提和新喀里多尼亚等岛。一个多么幅员辽阔的帝国!

我想问的是:法兰西殖民帝国为什么在二战之后就衰落了?关于人类历史变化,这又告诉了我们什么?法国与德国这两个国家交战不断,从1870年与拿破仑的战争(德国获胜),持续到1918年的一战(法国最终获胜)。

法国丧失殖民地的主要原因是二战中对德战败。一战后,法国和英国顾虑希特勒统治下的德国会很快重整军备并引发另一场战争,这是两国都想极力避免的战争。1938年在慕尼黑,法国总理达拉第(Édouard Daladier)和英国首相张伯伦(Neville Chamberlain)对希特勒提出的分割捷克斯洛伐克的要求做出让步。这让德国随后占领德语人口众多的苏台德地区。接着,希特勒于1939年9月1日大举入侵波兰。英法认识到他们的绥靖政策已经彻底失败,必须遏制德国的野心。于是,两国对德宣战,然而德国迅速使用装甲坦克和俯冲轰炸机攻克波兰,波兰人民陷入恐怖统治。在1939年的这次袭击前夕,签署了《纳粹苏维埃条约》,清楚地预示几乎没有办法能挽救波兰,而且苏联从东部入侵了波兰。

战争期间有几个月的间歇期,被称为"对峙战"或"虚假战争"。1940年5月10日,希特勒命令德国军队入侵荷兰、比利时和卢森堡,局势发生急剧转折。法国和英国派军援助那些迅速投降的低地国家。这时,法国担心重蹈一战期间消耗巨大的阵地战的覆辙,已经打算发动防御战。德国人口比法国多,而且其出生率较高。法国人不想轻易就失去另一代年轻人。法国修筑了马其诺防线，被誉为坚不可摧的碉堡和屏障。不幸的是，许多军队的将领往往倾向于发起殊死一战。法国确实如此。虽然德国人也在边界修筑了一条坚固的齐格弗里德防线，但希特勒的战争策略是攻击性的，使用坦克和飞机来攻破对手的防御。法国人认为德国人会从北方攻进来，所以他们奔赴比利时进行防御。因此当希特勒从阿登森林发起攻势时，他们措手不及。这次突击截断了英国和法国的军队；许多部队放弃战斗投降，而其余部队则匆忙撤退到大西洋海沿岸的敦刻尔克。

当德国军队转而朝南部和东部进军以入侵法国本土时，由莫里斯·甘末林（Maurice Gamelin）将军领导的法军指挥部再次措手不及。法国保卫战开始得突然，结束得也快。法军参谋部现在士气消沉，失败主义情绪弥漫开来。德国国防军从后方迂回包抄了马其诺防线，令其形同虚设。法国总理保罗·雷诺（Paul Reynaud）任命马克西姆·魏刚（Maxime Weygand）将军取代甘末林将军的职务。此时，英法联军退守到敦刻尔克港口，寄希望于从这里撤离。希特勒未曾想到英国军队能逃离他的魔爪，大量士兵在英国皇家空军（RAF）的掩护下乘船撤回英国。

法国的毁灭性失败现在看起来已然无法避免。虽然英法联军的步兵和坦克师的实力与德国不相上下，但是德国空军远胜英法空军，令后者造成重大伤亡。此外，德国的军事战略比法国和英国的最高司令部技高一筹。盟军错误判断了德军的行动计划，人类事务中，抉择占据关键性作用，错误的策略会带来可怕的后果。

与此同时，1940 年 6 月 10 日，墨索里尼统治的意大利向法国宣战，并占领法国里维埃拉（蔚蓝海岸）。情况看起来糟透了。法国希望拯救巴黎，保护其历史古迹和城市大道，所以未在巴黎驻守防线，宣布为不设防城市。在此情况下,法国政府紧急撤退到大西洋海岸的波尔多。德国人在 6 月 14 日占领巴黎。法国于 6 月 22 日投降;在贡比涅森林里的一节铁路车厢上签订了停战协议,1918 年的停战协议也在此签订。希特勒因为他的全面胜利而得意扬扬;他甚至在一条新闻短片中跳起了吉格舞!

　　德国的闪击战摧毁了法国的自尊,这是一个莫大的羞辱。雷诺总理拒绝投降,被一战的英雄马歇尔·贝当元帅(Prime Minister Reynaud)取代,法国在政治上陷入分裂。德国人占领了法国大西洋北部和西部的沿海地区,并在维希建立一个新政府来管理其他地区。维希政府试图与德国合作,战后彻底丧失声誉。

　　戴高乐将军在战前提醒法国下一场战争将是机动化战争(他的建议被忽视),战时他指挥一个坦克部队。1940 年 6 月 18 日,他进行广播演说,拒绝接受新设的维希政权的领导。他宣布立志于领导自由法国部队抵抗组织继续战斗。法属赤道非洲国家和圭亚那共同与戴高乐的自由法国部队结盟,西非和印度支那的殖民地依然忠于维希政权。法国曾向温斯顿·丘吉尔(时任英国首相)做出承诺,令海军舰队沉没。法国人言而无信,因此英国战舰击沉了法国海军的多艘船只,以免其被德国控制。战后,戴高乐在法国居于领导地位。他所提出的机动部队的战术观点被证明是正确的;他还号召法国人民毫不妥协地抵抗纳粹入侵者。

　　与此同时,英国正准备抵御一场随时可能发生的德国进攻。事态的后续人们耳熟能详。1941 年 12 月 7 日,日本袭击珍珠港后,美国参战并与英国结盟。1944 年,同盟国侵入法国;这样,在东部俄国和西线盟军的夹击下,德国彻底被打败。这场战争夺去数千万人的生命。1945 年,法国被盟军解放,尽管因为战败而颜面尽失,法国还是很感激英美联军,以及在戴高乐将军指挥下相对弱小的自由法国部队。

戴高乐

戴高乐身材魁梧(他身高超过六英尺),长着一个大鼻子,气质威严,举止高傲。他生动地展现了英雄人物在历史上的作用,拒绝丢掉法兰西的尊严,虽然早期曾被德国打败。二战中他逃亡英国,可还是不忘向法国人民保证,他和自由法国部队总有一天会回来解放法国。

戴高乐是一位不同寻常的人物,他的身上展现了高尚的品格,不屑于以往政权中的丑闻。虽然他政治保守,而且采取右倾的国内政策,但是他首要关注恢复法国的地位及其在国际舞台上的作用。不幸的是,尽管做出巨大的努力,他还是无力拯救这个衰落的殖民帝国,但是在国际舞台的权力斗争中,他是最重要的一位现实主义者。

法国被二战拖得疲惫不堪,无法控制幅员广阔的殖民帝国。法国缺乏维系霸权的财力和人力,也没有足够的经济或军事实力保证其领导权。在冷战时期,这一点表现得更为明显,美国和苏联成为两个超级大国,然而苏联无法与美国势均力敌,不得不在1989年撤出东欧的军事力量,而且跟不上美国的军事技术力量发展。虽然戴高乐试图维护法国昔日的荣耀及其权利的独立,然而显然此后的法国政府无法恢复昔日法兰西帝国的显赫地位。罗斯福和丘吉尔允许戴高乐在与德国的和平谈判中占据一席之地,希望借此来满足法国人的自尊心,并且戴高乐的自由法国部队也确实在巴黎解放时行进在香榭丽舍大街,但这主要是为了表演。这并没有反映出法国在诺曼底登陆一役中作用微弱,因为此前法国军队已向希特勒投降,其舰队已经沉没。

战后，法国殖民地所发生的一切，进一步展现法国军队是如何进一步战败撤退的。法国政府还是试图保住殖民地，事件开始于两场战争：第一次印度支那战争和阿尔及利亚独立战争，最后均以失败告终。

第一次印度支那战争

纵观越南的整个历史，其很长时间处于别的国家统治之下。19世纪中期，越南被法国接管为其殖民地。二战期间，日本入侵当时处于维希政权统治下的越南（1940 年）。直到 1945 年 3 月，日本才结束对越南的占领，此时法国重回印度支那并意图重新建立殖民统治；据说如果法国要在二战后重振经济的话，印度支那至关重要。

与此同时，越南独立同盟（简称"越盟"）在曾经留学法国的共产党员胡志明（Ho Chi Minh）的领导下，宣布脱离法国独立，并在河内设立首都。法国人宣布要继续统治越南，并在越南南部的西贡扶持一个傀儡统治者——保大皇帝（Emperor Bao Dai）。法国还组建一支用于巩固霸权的军队。这支军队主要由法国士兵组成，此外还辅以来自其殖民地阿尔及利亚、摩洛哥和突尼斯的士兵以及外籍军团。

局势即刻愈渐清晰，越南共产党人为独立而战，将能够抵挡法国试图重新占领越南。1946 年 11 月，法国海军舰艇轰炸海防港，数千名平民丧生。1949 年，法国承认越南为独立国家，尽管越南仍属法兰西联邦。同时，中国共产党在毛泽东领导下，在人民解放战争中取得胜利。在越南北部，展开一场由武元甲（Vo Nguyen Giap）将军领导的夺取法国大本营的激烈战斗。战争起初只是农村起义。此时，越盟大量装备大炮和其他现代武器。在与老挝和柬埔寨接壤的越南北部地区，法国军队加强军备来守住阵地，但遭受重击。

美国人一直持续向法国军队提供经济援助。越盟部队入侵邻国老挝；面对这一局势，法国统帅亨利·纳瓦尔（Henri Navarre）决定在越南北部靠近老挝边境的奠边府进行联合防击。驻守奠边府的法国士兵约 2 万名，但被 10 万名越南士兵击败；双方都伤亡惨重。战役造成 2 200 名法国士兵死亡；多人受伤，其余被俘（越南人死亡 8 000 人，受伤 13 000 人）。这些伤亡令人心情沉重。〔顺便说一下，我妻子的姐夫弗雷德·库格尔（Fred Kugel）随法军被派往越南。他是一名来自阿尔萨斯-洛林的法国公民。他向我讲述自己就是在印度支那的最后一场重要战争——奠边府一役中失去一条腿的。后来他装上假肢，走路一瘸一拐。他曾回忆过法国军队遭受的那种绝境〕。

法国人请求美国增加援助。当德怀特·艾森豪威尔（Dwight Eisenhower）总统拒绝提供进一步的支援时，法国人决定撤出这场"肮脏的战争"。自 1950 年以来就反对这场战争的法国总理皮埃尔·孟戴斯-佛朗斯（Pierre Mendès-France）决定与越南进行和平谈判。对于二战以来仍处于经济复原期的法国来说，这场战争令法国消耗巨大。1954 年 7 月 21 日，在日内瓦召开和平会议以协商两国间的条款。以北纬 17 度线为界，越南分治。越南北部由河内共产党人统治，南部在西贡成立越南共和国。这一协议终止了法国对印度支那的统治。

171

越南民主共和国的领导人胡志明，虽然是共产党，但他同时也是希望实现越南独立的民族主义者。美国害怕共产党会控制整个南亚地区，所以向法国提供财政援助，以防止出现这种情况。法国人撤退后，约翰·F. 肯尼迪（John F. Kennedy）和詹森·约翰逊（Lyndon Johnson）都决定再次向越南派驻美军。第二次印度支那战争（包括越南、老挝和柬埔寨）从 1959 年持续到 1975 年。越南军队包括来自南越的越共游击队、越南民主共和国军队,以及越南共和国的军队(隶属南越)。越南战争告诉人们,很难对身处丛林的游击战士发动现代化的军事行动。美国和法国都从中得到教训。美国最终也和法国一样,决定从越南撤出。

有人会问:为什么法国人会失去印度支那?两个关键事件削弱了法国的控制。一是,美国为防止中国扩张而参与朝鲜战争[1950年,哈里·杜鲁门(Harry Truman)总统做出决定]后,对越战的关注程度和支援力度都发生转移;二是,法国受到阿尔及利亚独立战争的牵制。

只能这么说,继任的法兰西第四共和国政府试图继续统治印度支那,但是由于财力消耗巨大,法国军队遭受重创,而且在法国国内也受到法国共产党和左翼势力的强烈反对,因此无能为力。的确,在20世纪50年代初,整个法国的反战情绪高涨。继续采取军事行动面临着巨大的政治阻力。

接下来让我们把视线转向阿尔及利亚的独立战争,对法国来说,失去对阿尔及利亚的统治更具毁灭性。

172 阿尔及利亚战争

二战后,法兰西帝国的瓦解让法国公众不得不面对一系列的创伤事件。失去对阿尔及利亚的统治无疑是其中最为戏剧性的。与北非的突尼斯或摩洛哥相比,阿尔及利亚的国土面积更大,而且靠近法国,这让阿尔及利亚与法国的决裂更加痛苦。这是因为,阿尔及利亚少部分人口具有欧洲血统,很多人在那里生活一个世纪或更久。他们中有很大一部分是南欧系犹太人,当时具有法国公民身份。这些人要么是为躲过宗教裁判所的迫害才来到这里,要么祖先早在罗马时代就移居此地。这些法裔阿尔及利亚人拥有该国大部分的土地、企业和权力。

对阿尔及利亚的占领始于 1830 年,当时法军指挥官托马斯·布诺(Marshal Thomas Bugeaud)率军入侵阿尔及利亚,无疑这是使用武力夺取一个地区的非正义举动。1834 年,阿尔及利亚被法国吞并。到二战时期,阿尔及利亚已经被认为是法国的一部分,并公开宣布为法属阿尔及利亚。实际上,阿尔及利亚分为阿尔及尔、奥兰和康斯坦丁三个部分。这与法国自身的区域划分也颇为类似,尽管穆斯林人口从未获得过与基督徒或犹太人同等的权利。许多法裔阿尔及利亚人确实成就卓著,特别是在他们移居法国之后——如著名的小说家阿尔伯特·加缪(Albert Camus)、剧作家和小说家伊曼纽尔·罗布莱斯(Emmanuel Roblès)、哲学家路易·阿尔图塞(Louis Althusser)和雅克·德里达,以及世界著名的时装设计师伊夫·圣·罗兰(Yves Saint Laurent)。

1954 年 11 月 1 日,民族解放战线(FLN)在艾哈迈德·本·贝拉(Ahmed Ben Bella)的带领下,在阿尔及利亚发动游击战获得独立。他们要求联合国承认阿尔及利亚为外交独立的国家。这刚好发生在法国在中印边境战争中失利之后。虽然战争开始于人迹稀少的乡村地区,但它紧接着就蔓延到城市,尤其是阿尔及尔一役(1956 年—1957 年)尤为惨烈,那里不断上演猛烈的轰炸和城市袭击。法国为平息起义,派出 40 万～50 万的部队,全力以赴要镇压住民族解放战线。由于在印度支那战争的失败(刚刚在日内瓦签署和平条约),法国民族主义者认为必须在北非做出一种强硬的姿态。经历了二战的向德国投降,以及在印度支那战争中的失利之后,法国的国家荣誉利害攸关。随着法军不顾一切地采取恐怖主义和酷刑打击民族解放战

173

线——包括首次对平民使用直升机和燃烧弹，战事的残酷程度不断加剧。这是对人人觉得岌岌可危的民族解放战线游击战的回应。阿尔及利亚反抗军也毫不手软，他们同样诉诸武力——持续轰炸、残害和绑架，以此来恐吓那些法裔阿尔及利亚人。

就我个人而言，我在 1958 年访问法国，当时的《世界报》和《费加罗报》正进行一场大论战，巴黎的街头巷尾也是争论四起。许多人认为，阿尔及利亚是法国的一部分，因此无论代价多大都必须要保住这块土地。另外一些人认为，这场战争过于残酷，使用恐怖主义和酷刑让法国军队背叛了人权。从情感角度讲，我妻子的祖父母费迪南德·威尔(Ferdinand Vial)和路易丝·威尔(Louise Vial)已经在奥兰居住 35 年。他们拥有一家小型酒店(养老院)和餐厅。1962 年，他们被迫离开那里，回到穆昂-萨尔图这块几个世纪之前的祖居地。同样，她的姨妈特雷兹·科特雷兹(Therez Cotrez)住在奥兰，也被迫离开。他们失去在那里的一切，只带着行李匆匆离开。我的妻子和她的祖父母在奥兰一起生活了两年，留下很多回忆。这场战争付出的巨大代价令我久久不能平静，战争不但让阿尔及利亚伤痕累累，也让为这场战争道德合法性产生分歧的法国本土损失惨重。在接下来的几年中，我在法国南部遇到许多"黑脚"(曾在阿尔及利亚生活的法国居民)，他们难以接受法国的失败以及自己被从阿尔及利亚驱逐出境。

印度支那的失守加上阿尔及利亚的独立，对法国人的心理造成毁灭性的影响：法兰西的荣耀现在被掩盖在美国强权阴影之下，美国让法国获得解放，但是自己也成为远远超越法国的超级大国，法国只能眼睁睁地看着自己的帝国走向衰落。

让我们继续回到主题……

法国的政治制度陷入混乱，无法应对各种冲突；政府一届届地倒台。与此同时，殖民主义饱受批判，不但在法国国内而且全世界舆论都是如此。许多人发现，鼓舞法国大革命的《人权宣言》与法军回击恐怖主义时对平民施加的暴行自相矛盾。阿尔及利亚有一小部分基督徒（即欧洲殖民者），但其绝大多数人口都信奉伊斯兰教。法国共产党虽然反对"资本帝国主义"，但也力图调和矛盾，因为冷战现在正在全面展开，法国共产党显然更为关注这场冲突。然而，一些法国知识分子，特别是让·保罗·萨特（Jean Paul Sartre）和西蒙娜·德·波伏娃（Simone de Beauvoir），言辞激烈地抨击法国在战争中的角色。此外，还有其他令人不安的反对呼声，来自非马克思主义者阵营的罗马天主教徒和其他作家。许多知识分子联名签署了《121 宣言》（*Manifeste des 121*）以声援那些反对阿尔及利亚战争的异见者。

一个由黑脚和军官组成的联盟成立公共安全委员会以挑战法国政府。他们呼吁让戴高乐将军重新掌权并拯救法国。戴高乐回国成立法兰西第五共和国，并颁布新宪法，新宪法规定总统任期 7 年，不受议会不稳定的影响。此举得到绝大多数选民的支持，他们高呼："法属阿尔及利亚万岁！"

我曾在访问法国期间，观看过一场戴高乐作为统帅参加的阅兵式。当时，他意在用一场强大的武力演示恢复法国昔日的荣耀。起初，他还雄心勃勃地诉诸战争，然而他同时也对签署和平协议持开放的态度，因为他了解阿尔及利亚国内穆斯林独立的决心，而且他也感觉自己无法阻挡这一趋势。显然，戴高乐对阿尔及利亚和法国之间的人口差异忧心不已：阿尔及利亚本土穆斯林数量增长迅猛，同时法国欧洲血统定居者的出生率却减速。如果阿尔及利亚人仍保留其法国公民身份，那么最终他们的数量和投票权都会超过黑脚。

1959 年 9 月 16 日,戴高乐突然转变了立场,宣布阿尔及利亚有自主权,希望阿尔及利亚人能够加入新成立的"法兰西共同体"。现在,局势很清楚,占绝大多数的阿尔及利亚穆斯林更倾向于完全脱离法国,实现独立。

这激怒了阿尔及利亚的黑脚,他们与右翼军官的小集团结盟,坚决抗议这种背叛行为并试图在 1961 年 4 月发动政变。这些人是秘密军队组织(OAS)的成员,这个组织致力于打击阿尔及利亚分离主义者。他们推翻政府的尝试以失败告终。戴高乐决定彻底抛弃顽固不化的黑脚,政府与民族解放战线进行了和平谈判。1962 年 6 月,法国进行全民公投,同意阿尔及利亚独立。随后,1962 年 7 月,阿尔及利亚举行独立公投,支持独立的选民获得压倒性胜利。

次年,约有 140 万难民逃离阿尔及利亚。其中包括几千名支持法国的穆斯林。在独立战争时期,有相当数量的阿尔及利亚士兵与法国人并肩作战,他们被称为"哈吉人"。许多人之前还加入法国在印度支那的战争及其他战役。当法国人撤离时,约有 22 万哈吉人被解除武装。尽管民族解放战线已经同意不伤害这些人,但据估计有 15 万人被认为是叛徒,并遭到屠杀。差不多只有 4 万人成功逃到法国。直到 40 年之后,曾在阿尔及利亚战斗过的雅克·希拉克(Jacques Chirac)(前巴黎市长和法国总统)才向当时没被法国接纳的哈吉人道歉。现在,哈吉人数量大约为 50 万。实际上,法国国内的伊斯兰教徒数量是欧洲最多的,有 500 万~700 万人。

法国历史上最苦涩的一章就此结束,昔日的帝国在耗资巨大的战争后也分崩离析。帝国的其他地区也都相继去殖民化。黑色非洲这块巨大的沃土曾被法国殖民,后来法国人也逐渐退出,且没有引发旷日持久的内战(除马达加斯加外)。一个原因是这些殖民地国家的游击队力量薄弱，不足以发动反抗法国的起义战争。

国家间的冲突

也许现在是反思偶然事件在法国、印度支那和阿尔及利亚的作用，用以说明国家之间戏剧性的冲突的时候了。所发生的一切是法国及其殖民地双方在政治和意识形态因素这些上层建筑的发展导致的结果。而西方民主国家同苏联和中国的共产主义阵营之间的冷战也对此有所影响。

在法国国内，社会主义和共产党与传统的右翼政党之间（双方存 ㅤ*176*
在严重分歧）有着一触即发的政治冲突。戴高乐将军的出现，也是一个关键因素，他指挥自由法国部队对抗维希政府并且努力让法国恢复昔日的世界地位。这位法国英雄，就像一个世纪前的拿破仑一样，在这场争论的关键转折点发挥了决定性的作用。

战后，法国试图与非洲法语国家保持某种经济、文化和政治关系。法国提供了有利的经济条件，来刺激并维持与这些国家的贸易。起初，为了刺激法国在这些国家投资，非洲法语国家的货币与法国法郎之间有着有利的汇率比（2∶1），但是这不能提供大量投资，而且让这些国家变得独立。如今，法国还持续在加蓬驻扎着一批精锐的法国军队，之所以如此，是因为在所有法语前殖民地国家中，加蓬是唯一一个开采石油且法国在此投入巨资（埃尔夫阿奎坦集团公司）的国家。一旦欧元取代法郎，货币优势就不复存在。与此同时，其他国家已经取代法国在该地区的投资地位，特别是中国政府。由于需要保护这些国家的自然资源，中国政府越来越受到关注。

也许，前殖民地国家与法国最重要的关系是语言上的亲和力，因为法语是政府和精英阶层的官方语言，其中许多人在法国受过教育。

前法国殖民地的法语区域包括魁北克省,现在已从法国独立,是加拿大不可分割的一部分。此外,还有分散世界各地的岛屿,如加勒比地区的马提尼克岛和瓜德罗普岛,印度洋的马达加斯加和太平洋的塔希提;在阿拉伯世界,黎巴嫩、叙利亚、阿尔及利亚、突尼斯和摩洛哥也是前法国殖民地。法国人对法语影响力的衰减感到震惊,尽管法语一直是联合国和其他国际机构的官方语言。但英语现在已经成为首选的国际语言,这是任何希望维护其经济和政治统治国家的要求。此前,世界各国的精英们都会用法语教育他们的孩子,在大部分主要国家的首都城市都有教授法语的公立中学。现在,随着英语技术术语和经济术语以及行话(俚语)并入法语,"Franglais"(法式英语)已经取代法语的地位。

可惜,战前跨越大西洋的大型法国游轮——如"诺曼底号"(Le Normandie)(战争期间在哈德逊河被击沉)、"法兰西岛号"(L'ile de France)和"法国号"(Le France)[后来被卖掉并更名为"挪威号"(The Norway)]——不复存在。以前建造这些船只的繁忙港口城市勒阿弗尔,也不再是造船港。法国的确保留下一条小型游轮专线——地中海俱乐部,经营颇为低调奢华的法国游艇和帆船。法国曾经的海上霸权是其国际舞台上不可或缺的一部分,但现在已经没有往日的辉煌。

法国军事力量的衰减是其国际影响力下降的另一原因。法国持有一支强大的空军,制造"幻影"战机。它的军队规模适中,但其中大部分被合并进北大西洋公约组织(NATO),成为欧洲军事力量的一部分。因此,法国已经撤回大部分其部署在全世界各地的军事基地。

法国的 GDP 规模在世界上排在第六位。它仍然是世界上重要的经济强国,因为其国内有一家大型的证券交易所;然而,它在经济实力上无法与美国、日本、德国和英国抗衡,而中国和几个新兴经济体(如巴西)的上涨势头也让这些国家未来有可能超过法国。法国以出口优质农产品而闻名,从奶酪到葡萄酒和白酒,其女性时尚和奢侈品也享誉全球。

在18、19世纪的工业革命中,法国的作用十分显著,而且自20世纪以来,其矿山和工厂生产出优质的汽车、飞机和服装等重要产品。法国步其他国家的后尘,丧失了国内的制造业基地,因为国外的工人工资水平低,所生产的商品更便宜,所以来自中国和第三世界国家的商品越来越取代法国产品。有趣的一点是,法国大部分的电力产能是由法国电力基金会下属的核电厂提供的。由于没有石油或天然气储备,法国所需的全部能源燃料都靠进口。因此,它实际上是第一个决定发展核能的国家,建立了清洁高效的核能工厂,这使得它比其他欧洲国家具有决定性优势。

二战后,法国是创建欧洲新政治实体的主要倡导者。其中一个原因是通过与欧洲共同市场和欧洲议会相结合,结束与德国的军事竞争。实际上,对此的关键支持者是儒勒·莫切(Jules Moche),他的大胆尝试使"欧洲"这一概念成为现实。法国前总统吉斯卡尔·德斯坦(Giscard D'Estaing)起草了欧洲宪法,其中追溯了法国世俗文化在古希腊时期的人文起源,却几乎没有提及其宗教和基督教历史。要想完全实现欧洲一体化的理想还有很长的路要走,而且前路一定也是障碍重重。但是法国逐渐成为欧洲的一部分,并且有一些合资制造项目,例如空客就与波音在飞机销售上形成竞争。同样,位于瑞士的欧洲核子研究中心(CERN)也是世界从事亚原子物理研究的主要领跑者。

相当重要的是,欧洲的GDP总值(欧洲共同市场上所有的国家

178

加起来)几乎与美国相当。所以,作为欧洲共同市场的一部分,法国和其他欧洲经济体有更大的影响力。

法国在两个方面仍保持其权威地位。第一是文化——巴黎几个世纪以来就被认为是(至少法国人自己这样认为)哲学、文学和艺术的智识生活中心,而且它还一度在科学领域发挥过重要作用。所以,法国被认为在许多领域都引领潮流。据说,从政治上看,许多世界的革命都是在法国咖啡馆和酒馆里酝酿的。法国哲学家和记者雷蒙德·阿隆(Raymond Aron)表示,几十年来(至少在 1968 年以前都是如此),法国一直是左翼运动的策源地。法国有影响巨大的共产党(现在已经没有了)和强有力的工会。自从戴高乐根据新宪法建立第五共和国以来,法国在政治上变得相当稳定——而以前第三和第四共和国时期的政府不断换届。现在总统任期七年,保守派与社会党之间进行权力竞争。尽管如此,法国仍然享有走在新浪潮前沿的声誉。当然,战后突然出现的存在主义——以让·保罗·萨特、西蒙娜·德·波伏娃和阿尔伯特·加缪为代表,给人留下了深刻印象,而受到雅克·德里达和雅克·拉康(Jacques Lacan)影响的后现代主义以及受克洛德·列维·施特劳斯(Claude Lévi-Strauss)影响的结构主义也是如此。在法国,越来越多的人抱怨说巴黎不再是宇宙的中心,纽约、伦敦、东京和北京已经取代法国的吸引力。法国面临的一个问题是年轻人难以在法国找到有吸引力的工作或职业,许多人因此搬到了伦敦或纽约。

然而,法国在视觉和表演艺术方面的文化影响继续存在。现代艺术肯定开始于巴黎(毕加索、布拉克、马蒂斯和马奈闻名全世界),尽管越来越多的人开始谈论纽约或伦敦。当然,法国在烹饪(《米其林指南》给出三星级餐厅名单)和高级时装(女性高级时装)方面仍占据世界顶尖水平，所以其对文化的影响是持续的，尽管范围变小了。法国品位的品质仍然是世界的榜样。

法国的另一个戏剧性的变化是宗教影响力的全面崩塌，尤其是罗马天主教在法国生活中的影响不再。事实上，法国已经变得高度世俗化了，绝大多数的法国人在很大程度上对宗教漠不关心，或者只会在婚礼或葬礼上遵从宗教仪式。主要的重心似乎是当下的生活。当然，自阿维尼翁教廷以来，当再有教皇之争时，法国人一直是梵蒂冈难以下咽的苦果。但是，在经历了勒内·笛卡尔（René Descartes）的理性主义和启蒙运动思想家［伏尔泰（Voltaire），狄德罗（Diderot）、霍尔巴赫（d'Holbach）等］的影响后，法国诞生了许多现代思想家。此外，法国的犬儒主义使得苛严的法规很难施行，特别是与婚姻和性相关的法规。众所周知，法国人在美化与情妇和情人的情爱方面尤为著名。人们只需读一读古斯塔夫·福楼拜（Gustave Flaubert）的经典小说《包法利夫人》（*Madame Bovary*），就会明白何出此言。因此法国的男女更倾向于释放个人自由而不是压制。法国大革命时期的"人权"（以及女人的权利）①仍然激励着无数现代主义者。

法国社会生活的一个重大变化是穆斯林人口的不断增长，数量位居欧洲国家之首。许多评论家担心，穆斯林会在数量上超越其他族群，改变法国的种族构成。乐观主义者表示，这过于悲观，并指出年轻的穆斯林男女越来越多地接受法国大革命"自由、平等、博爱"的理念，而且他们希望能最终完全地融入法国文化，成为真正的法国人，实现不同种族间不受宗教制约的通婚。

法国最大的产业无疑是旅游业；世界各地的人们将法国视为头

---

① 人权："the Rights of Man"，其中 man 并不包含女人。——译者注

号旅游胜地。在他们看来,像巴黎这样的法国城市很美;乡村地区也异常迷人;阿尔卑斯山脉和海滨之地令人兴奋;香水和美食让人们神魂颠倒;法国女性更加魅力无穷! 由于对世界文明的文化贡献,古老的法兰西帝国已从军事、经济和政治强国转变为一块磁铁。

总而言之,法国有着动荡的历史。它经历战争、革命、移民和交流;它设法生存并保持独立。法国人有一句话:"无论变化多大,也是同样的东西。"要我说,法国越是保持不变,它变化得就越多,而且这是由于多种原因造成的。

"文明"(或"帝国")这个术语是一个宽泛的概念,涵盖在其之下的丰富的人类制度形式。但我认为,对于几乎任何人类制度的解释——文明、帝国、民族国家、城邦、乡村、大学、教会、志愿协会、科学或文化组织——表明它们都具有类似的动力学。所有这些社会制度都由人组成,而且其历史维度也涉及过去的真实人类。所出现的"共同"团体由习惯、传统、规则、法律、信仰和愿望组成,它们都是使团体内部团结以防止其分裂的黏合剂,这种分裂可能在特定的历史阶段发生过。尽管如此,整体并不仅仅是其部分的总和;它不能脱离人类或他们的行为、信仰、信念和价值观而存在,这些解释了其所在的制度。只要它是一个可行的、发挥着功能的制度,它就继续保持其身份认同,因为正是人类的行为惯性令其如此。如果该制度受到参与者的赞赏,创始人将获得赞誉,创始文件会被珍藏,而且人们将遵守它们所设定的标准和价值观。

美国后记

对美利坚合众国,我们可以提出类似问题。像法国一样,美国的历史也有一定的"神话"色彩。出生在美国或成为入籍公民的人们尊重其过往历史,忠于"美丽的亚美利加"这一观念。他们可以"向美国国旗及其背后所代表的共和国宣誓效忠"。新当选的官员也要宣誓,并重申他们的承诺。"我谨庄严宣誓(郑重申明)忠实履行美国总统的职务,竭尽全力,恪守、维护和捍卫合众国宪法。"①

美国人民普遍认为开国元勋——华盛顿、杰斐逊、麦迪逊——是致力于共和国事业的高贵的人。而且,他们还将受人尊敬的亚伯拉罕·林肯、富兰克林·德拉诺·罗斯福总统以及其他勇于维护联邦统一并延续人民自由和平等的人士加入了这份名单。

在无数美国人的心中,美国作为一个民族国家而存在,他们珍视这个国家"生命、自由、追求幸福"的目标,而且美国在本质上是新的"实在",隐含在信仰这个国家并践行其法律和理念的人的坚定信念中。因此,从本质上来说,美国具有一定的本体论地位,类似于昔日希腊或罗马所处的地位,也和如今的西班牙、墨西哥、叙利亚、斯里兰卡、中国和日本一样。

所有这些社会文化制度,都是从过去、现在和未来的人类已经做出或将要做出的集体意志和承诺中涌现出来的。在某种意义上,动荡与冲突,法律与秩序,偶然事件与和谐都是如此。此外,为了解释这些组织是如何以及为何运作,人们需要考察多重原因——政治的、经济的、宗教的、军事的、社会学的、心理的和文化的因素。有了制定出的政策和为执行政策而选举出来的官员,人们不必援引"上帝之手"或"神圣的宿命",也不必将国家简化成公民头脑中的物理-化学感情来理解国家,或者来处理出现的问题。美国的未来在一定程度上取决于选民和政治领导人对政策和法律所做的抉择。如果我们简

182

---

① US Constitution, art. 2, sec. 1.

要回顾一下美国的历史，那么我们会看到，这个不变的主题就是不断地改变和涌动。

　　北美大陆的首批定居者在 1 万到 1.5 万年前自中国和蒙古而来，他们跨越白令海峡而移民到此。15 世纪，欧洲殖民者逐渐陆续到达那里。为了努力征服这片辽阔的大陆，他们击败当地的印第安人，并将他们赶出祖居之地。1776 年脱离大英帝国控制并宣布《独立宣言》时，美洲殖民地的居民只有 300 万人。他们不仅要脱离英国的控制，还要摆脱法国和西班牙的殖民影响，建立一个独立共和国。美国革命后，他们颁布了《宪法》(1787 年) 和《权利法案》。被劫持奴役的非洲人及其后代在 1863 年被亚伯拉罕·林肯解放，这是血腥的内战之后的一个成果。19 世纪发生大规模工业化；美国成为世界上最杰出的国家，贸易活动遍及全球。它打开国门，吸引世界各国的人到美国寻求更美好的生活，到 20 世纪初，美国有 1 亿居民。美国成为世界上最强大的国家，到处发动战争，组建联盟——美西战争、一战和二战、越南战争和朝鲜战争、冷战，以及与伊拉克和阿富汗等伊斯兰国家的战争。其科技发现、世俗大学、免费的宗教教堂、寺庙和犹太教堂、民主的政府形态让这个国家有令人印象深刻的活力和吸引力。进入 21 世纪，美国人口达 3 亿，成为全球主导力量，虽然它目的在于追求道德高尚，但批评者却认为其野心勃勃。

　　世界上，自由市场经济的领导者经常陷入困境，开放的多元化社会总是必须改革，来保护弱势群体免受富人之害。同时，美国是第一个探索太空、月球、火星和宇宙中各类行星的国家。这是一个专注于改善大部分公民福祉的国家，与此同时，它又捍卫全世界的专制政权。对美国的每一个概括，都有相反的概括。

　　因为信息革命，美国在全球交流中发挥着关键作用，而且由于受财阀控制的自由新闻业(或多或少的自由),在面临新的挑战和问题时,美国不断迫使自己或与其他国家一起做出选择。美国是否成功取决于它所制定的政策和做出的决策,以及这些政策和决策是否明智。

每代人都面临经济危机——1837年、1857年、1873年、1893年、1907年、1929年、1938年、1981年、2008年的恐慌、衰退或萧条——并努力来应对危机。而且也一直存在着需要适当应对的政治和军事冲突。美国和法国都面临着巨大的挑战。人类永远不可能阻止历史向前的车轮。事实上,未来会发生什么并不是注定的,而是取决于那些做决定的人的选择,取决于经济和政治领导人所采取的政策,以及民主社会中的公民。争论一直在持续;总有一些人必须代表自己个人或政治-经济精英进行决策。一个国家的领导人不能逃避决策,这些选择与其他内外部因素一起决定着国家的未来。

因此,法国、美国或任何国家的领导人的道德决定都是动因性的。由于动荡的力量,冲突、分歧和问题出现了:我们可以做出选择吗? 我们有权决定未来吗? 这些决定是否应该交给看不见的力量,或者说我们可以凭借理性做出明智的选择吗? 我认为,一个国家别无选择,只能做出选择。甚至"不做出选择"也会决定事件的未来进程。如果我们试图摆脱自由[正如弗洛姆(Erich Fromm)对上代人的观察那样]并申明只有上帝能拯救我们(比如牧师或毛拉),或者只有古代文献中所载的法典(《希伯来圣经》《新约》《古兰经》或印度教的信仰)可以帮助我们——那么我们就已经放弃任何努力来控制我们的命运,以及我们的国家或文明的未来。

如果宇宙没有任何目的或秩序,也没有任何拯救计划,那么这就是一个开放、多元化的景象,我们需要做出最明智的判断。未来将会怎样取决于偶然性的事实和规则、原则、权利和义务，这些是在文化和惯例制度和规则下发展而来的，是时代最好的集体智慧结晶。

我认为，在人类事务进程中出现了一系列原则、规范和指导方针，它们可能被刻画成全球伦理，集中了人类已经逐步发展出的最明智的文化行为准则——人类文明为改善自身状况走过的漫长道路的成果。这些是从人类集体经验和逐步出现的重要伦理价值观和原则中发展出来的——而这正是我接下来想要讨论的。关于美国和法国的任何说法也适用于地球上的任何一个国家。这些国家的未来取决于许多因素，包括其领导者的经济和政治选择、赋予这些领导者权力的公众的选择——以及这些决定是否基于审慎的智慧。但如今，将这些原则和问题放在更广泛的全球背景下非常重要。

没有神会拯救我们。我们必须拯救自己!

以上所有建议都是从民主的、面向市场化的富裕社会的短期立场出发，包括希望实现类似目标的新兴经济体。目前，这是国际社会中大多数国家的主导目标。

但是这几乎没有触及地球文明肯定要面临的中期问题——即全球正面临的严重环境和人口问题。人类只剩有限的资源可使用或浪费；这些资源是有限的，许多不可再生。煤炭、天然气、石油和其他自然资源有朝一日会枯竭。工业技术社会放肆地利用这些资源，榨干地球以满足经济增长的贪欲，毫不考虑长远的后果。

全球变暖和其他环境压力无疑将促使人类社会在未来采取激进措施，如果人类想要避免灾难的话。我们只能寄希望于人类智慧可以设法制定出大胆的政策，使用可再生资源来克服环境枯竭。可以预见，人类将会成功应对这些危机，特别是如果当能够发现新的能源形式,并且如果当且仅当我们可以超越民族国家的自私狭隘,通过发展跨国机构来限制浪费的话;也就是通过建立一个民主的世界联邦制度。

同样,这也几乎没谈论到地球上人类的长期前景。这些在很大程度上是不可预测的。如果太阳黑子在太阳表面爆发会怎样? 这对地球上的生命,特别是人类生命有什么影响? 可能产生什么样的其他宇宙后果?

此前的全球变暖或冰河时期可能有难以预料或应对的天文学原因;同样,对于看不见的细菌感染或病毒感染,也有人类难以预料的起因,例如过去夺去大量生命的瘟疫。人类在这颗星球和太阳系的长远终极前景是未知数。也许只有当这些意外事件发生时我们才会理解。在未来的某个时候,人类将不得不应付不可预见的潜在威胁。人类过去已经直面过挑战;希望他们今后能够再次应对。这将取决于人类集结最佳资源——智力的和道德的——来取得成功的决心。同样,这也取决于人类是否能够鼓足勇气,不再退缩到不切实际的幻想中,假设看不见的神圣力量会拯救人类。对此,我们需要引用这个世俗的命令:"没有神会拯救我们;我们必须拯救自己!"[1]

我认为,只有在我们能够超越过去那些来自古老宗教以慰藉悲伤心灵的道德信条的时候,我们才能下定这个决心。如果想要解决人类的问题,那么我们需要使用科学探索的方法,而且我们也要发展联系着人类状况的新人文主义伦理学,不要陷入超自然的幻想或者脱离对于自然世界的认知。

从我们对生物圈的探查中,可以清楚地看到其中存在着持续的生存战争,并且冲突和不和谐一直存在于随机宇宙中。认识人类物

186

---

[1]　Paul Kurtz and Edwin H. Wilson, *Humanist Manifesto II*, 1973.

种的暴力历史,我们现在有义务制定新的道德规范。考虑到这一点,
我们需要解决三个问题:

第一,人类有选择的权利吗?

第二,哪些伦理原则将有助于我们改善人类状况?

第三,我们能够做些什么来将这些伦理原则用在正形成的全球
文明中?

第八幕　随机宇宙中的道德选择

灵感和智慧

有几种特质明显利于人类个体和社会群体的生存，尤其是应对智慧的发展、不畏险阻勇于坚持、为实现目标努力的意愿、各社会群体内部或者群体之间某种程度上的合作行为，以及对青少年的保护、养育和教育。

另一个关键因素是人类的可塑性及其在不同社会文化环境中修正其行为的能力。如果比较文化的巨大多样性与人类个体群体对文化多样性的适应能力，我们一定会得出这样的结论，即适应本身已经成为一种根深蒂固的倾向，可以改变遗传倾向以适应人类身处的新环境。生活在冰河时期寒冷环境中的感受与在酷热环境中不同，这尤其体现在穿着或居住地的选择上——寒冷气候中取暖的厚皮草或羊毛，或者是炎热气候中的轻薄服装或裸体。

有三个以"I"开头的概念在这里起着作用：

- 本能（Instinct）——以某种特定（遗传赋予的）方式行事的倾向
- 灵感（Inspiration）——提出应对问题的新思路的能力
- 智慧（Intelligence）——人类用以生存的强大应对机制

为了应对自然、社会文化环境中的威胁或机遇，灵感和智慧会共同调整行为。灵感和智慧的结合使人类能够克服阻碍并重新改变本能。灵感与另外两个"I"开头的概念有关：

- 发明（Invention）——新的工具、仪器和物品
- 创新（Innovation）——行为上的新起点以及用于修正并实现目标的新途径

这两者都与人类智慧相关。人类历史的整个故事——从五六万年前到现在——见证了传递给后代的文化变迁的急剧加速，尤其是在过去的 11 700 年中。这些通过口口相传，以习俗的形式得以保存，最终被记录下来，并成为社会文化遗产的组成部分。通过这种方式，人类文化传承加入到智人的生物禀赋中，协同进化就此发生。物种的生物机制通过基因传递。社会文化传统通过文化基因传递：即一个社会所采用并传给后代的信仰和惯例模式。文化成为文明社会的组成部分，并提供人们期望中的稳定性。牧师、战士、教师和社会统治者将所谓的正确的行事方式灌输给人们。

尽管如此，虽然这些习惯可能会持续一段时间，但它们不是永恒的，最终它们自身也会改变或衰落。虽然文明可能会存续很长时间，甚至被神化为不朽的，但和宇宙中的其他事物一样，它们被时间之沙冲刷，最终湮灭消失。文化模式和社会制度终究很脆弱，尽管它们积淀保存了数代以来值得尊崇的信仰和神圣价值观。文明和其他事物一样，是偶然的；文明可能会瓦解消亡，致其消亡的原因包括与其他文明的冲突、与持有不同行为规范的外来人口通婚、旧式宗教的灭绝，或外来词渗入而导致语言的不断变化。

社会文化变革的关键因素是什么？首先是与其他文化的冲突或融合；其次，环境中始料不及的变化；再次，道德选择在行为中的作用以及智人改变未来事件走向的能力。

伦理选择

　　人类总是想知道已经发生的事件是否有其他的可能。对这个问题，我的回答是肯定的，虽然是有限度的；因此，对社会文化变革的主要刺激是结合了灵感、智慧、创新和发明的人类创造力，以及人类根据对现有条件的智能化评价做出的行为调整。在人类事务中，创造性地引入新的不同行为发挥着特殊的作用。人类能发明新工具并采取新的行为模式。因此，善的实用智慧让人们能够做出选择，采取新的行为方式，不论他是循规蹈矩的人还是激进分子①。人们做决定受到本能倾向的约束，这让他们能满足自身的需要。他们做出选择的能力提供了适应环境挑战的方法。

　　历史研究揭示出文化中语言的巨大差异性。据估计，约有 8 000 种已知的人类语言。和宇宙间各种事物的演变一样，语言的演变在不同的社会单独发展——只有出生在相同社会并在其特定的社会文化环境下生活的人才能理解。有人能说法语、西班牙语或意大利语，这些语言属于具有共同拉丁语源头的罗马语系，因为地理位置而发生语言变迁。人们可以学习说德语、意第绪语、波兰语、俄语、汉语、古印度语、班图语或任何其他语言。对文化的灵活性而言也是如此，在孤立的环境中，它们独特的道德、经济、政治和社会学模式在历史上得以按照自己的方式发展，但是往往它们会与其他文化交锋，无论是通过平静的贸易还是冲突，并在此过程中进行修正。

　　我想说的是，无论是与他人生活和交往的方式，还是文化的逐渐演进或快速变化，都有极大的可塑性和多样性。例如，法语发展成为

---

① 这是指理性认知元素能够影响并让我们对自己在现实世界的行动后果更为敏锐。这是一种明智的伦理生活。

190   受教育精英的语言和国际外交用语。今天,法语成为法式英语(法国人强烈不满),因为法语已经将加入英语惯用语和技术术语作为发展更广泛的世界文明的一个部分。英语成为商业和文化交流的国际语言。无疑,这是由于英美帝国占据世界主导地位,而且也是由于新的电子通信形式——手机、互联网、电影和电视——让好莱坞、伦敦、纽约、北京和新德里的理念和价值观、品位和行为方式能够影响全世界各个角落。

最能说明人类快速适应新的文化环境的例子是移民现象,大量人口移居新的国家,被迫学习新的语言,适应新的风俗习惯。当然,这可以追溯到人类历史的早期,那时入侵者会俘获外族人并带回来作为性猎物或奴隶。在部落战争中一直是如此,入侵部落的男战士占领土地,席卷妇女和孩子,并强迫战俘为奴。罗马人对此更是轻车熟路;战败的外国人被迫为主人服务,并接受他们的文化。在非洲猎捕黑人并迫使他们为奴,生动地表明了迫害和剥削的残酷。欧洲殖民者强迫非洲裔美国人为主人服务,这意味着家庭分离和在新的文化中的奴隶身份。

今天,文化植入现象更为常见,因为人们可以自由地离开祖国,在南北美洲、澳大利亚和新西兰追求美好生活。意大利人和德国人、俄罗斯人和中国人、西班牙人和印度人、犹太人和吉普赛人纷纷背井离乡,移居到新的土地,放弃祖国的文化,并适应新的社会文化价值观。令人印象深刻的是,曾被用蔑称诋毁的南意大利人(wops)、犹太人(kikes)、中国人(chinks)和墨西哥人(spicks)已经成为美国、加拿大、阿根廷或巴西的公民,他们的孩子已经能够融入新一代的全新文化。

人类可塑性强,能够接受全新的行为形式,同样,他们可以同化

不同的文化,学习他们的语言,并接受他们的习俗,几乎一夜之间就
能做到。我们一再看到人们适应环境的意愿,欧洲殖民者第一次踏
上美洲新大陆时愿意适应野外环境,或是今天的外国人愿意适应生
活在郊区的汽车文化。我的妻子、孩子和孙辈们实际上是法式美国
人,能够生活在两个国家,具有多元的价值观(我们能够同时享受羊
角面包和汉堡包、啤酒和葡萄酒、棒球和足球、名曲《玫瑰人生》和雷格
泰姆音乐)。当然,这是因为美国和法国几个世纪以来具有共同的文
化价值观,但这也适用于截然不同的文化——尼泊尔人、孟加拉人和
韩国人能够轻松地适应新的美国家园,积极融入并过上幸福的生活。

　　那么,我们可以从中推断出什么呢? 无论文化背景怎样,也不管
时局动荡,人类往往能够在相对较短的时间中,有做出新选择的非凡
能力,抛弃过去的宗教并继续新的生活,在此期间,他们的后代迅速
被新的文化所同化。因此,文明的长河不断更迭起伏,但是人类最终
到达了一个新的稳定期——涌现出一种全球文明,公共社群的所有
部分都参与其中。几乎没有完全孤立的群体、独立的文化孤岛,或者
完全独立自治的社会制度。显然,世界上存在着多元的社群,但它们
之间存在着相互依赖的关系。任何一个社群都不能在完全孤立无知
中存在,不能对他人的需要和希望、信仰和价值漠不关心:全球社群
首次出现共同点①。这是人类未来的关键所在。如果自然、生物圈、
物理宇宙和人类事务都是特殊的、分离的和孤立存在的,事情肯定不
会是这样,正是共同的利益和需要,与共同的梦想和价值观,一道将
我们团结起来。而且现在即时通信技术已成为地球村的一部分。对

① 对此的一点告诫:在巴西雨林或非洲丛林中仍存在与外界没有广泛接触的小部落,但是这些小
　部落正在迅速消失。

人类而言,当务之急是发展一种新的世界秩序;不管他喜不喜欢,所有人都得强制接受。

这就是**全球伦理**。与以往存在的任何事物都不同。不同的文化都认识到,尽管它们富有历史多样性,但它们仍然有共同的愿望,希望有一个和平与繁荣的未来。虽然宇宙是动荡的、偶然的、随机的和混乱的,但存在这样的共识,那就是我们需要确立一种新的全球道德世界,即从前所谓的"人类的手足之情"。人类只是地球上的物种之一,尽管大自然毫不关心人类的道德价值观,但是人类自己关心,而且已经出现一种新的道德世界。人类是协同进化的产物。我们具有本能地还原和满足需要的生物禀赋。但我们的文化进化也在加速,尤其是从上一个冰河时期以来。因此,除了物理的宇宙之外,还有一个道德的宇宙,处于文化文明之中。

实际上,伦理文化的进化首次给人类提供机会,让人类能够有最大限度的自由来创立一种新的伦理准则,借鉴以往的伦理智慧获得持久的价值和规范(例如共同的道德礼仪),并且有充分的能力形成新的伦理原则来适应我们所生活的多文明、跨国界的世界①。这其中包括开明的利己主义和富有同情心的利他主义。道德文化和伦理文化的区别在于后者之中注入了理性。

"如果……"

在生物圈里,尤其能够清楚展现宇宙中的奇异之事,这更像是赌

---

① 美国哲学家菲利克斯·阿德勒(Felix Adler)认识到人类社群为了建立与区别过去有神论宗教的现代世界相适应的新伦理社会,在 19 世纪末创造出第一个**伦理文化**社会。他的认识深刻且富有洞察力,我认为,我们需要超越他的康德式的伦理方案,创造全新的跨文化伦理价值观和原则。

博,而不是设计完美的正式计划。生物圈中,物种涌现,然后灭绝。物理宇宙中,偶然性显而易见;在始终存在不确定性的人类事务中,动荡更加明显。人类的生活世界充满不确定性和偶然性;好运和厄运能够改善或毁掉我们的生活。

问题已经提出来:不确定性原则仅仅是由于我们对潜在原因的无知,还是它在自然中有真正的基础? 自然世界之所以深不可测,是因为我们无法理解其原理,还是自然本身就是**不确定的**? 我们现在看到的所有乌鸦都是黑的,但也许会出现一只粉色的乌鸦,或一条真正的美人鱼。我们需要开放的思维。我们的知识无疑是易错的,需要自我调整。也许某天会出现一只粉色的变异乌鸦。迷人的美人鱼(幻想王国中的一半是女人一半是鱼的生物)极不可能存在,尽管我们可能会遇到像赫尔曼·梅尔维尔(Herman Melville)在《白鲸》(*Moby Dick*)中所描写的那个不放弃寻找白鲸的阿哈伯船长。为了弄清楚是不是存在美人鱼,我们难道要把七大洋都抽干吗?

当然,也确实发生了古怪离奇和荒谬的事情。事情这样发生是由于自然就是这样的吗? 的确,在人类事务中,一夜之间可能发生任何事情,对此我们也会目瞪口呆。2001 年,纽约的世贸中心双子塔被撞毁。事件令人难以相信之处在于,两架 747 飞机上烧着的燃油足以融化大厦的支柱,建筑物也会像摊煎饼式地倒塌。有人推测这可能是五角大楼和/或马萨德(以色列情报机构)策划的阴谋,帮助美国发动一场新的反恐战争。尽管这种阴谋论被广泛接受,但几乎没有具体的证据。

2005 年 12 月,印度洋上突然发生海啸,造成 20 万无辜民众的意外死亡,这也是一次随机事件吗? 科学告诉我们,地球上的板块移动先是导致地震,随后又引发海啸。因此,地质科学对事件给出因果解

193

释,这似乎是不可预测的,尽管其他地震已经被解释为板块漂移。所有被困在印度洋海滩和海岸的人都会被淹死,完全令人出乎意料。这一悲剧事件是由于海啸对人类事务的影响,在这里,偶然性似乎是真正的解释。我们同样遇到侥幸和意外、运气和偶然影响人类事务和生物圈的其他生命形式。本书中,我们提出的假设是偶然性是真实的;也就是说,它存在于生物圈之外的无机世界。它确实发生在人类事务中,几乎是人类戏剧的中心特征,小说家、诗人、剧作家和电影摄影师都曾长期探索过这个核心特征。很明显,事实有时比小说或幻想更离奇。我坚持认为,偶然性的确是自然的一般特征。

这肯定是人类的固有状态。2000 年 10 月 30 日,著名的美国电 *194* 视名人、作家史蒂夫·艾伦(Steve Allen)开车回家,他的新书《门口的野蛮人》(*Vulgarians at the Gate*)①的样书放在他身边的座位上。这时,一辆汽车突然闯进他的车道并撞向他的车。这让艾伦猛地前冲,随即被安全带拉回来,避免撞碎挡风玻璃。撞了他的司机从车里出来,认出史蒂夫·艾伦,向他道歉,并请他签名。史蒂夫·艾伦以他特有的方式苦笑着,回答道:"哇,这是我见过的最特别的要我签名的努力了!"他继续开车回家后,告诉妻子杰恩·梅多斯(Jayne Meadows)说他感觉不舒服,睡了个午觉。一小时后,杰恩试图叫醒他,却没有回应。她非常害怕,拨打了 911 求助。艾伦再也没有醒来。后来的尸检显示,他死于心脏动脉瘤,很可能是由于撞击造成的。这里,因果过程一定程度上起作用。两名驾车者发生了意外,对此的物理学解释是:一辆车的加速运动使其撞上另一辆车。他的死亡也有生物学的解释。

---

① 这本书在我创建的普罗米修斯出版社出版了第 15 个版本。史蒂夫是一位亲密的朋友与同事。

　　因此,有两个相互交织的因果顺序:①力学定律使物理学家能够估计加速度和撞击力;②心脏生物科学能够定位动脉瘤的位置,并假设它很可能是由于安全带的突然挤压形成的。当然,还有人为的因素。这名违规的司机注意力不够集中才撞上了史蒂夫·艾伦的车;艾伦也没有发现这辆车冲过来。这些通常被认为是意向性解释。这里,我们需要转向伦理层面来解释行为以及可能的附属责任。司机的行为是故意的还是无意的? 为了确定司机和保险公司的责任,这在社会语境中是很重要的。

　　这里有着不同层次的因果顺序,来自不同种类的解释:物理的解释、生物的解释、心理的解释和动机的解释;而且这些因素在某个时刻相互作用、汇集和碰撞。也许这是一次不可思议的事件,肯定是始料不及的,一场奇怪的事故。这件事是纯粹偶然的吗? 在人类行为背景下解释事件,有很多因素与之有关。我把这种一般的解释模式称为合力推理,因为在任何完整的解释中,我们将来自不同分析层面的许多解释组合或者结合起来,而且我们一直都如此①。因此,单一的原因本身可能不足以提供充分的解释。使得数千人遇难的海啸可以用地质原因(地震和潮汐)来解释。但后来的大规模灾难性溺亡也是有社会和经济因素——原因是人们在海滩上建造住宅和酒店。此外,从否定意义上来说,这也是因为我们没能建立预警系统,也缺乏关于这种海啸可能夺去人的生命或致残的公共教育。

　　合力推演式的解释广泛应用于历史事件。正如我们所看到的,20世纪二三十年代出现的德国纳粹主义是由许多政治、经济、心理

---

① 参见 Paul Kurtz, *Decision and the Condition of Man* (Seattle: University of Washington Press, 1965), Delta paperback (New York: Dell, 1968).

和社会学因素造成的:《凡尔赛和约》在很多德国人看来索要了过度的赔偿;一战失败而形成的怨恨;复仇的欲望;许多工业实业家对共产主义和社会主义的恐惧;失控的通货膨胀等。另一个关键因素是阿道夫·希特勒的上台,他是一位能带动所有人情绪的、充满激情的演说家。为这一切火上浇油的是恶毒的反犹太主义。

著名美国哲学家和社会评论家西德尼·胡克在其《历史上的英雄》(*Hero in History*)①中指出,许多决定性的历史事件是由于有魅力的个人利用国家的权力来达到他们雄心勃勃的(有时是特殊的)目的而造成的,而不是潜在的历史原因和趋势造成的。

从根本上说,偶然性、个人错误的估计和心理因素的作用可能至关重要。因此,亚历山大大帝、拿破仑、劳埃·乔治(Lloyd George)、希特勒、斯大林、戴高乐、肯尼迪和其他掌权的领导人都扮演着起因角色,而且我们总会重现描述历史事件并问:"如果特定的历史事件没有发生呢?"

我们可以接着问:如果在美国独立战争期间,德格拉斯伯爵(Comte de Grasse)率领的法国舰队在 1781 年没有封锁切萨皮克湾,英军没有失败,查尔斯·康沃利斯(Charles Cornwallis)将军也没有在约克镇投降呢? 美国大陆军在约克镇的失利将会阻碍美利坚合众国的建立吗?

如果 1945 年法国人决定不再防卫印度支那呢? 这能帮助法国保住阿尔及利亚吗? 能让美国避免发动耗资巨大的越南战争吗?

196 如果肯尼迪总统没有被心怀不满的奥斯瓦尔德暗杀呢? 越南战争会停止升级吗? 这场悲惨的战争造成 58 000 名美国士兵以及 200

---

① Sidney Hook, *The Hero in History* (Boston: Beacon, 1955).

万～300万越南人死亡。

接下来是一连串与冷战晚期有关的假设问题：如果米哈伊尔·戈尔巴乔夫(Mikhail Gorbachev)1989年派出苏联军队平息了东德的暴动呢？这会阻止苏维埃政权解体吗？

如果小布什(George W. Bush)没有在削弱战争中再次入侵伊拉克呢？会避免出现五万美军士兵的伤亡、成千上万伊拉克无辜公民的死亡以及数百万的难民吗？

因此，人类事务是偶然的——往往依赖于单个事件或人物——而且存在着合理的与现实情况相反的假设解释。显然，人类历史不仅涉及经济、政治、社会、宗教、科学和智力方面的影响以及历史的趋势，而且涉及现实个体的独有事件、冷酷的历史过程和难以控制的事实。所以人类事务中存在着残酷的事实性，而顺其自然并**不**一定如此："该来的，总是会来的"不一定就是事实，因为它也取决于人类做什么。而其他意想不到的异常事件、古怪的人物、怪癖和奇怪的事情的作用可能不会对结果有什么影响。经常会发生古怪的干扰事件："里普利信不信由你"系列轶事怪谈如此生动地体现在历史和生活的各个方面。

关于这点，一个特别显著的例子就是科学发现以及技术发明创新的难以预测的作用。因此，"智力"的原因在人类历史上起着作用。马克思对历史的经济(或社会学)的解释强调生产力和生产关系作为社会变革决定性诱因的核心作用。他把宗教、政治、道德、智力和文化因素归为上层建筑。他认为经济因素是最为根本的。然而，依赖于知识探索的科学研究肯定是一种"生产力"，而且应该同技术创新一起成为社会基础的一部分。

技术经济变革中科学发现的作用生动地说明：如果亚历山大·

弗莱明（Alexander Fleming）1928 年在研究葡萄球菌溶菌并观察到一个没有细菌的圆圈时，没有意外发现青霉素怎么办？传染性疾病的治疗可能要更晚才会有所进展，更多的人会在此期间死亡。

如果伽利略没有在天文学和物理学方面做出发现呢？带来战争理论改变并导致工业革命的力学科学可能直到很晚才会有所进展。

如果诺贝尔奖获得者赫伯特·豪普特曼（Herbert Hauptman）1985 年没有发现晶体结构，那么制药行业中相当大部分基于晶体结构的有效药物和疗法会出现吗？

如果达尔文没有去赴奠定自然选择理论基础的加拉帕戈斯群岛之行呢？当然，你可以说阿尔弗雷德·华莱士（Alfred Wallace）也发现了这一理论。是的，但他的发现可能没有产生像达尔文那样深远的影响，特别是如果威尔伯福斯主教（Bishop Wilberforce）没有嘲笑进化理论，且达尔文理论的忠实捍卫者赫胥黎（T. H. Huxley）没有将他推到如此崇高的地位。这对我们对人类本性的认识有着重大影响，而且有助于逐渐削弱神创论和智慧设计论的宗教教义。

也许更为尖锐的问题是：如果卡尔·马克思没有写出陈列于大英博物馆里的《共产党宣言》（*Communist Manifesto*）和《资本论》（*Das Kapital*）这样的巨著呢？共产主义会像现在这样发展起来吗？

而后来发展强大的宗教制度情况又怎么样呢？如果放牧骆驼的穆罕默德（也许患有抑郁症和幻觉）没有将他脑海中出现的天使加百列的幻象当作来自真主的启示，也没有召集军队征服阿拉伯半岛并执行神圣戒律呢？如果不是因为穆罕默德的主观经验，伊斯兰教可能并不会发展成世界宗教。

如果耶稣不相信他肩负着特殊使命，也没有被钉死在十字架上（也许压根没有过耶稣这个人）呢？如果使徒保罗没想到在去往大马士革的路上得到来自耶稣的信息（是由于癫痫发作吗？），也没有因此成为基督教的主要创始人圣保罗呢？

可以看出，偶然的历史事件往往会导致完全意外的后果，让每个人都很惊讶，而且事后回想整件事的来龙去脉，人们都再次惊异于简单的开始随着时间的推移后竟然有如此猛烈的发展。很难预测人类的发明、发现或随机事件最终将把我们引向何处。"顺其自然"并不一定会发生；它取决于任何时刻发生的偶然的历史事实。

选择自由

现在，我意识到历史上的大量努力都耗费在自由意志与决定论两者的对决上。过去，我站在弱决定论者（而不是强决定论者）的立场，认为因果条件和选择两者可能共存于人类事务中。我认为，那些认为在人为选择中存在隐藏的未知原因的强决定论者错误地陈述了这个问题。首先，有神论者假设神的意志是历史因果关系的根本基础，这是错误的。这肯定是一种信仰式的草率推测：由于假设必须存在一个终极原因，尽管这个原因是未知的，所以就援引上帝这个未知实体来填补空缺。这条推理线的荒谬之处在于，它基于纯粹的假设，以信仰为支撑。但是没有证据表明救世主解释了任何东西，因为它只是被抛出来解释现象而已；科学家早已拒绝神秘原因，因为它们根本没有提供任何解释。这是那些无法解释事物发生原因的人发出的虔诚叹息，是真正的科学探索的障碍，因为科学探索不可能建立在这样的神秘基础之上。第一批自然哲学家（伽利略、牛顿、开普勒等人）意识到，引入上帝来填补这个空缺是胡说八道。因此没有必要在这种经不起推敲的言论上浪费时间。

但是，所谓的科学决定论者也提出一个类似的谬论，他们质疑

"填补空缺的上帝"这一解释，尽管他们倾向于认为必然有隐藏的物理原因。终极的物理主义可能在起作用，大脑的神经或物理化学反应也许就是如此，尽管目前这尚属于未知和无法验证的领域，但的确会产生因果影响。然而，对这些决定论者来说，人类的初期选择是**不可接受的**。这肯定是一个先验的假设，它基于信仰而不是证据。它倾向于让基础科学规律成为所有事件的基础；它又假设宇宙（如果**不是上帝**）并不和人类的动机"掷骰子"。但科学决定论只是前提。显然，决策行为伴随着神经网络的高速运转，但并不能排除存在其他形式行为方式的可能性，这些行为方式会同时在不同的相互作用层次上发挥作用。

暂停一下！我请读者考虑这个问题：当你读了我的书后，你是否准备改变你对于认知过程如何工作的信念或假设，或至少受到智识争论层面上观点的影响？和/或者科学探索层面所引入证据的影响？难道在人类话语层面的争论和探索中，我们就找不出一种涌现特质，不是简单还原成所有心理行为——包括争论和探索的过程本身——背后一定都隐藏着终极原因吗？这当然不能证明决定论者"填补空缺"的说法。争论就是争论；它不仅仅是一系列神经冲动，而且科学（或哲学）探索是一项涉及人、文字、出版物、讨论和争议的追问，事实上不能简化为物理主义的原子假说（尽管它很强大）；因为这些是认识论标准、原则，或者推论、确证的标准，具有自己的内在完整性和基本原理，逻辑学家、科学家和具备常识的普通人都能理解。人的选择必有背后的原因，个人不能自由选择；坚持这种论调试图把它们（指上面讨论的问题）开脱掉，那是十足的不讲理。

实际上，这种提问题的典型做法就是不合理的：说什么选择要有"意志"，不管"意志"是指什么；又说这是不受因果限制的或者说是

"自由的"，而自由又没有明确的定义。我也不会把选择归因于"心灵"，这是一个基于身心二元论的准神秘主义的说法。而且，我们在认知上的选择，特别是涉及个人事务时，都伴随着情感上的取向。

我很乐意承认选择是由一系列偶发事件引起和决定的，但不管怎样是人来做出的选择，而且这种选择行为是人类的一种行为方式，包括在社会文化和自然环境中起作用的人的身体、大脑和神经系统。所以我可以说，是我做出选择，或者是你做出了选择；确实，我们都可以对自己的选择负责，而且很多情况下，我们可以根据认知和情感行为层面的原因或证据来改变我们的选择。

在 2008 年的总统选举中，我投票支持奥巴马（Barack Obama），尽管我一开始支持希拉里·克林顿（Hillary Clinton）。而且我仔细听了大选辩论，并权衡该把票投给谁的理由。过去，我经常改变我的观点和态度（相信亲爱的读者你们也是一样），如果需要的话，我愿意再次做出改变。

人类确实在人类事务的实际决策过程中做出选择——选取候选人或政纲，决定要买卖的产品，听取并赞成或否定人们的观点，这些都是社会作用结构不可或缺的部分，而这预设了极其丰富的文化画面，这会影响到我，而且我能选择或接受。

我想提的问题是：人类能否从过往经验中学习？他们能否在一定限度内改变自己的行为方式？还是他们只是盲目机械，简单回应隐藏的刺激并根据条件反应采取行动？

让我们做一个测试：反思一下你过去做的任何决定是否"能采取不同的行动"。或者这些决定是强加于你的吗？你做过的事情是被迫的吗？

"我本可以采取不同行动"

我们可以回顾各种"如果",思考如果采取不同的行动会发生什么。当然,我们不能改变过去,尽管我们可以选择忽略它,但我们经常因所做的事情受到指责或表扬。类似的考虑也适用于我们对未来的前瞻性选择。虽然人是自己过去诸多影响因素的集合,但是他的个性和行为至少在一定程度上取决于他当时的选择和影响他的历史事件。你要结婚或离婚的人,你要接受或拒绝的职业和工作机会可能是由于偶然情况、运气,不幸或选择的限制性,但是你有选择权。你在学校或大学主修的研究课程、你的恋人、你所选择的伴侣(丈夫、妻子或情人)在某种程度上都在你的能力范围内,在这个意义上,你可以选择"不";许多人因为不明智的选择而懊悔不已,并决心在未来改善。我们每天可能会琢磨那些也许以后会带来让我们后悔的严重后果的选择:"我本不应该屈从于性激情,但我无法抗拒诱惑。"

"任何时候只要我选择去戒烟,我就能做到;我已经选择去戒烟100次了。"

"我本不应该喝那杯苏格兰威士忌。我知道我喝不了酒。我也不应该喝醉了酒还开车回家。"

"我本不应该主修法律;我觉得很厌烦。"

在面临生死、职业、婚姻和家庭等重大抉择问题时,人们都会陷入左右为难的困境。同样,当与朋友或亲戚发生分歧时,人们可能要有所牺牲并做出令人痛心的决定。类似的情形也会发生在社区、学校、公司、地区或民族国家等社会层面上。所提出的政治、经济或军事决定可能是危及生命的。我们会面临可能造成严重后果的重大转折点,如发动战争、争取胜利或接受投降。

作为个体,我们做出的决定取决于我们的倾向、习惯和偏好,而且这些往往如此根深蒂固,以至于有时候难以抗拒或做出相反的选择。我们是谁?我们是什么样的人?是由广泛的社会和环境因素所促成的。此外,个人的遗传倾向和根深蒂固的心理情感可能会非常强大,以至于经常需要付出巨大努力与之抗衡。我们的选择受到这些基本原因的约束或推动。所有这些都是与生俱来的。如果一个人是男同或女同(一种遗传倾向),鉴于我们今天对于性倾向的了解,尽管性行为肯定可以在某种程度上被压制或控制,但我们几乎不可能改变一个人的天性。如果一个人智商低或者没有音乐天赋,那么肯定无法成功胜任某些职业。我们做出的很多选择可能取决于根深蒂固的偏好和欲望;抗拒我们由来已久的倾向和品位很难,可能需要超乎寻常的努力才能抗拒它们;我们可能会面临巨大的诱惑,毕竟我们都是人。

　　另一方面,人类往往能够做出与他们内在的心理-生物-社会人格特质和倾向相反的行为。理性有时可以改变态度和缓和情绪。因此,即使潜在的冲动和意图可能很难抗拒,人类也可以决心做或不做某事。我们可以顺从情理,也可以违背通常的预期。我认为,尽管有上述情况的存在,人类有能力进行自愿选择,也可以负责任地行事。我们不是盲目的机械。只要我们不是生活在限制自由选择的僵化的社会中,我们就可以掌握自己的命运。

　　有选择的地方,就有一定程度的自由。与**强**决定论不同,**弱**决定论肯定人类的行为,包括他们的决定,是由不同层次的诸多因素决定的——遗传的、生物的、心理的和社会的因素——然而自由选择是人类行为的一个创造性维度,而且它确实能够为人为因素注入新的内容;这不是绝对的,而是在相对意义上的。

　　在某种程度上(我们总是需要添上限定词),我的内在信仰和信

202

念在我的控制范围内，而且我可以根据新的证据和理由来改变它们。的确，在某种意义上，我们是谁，是我们所构想的计划和目标以及我们为了实现这些计划和目标而激起的动机的结果。愿望是事实之母；我们的目标是愿望和目的的产物，认知可以控制或调节我可能喜欢或不喜欢的事物，并创造新的东西。人类的行为往往涉及冒险并承担风险，依直觉行事并决心实现目标。有人害怕这些机遇；其他人可能会说，"管他呢！"并会冒险行事。我认为，强决定论类似于宗教信仰，崇尚隐藏的原因。它与我们所认为的人是坚定和有责任心的看法背道而驰。强决定论还是一个错误的信条，受到那些恶意地希望控制他人行为的愚蠢的人的推崇。

在某种意义上，决定论或自由意志取决于我们所生活的社会和我们发展的个性。高度专制的社会期望一致性，个人很难与社会风俗相左来行事。另一方面，开放的自由主义社会鼓励独创性、个人主动性、创业冒险、探索和发现、创新和实验，以及最重要的自由思想。而且我认为，个人有能力采取坚决行动——至少在某些情况下。

因此，我主张自由社会更有可能鼓励自由主义行为和自由选择，也更有可能让个人以自己的方式表现出色。杰出的高尔夫球手泰格·伍兹（Tiger Woods）在他的一生中训练有素，然而他在每场竞争激烈的比赛中仍然竭尽全力以赢得比赛。（虽然他有几段火热的爱情，这表明激情对行为有着强大影响，但并没有影响他在高尔夫赛场上的表现）。同样的，迈克尔·菲尔普斯（Michael Phelps）在奥运游泳比赛中拼尽全力打破世界纪录。是的，如果我们足够坚韧，就可以成功；至少，有很多人相信如此并去行动。

懒惰、冷漠、循规蹈矩的人告诉我们不能做什么。而有创造性的、积极生活的、不畏艰难的人表现出不达目的誓不罢休的勇气。不入虎穴，焉得虎子。在某种意义上，选择的自由决定走在人生最前沿的是什么样的人。伟大的科学家、艺术家、作曲家、哲学家、政治家、工业大亨和未来的建设者都展望未来，踏入未知的海洋，为实现他们的目标而大胆行动。他们热情洋溢，生机勃勃。而普通的男男女女在自己的生活中也是如此。

因此，道德选择是偶然宇宙中的关键因素，因为将来会怎样不是预先确定的，而是由人类决定自己将做什么后确定的。这取决于自由的探索、新真理的发现、艺术创造力、道德探索和决心。这是一种定义人类文明的涌现性质，一种普罗米修斯式的飞跃，和自我实现的勇气，至少在某种意义上：它关系到我们爱的人是谁，我们和谁结婚，我们如何养育孩子，或者我们如何选择工作或事业。当然，机遇也发挥作用，而且我们遇到谁或我们做什么取决于机会和选择，这些机会和选择或大或小，或有或无；所以运气是一个因素——在恰当的时间和恰当的地点做恰当的事。

204

同样另外一方面，许多集体决策都依赖于一个国家的传统、习俗或法律，依赖于利益的竞争行为与合作机会。许多人认为，社会难以改变，改革往往不可能奏效。这限制我们的行动自由，并且不费一枪一弹。尽管如此，这是否就排除任何社会政治运动会改变社会呢？我认为不然，因为历史记录表明，即使是最专制的社会也会被推翻，而且意想不到的历史偶然事件也破坏了旧的政权和极权主义制度，如果人民起来抗争，这些制度最终会被抛弃。

决定论与自由意志的问题取决于对因果关系这一概念的理解。说"X 导出 Y"意味着"每当 X 发生时，Y 都是可能的结果"。随着时间的推移，我们形成了期待的习惯，并依赖于它们。所以，我们的世界是有秩序的；这些都是我们可以依赖的规律。如果我们生活在温和的气候下,四季的变化让人们能春耕、夏耘、秋收、冬藏,除非严重干旱或水灾摧毁我们的农作物。蜜蜂帮助鲜花授粉;蜂巢里的蜂蜜是能食用的和香甜的。春天,枫树中流动的汁液提供了美味的糖浆。如果秋天收获颇丰,我们可以出售作物或将其储存在仓库中用于过冬。

如果我发射一枚火箭升空,并且知道它的方向和速度,我可以精确地计算它的路径。日全食中,月球将遮蔽太阳并挡住太阳光。通过望远镜观察,我可以精确地绘制彗星的轨道。我可以把水煮沸到212°F,并让它在32°F结冰。

因此就建立我们可以舒适地依赖的知识体系。这是一种我们可以觉察到并依循的秩序。在给定的因果条件下,一切事物都相同,某些观察到的结果将很有可能随之发生。掌握传染病知识,医生可以诊断病因并开出药物来控制病情。一个人长了肿瘤,如果不是恶性的就可以通过手术切除;如果肿瘤是恶性的,需要采取特殊的治疗措施。清楚材料的应力,工程师可以搭建桥梁,开凿隧道,或建造可以抗倒塌的摩天大楼。

人们经常会提出这样的问题,即如果我们知道很有可能引发某些结果的条件,是否可以及时制定一系列理论和法律,使我们能够在某种程度上准确预测在任何地方可能发生的事情吗?数学使我们能够精确和全面地发展出理论原则。科学可以为我们提供足够可靠的知识,让我们的努力都取得成功吗?过去的几个世纪,自然科学(物理学、天文学、地质学和化学)、生物科学(生物学和遗传学等)和社会科学(社会学、经济学、人类学、心理学和政治学等)发展迅速。

方法论自然主义制定一套检验假说和发展可靠理论的方法和策略。科学探索有一定的规律:①我们应该寻找自然原因,杜绝神秘的解释；也就是那些经得起客观调查者们主体间的观察和/或可以通过其预测结果在实验中确认的原因。重复性和同行评议在任何被调查的领域都是至关重要的。因此，有以经验/实验/证据为基础的确证。②采用实验数据的数学外推法能够提出理论建构。这些分析工具通过逻辑推理得到验证，并根据新的证据或引入的更全面的解释做出修改。③科学方法是可靠的，但不是绝对可靠的，而且科学调查者准备根据新的证据或更强大的理论修改其假说和理论。因此，科学是易错的、存疑的和概率性的，永远追求更可靠的解释。偶然性的作用本质上与人类知识中的谬误相伴而行，因为即使是最无懈可击的理论也已经被新发现的事实——"该死的事实"、观察到的意外事件，以及能够提供更有效解释的新的假说和理论推翻了。

通过这个讨论，我希望得出如下的含义：如果世界（我们的世界）是偶然的，那么我们也可以发挥作用，我（或我们）可以干预事物的自然秩序，影响相互作用的环境。宿命论是错误的，不管我们的命运是归因于"看不见的上帝之手"还是潜在的"因果网络"。因此，我们在其后做出的决定和行为具有因果关系。导致我们行动的意图，可以影响发生什么事情并改变它们。这有时被称为动机解释或意向的因果关系。因为这种选择的自由性，我们未来的命运是不固定的，我能够而且的确可以做一些事来决定自己的未来；同样，公司、大学、志愿组织、政治和经济组织内部的集体决策也是如此。顺其自然——至少在某种程度上——取决于我（或我们）的选择。

因此，我们是自己命运的主人，至少某种程度上如此。这也是为什么如果我们想要成功就必须要制订长期方案和计划。我们需要有关于想达成的事情的目标、蓝图和设计；希望这样的规划可以合理地被制订出来。是的，我们需要战略规划，但我们也需要意识到实现长

206

远目标的短期最佳战术。战术是指我们必须要使用的方法（即我们
的资源、仪器和技术工具）。但我们也需要通过明确目的来评估这些
方法。实际上，方法和目的的重要性没有明显区别；我们要了解目标
和实现目标的方法。因此，方法和目的是联系在一起的，我们所掌握
的方法或我们需要带来或发明的手段可能会改变目标，反之亦然。
在成本/效能评估中，这两者都应该考虑到。需要根据经验研究进行
目标调整。对于在事件中使用的方法，我们需要诚实地检查成本和
后果，因为这些方法可能会对其他价值具有破坏性后果以至于我们
有所顾虑。风险也需要是评估过程的一部分。重点是人类在深思熟
虑之后能做出明智的选择。尽管并不是所有的问题都可以轻易解
决，但我们仍然可以在决策过程中做到理性思考。在许多情况下，我
们可能会采取不同的行动，并且我们从尝试和错误中得到教训，所以
能做出一些确实比其他选择更好的选择。我们做出的决定离不开当
时的具体情境。

207　　　虽然可能会有适用于各种情况——比如我们现在所面临的普遍
指导方针，但下一步怎么做，取决于我们面对的情况和我们真正做出
的选择。这强调我们做出的决定的背景性质。毫无疑问，在类似情
况下，一般的初步规则是有意义的，但是如何评估它们往往取决于事
件的独特状况；涉及的一个人或者多个人、替代行动方案的后果、我
们掌握的手段以及我们先前的态度、价值观、欲望和满足感。我们做
出决定时可能会权衡好坏。我们会平衡竞争因素，以便在深思熟虑
之后做出最恰当的选择。我们的选择很少是绝对或明确的。尽管如
此，它们不一定是突发奇想的或主观的，而且尽管它们与何时、何地、
何人都相关，它们在某种意义上也是**客观的**，特别如果它们是在深入
研究之后做出的决定。生活中的很多情况下，我们确实可以采取不

同行动！不过,我同意在某些情况下,选择可能非常困难,偏好是如此强烈,以至于可能很难或几乎不可能改变我们所做的。

尽管如此,如果我们想要好好生活,至关重要的是要对自己改变事件进程的能力有信心;相信可能成功的乐观态度也是实用的应对智慧的至关重要的组成部分,毕竟说到底,在一个不断变化的世界中,实用的应对智慧是我们唯一能够依赖的东西。

道德困境

我能从中得出什么结论? 生活中通常没有完美的解决方案,我们只能凭借理性和激情尽力而为。不过,我认为在理想的情况下有一些基本准则。某些情况下,可能希望渺茫。这全都取决于人们达到的知识水平,以及是否存有饱含同情的善良意志。

当然,人类面临着难以解决的使人惊惧的道德困境。下面是一些例子:

(1) 一个有两个孩子的已婚妇女疯狂地爱上一个有孩子的已婚男子。他们应该各自离婚并再婚吗? 有没有什么道德原则可以指导他们?

208

(2) 你的亲属完全瘫痪,痛苦不堪。他恳求你辅助他自杀(一种积极的安乐死形式)。辅助自杀是否正当? 如果是,在什么情况下是正当的?

(3) 我供职的公司欺骗客户,卖给他们劣质的产品。我应该冒着丢掉工作的风险向地区检察官举报吗?

(4) 社会制度也面临着道德问题。我的国家——不管对错——正在进行一场铲除叛乱分子的秘密战争,可是实际上这些人很多都是无辜的受害者。我是否应该拒绝服从指挥官的命令? 这是正当的吗?

(5)杜鲁门总统为尽快结束二战并拯救美国士兵而下令轰炸日本的广岛和长崎,造成 20 万平民死亡。这正当合理吗?

(6)小布什政府的副总统迪克·切尼(Dick Cheney)默许对敌方人员施加酷刑,目的是从他们那里获取可能发生的恐怖袭击有关的信息。他称这是为了保护无辜平民。这在道德上允许吗?

回应

所有问题都没有简单容易的解决方案。通常是两害相较取其轻。

● 对(1)的回应:社会上分居和离婚问题普遍存在,事件的当事人必须认真权衡选择,包括对孩子的影响。没有最优方案,这只是一个平衡好与坏、对与错的问题。虽然社会普遍赞扬一夫一妻制,但这只是特例而非规则。做出任何选择都必须考虑到方方面面,包括子女。

● 对(2)的回应:"无疼痛致死术"曾经是一个悲惨的选择,特别是在认为安乐死是有罪的并被绝对严格禁止的宗教社会。许多国家仍然认为安乐死是谋杀。今天,一些社会中的反对声音减弱,而且在某些条件下,只要是基于同情和理性,安乐死是正当的:如果请求协助的个人已经病入膏肓,遭受着巨大的痛苦,且失去生活的质量,那么只要有两名医生确证病人的病情,并且有法庭下令确保申请人的人权免受贪婪亲属强迫的前提下,人道的社会将允许主动的安乐死。

● 对(3)的回应:员工应有权揭露公司的恶劣做法。然而,根据承认"举报"的法律规定,员工应得到保护,免受报复。

● 对(4)的回应:对于战争应该如何展开,以及哪些军事行为是不允许的，人类的良知和认识有了长足的进步。即使上级下达命令，战地的士兵也不需要犯下恶行。命令的目的应该是对抗敌人并保护己方士兵。一切努力都不应该是为了有目的地伤害无辜平民。

● 对(5)的回应：对于杜鲁门总统决定轰炸广岛和长崎并因此造成重大平民伤亡，尚无定论。美国爱国主义者声称杜鲁门早日结束二战的做法是正确的，而且因此保护美军士兵和水手的生命。批评者则称，道德上不允许大规模杀害无辜平民的做法。杜鲁门总统的支持者说，英美盟军的飞机对德国不设防城市进行的密集轰炸是全面战争，是打败希特勒的必要行为，与轰炸日本城市的做法并无不同。这是对纳粹战争罪行的正面反击。批评者反对这种说法，称这两种杀害平民的行为在道德上都不正当，而且有必要使战争尽可能人道。

● 对(6)的回应：《日内瓦公约》明确规定，道德上不允许对战俘施加酷刑。酷刑支持者(如切尼)相应地提出"第二十二条军规"式的两难问题："如果恐怖分子知道核弹将要炸毁巴黎或纽约，这种做法也不被允许吗？"可能会有一种极端的例外情况，即如果不从战俘那里获得这些信息将导致更大的罪恶。批评者回应说，这种例外情况并不足以证明酷刑是合理的，遵守初步反酷刑的一般原则体现战争人道化的努力。

210

结论

伦理问题往往难以解决；这就是为何会出现如此多的困境。很明显，在这些情况下，我们需要澄清事情的真相。在判断怎么做时，我们需要衡量能用或本来会用(如果是在事件发生之后)的各种选择方案。在某些情况下，这可能是个"两害相较取其轻"的问题。我们的决定是相对的，其中了解我们所拥有的选择、掌握的方法，以及各种选择的后果。我们需要考虑我们珍视的价值观以及我们认为自己被迫遵循的道德（和/或法律）原则。在所有这些情况下，在权衡了相关的事实、方法、后果、价值观和规范之后，我们的选择就是看上去最恰当的那个。

第九幕　宇宙的秩序与和谐

结合

湍动的宇宙中贯穿着失衡和混乱，典型地表现为：在汽车事故中垂死的男人的悲叹声，将要被屠杀的猪的尖叫声，早产儿母亲的呻吟声，还有更多的——如一场摧毁掠过的一切事物的肆虐的"完美风暴"，外太空超新星的爆炸，两个星系的碰撞。

毫无疑问，上述表征过于悲观，因为我们也发现宇宙的一致、和谐、平衡，尤其是结合。电子和光子间的吸引力；让行星绕着恒星在宇宙中恒久旋转的引力；银河系中数百万恒星附着和围绕一个无形的中心的凝聚力；电磁力；维持有机体内在的巨大无意识平衡的内稳态；男性和女性充满激情的结合；家庭中持久共有的亲情；团队合作中士兵或运动员们的团结协作；克服党派差异的合并；以合作和统一为基础，能够最终促进制度和谐的协商。

事实上，如果没有秩序，地球上的生命不可能完成进化，因为对于生命形式而言，时间尺度太慢以致无法生存和繁殖。尽管地球在太空中急速运动，但我们还是无法感知这种速度；在相当长的时间里，"自然的初始状态"都是平和宁静的。正是因为如此，花卉、牲畜、鹅群和人类社会可以维持下去。是的，有一些安静和孤寂的地方，比如加拿大的野生森林，那里一片寂静。我清楚地记得参观非洲自然公园时,我们坐在克鲁克国家公园(南非和莫桑比克之间)的封闭卡车里,当一头大象悄无声息地出现时,我们都惊呆了;直到它来到我们旁边,我们基本都没听到声音。无处不在的寂静令人不知所措。有时,我们能听到远处传来的鸟鸣和鬣狗的狂嚎。在穆昂-萨尔图的山顶,我们听到青蛙呱呱声和蟋蟀在酷暑中的唧唧声。

就像我所说的,人类由于其狡猾的应对技巧得以存续,但更是文化的演进令其能够延续下去。我所强调的在部落、种族和民族间存在的人类事务中的普遍冲突,并不能否认随之而来的法制和道德体系的逐渐进化。罗马帝国之所以能够存在足够长的时间,因为它建立起法律体系、道路网络和水库,还有千军万马去保卫边界免受野蛮民族的入侵和城市中心免受动乱和起义的伤害。而且,宗教的逐渐演化让一系列的道德诫令更加神圣化,保障和平和文明;也教育孩子,让大众明白必须遵守更多道德原则:"要正直;不要羡慕你的邻居。""要帮助你身边的异族人。""彼此相爱,就像我爱你们一样。"等。这些被当作天堂和地狱的圣言而强制执行。同样,古代的伟大思想家们试图定义**善、正当、正义**和其他道德观念;对于柏拉图主义者来说,世界有一个永恒的存在王国。其他哲学家,比如亚里士多德主义者,认为道德规则蕴涵一种理性的人可以认识的客观性。

人权

人类历史上,伦理观念的发展虽然缓慢,现代世界却一直在进步。尤其是美国革命和法国大革命激发了民主制度的出现,而这可以追溯到英国《大宪章》,它推翻专制的君主统治,赋予人们反对专制和特权的权利。

英国《大宪章》有重大影响意义,因为它宣告了国家的最高法。

1215 年,英格兰约翰国王(King John)在男爵们的要求下,签署了《大宪章》。其中声明:

> 任何自由人,如未经其同级贵族之依法裁判,或经国法判,皆不得被逮捕,监禁,没收财产,剥夺法律保护权,流放,或加以任何其他损害。余等不得向任何人出售,拒绝,或延搁其应享之权利与公正裁判。

约翰国王在《大宪章》上加盖印章,并且公开宣读,他批准可以复制手写本。这样,约翰国王约束了自己和后裔。《大宪章》意义重大,在于它确保法大于王,甚至是国王也不能破坏法律。

还有其他文件也可以视为人权认识的先驱。这些文件确保公民的权利,建立权力受到约束的民主代表制共和国。

《独立宣言》(Declaration of Independence)有重要意义。其内容如下:

> 美利坚 13 个联邦一致通过的宣言
>
> 大陆会议,1776 年 7 月 4 日
>
> 我们认为下面这些真理是不言而喻的:造物者创造了平等的个人,并赋予他们若干不可剥夺的权利,其中包括生命权、自由权和追求幸福的权利。为了保障这些权利,人们才在他们之间建立政府,而政府之正当权力,则来自被统治者的同意。

《独立宣言》由杰斐逊起草,并由参加大陆会议的代表重新进行修改。美利坚合众国宪法于 1789 年被新成立的各州批准生效,随后

通过的 10 条宪法作为补充条款,统称《权利法案》,《权利法案》承认一些其他权利,规定公民有言论、出版、和平集会和请愿等自由权利。《权利法案》承认良心自由和宗教自由,而且它禁止确立国教——这些都是世俗共和政体的基础。

没有证据能说明《权利法案》中所涉及的这些权利是由"造物主赋予的"。这是人的权利,并通过经验得到证实,因为生活在一个认识不到为人类文明而争取权利的社会中,可能会导致暴政。人权学说可以独立于宗教而存在。但相信造物主的人拒绝接受人权的观念。权利是人类出于种种动机和理由而去尊重的道德理想。

另一份捍卫人权的文件由法国签署,即 1789 年法国大革命后国民议会的《权利和公民权宣言》(Declaration of the Rights of Man and Citizens)。最重要的权利如下:

1. 人生来就是而且始终是自由的,在权利方面一律平等。社会差别只能建立在公益基础之上。

2. 任何政治结合的目的都在于保存人的自然的和不可动摇的权利。这些权利就是自由、财产、安全和反抗压迫。

3. 整个主权的本原主要是寄托于国民。任何团体和任何个人都不得行使主权所未明白授予的权利。

另一份关键性的文献颁布于一个半世纪之后,即 1948 年由联合国大会发表的《世界人权宣言》。其序言开头如下:

鉴于对人类家庭所有成员的固有尊严及其平等和不移的权

利的承认，乃是世界自由、正义与和平的基础……

　　世界上很多国家都因民众起义、革命或解放战争而独立，这些国家也受到相似情感的鼓舞。遗憾的是，世界上许多受宗教（如伊斯兰教）控制的地区都不接受民主和权利。现在，已经出现关于民主与权利的共识。到目前为止，民主已经得到广泛发展。民主建立在对人文主义价值观的承诺之上。它为人类未来提供坚实的基础。而且这些价值观仍然在不断延伸。他们为全球社群的文明良知提供共同的基础。

　　这些权利包括：

　　● **奴隶制度的废除**，19世纪在英国、法国、西班牙和美国先后完成。

　　● **妇女参政和女权运动**，19世纪和20世纪持续进行的一项斗争，以扩大妇女全面和平等的权利，包括投票权。

　　● **日内瓦公约**，第二次世界大战后颁布，制定各国在战争中的禁令和责任，如不造成无辜平民伤亡，人道地对待战俘。

　　● **颁布社会福利计划**，为老人提供合理的退休金，金额一般根据他们受雇时的贡献。

　　● **全民医疗**，无论是私人或是公共组织都要承认国家中每个人的健康权。没有人能被剥夺医疗服务。

　　● **工人集会的权利**，和他们与雇主就工资、工作时间和其他福利进行谈判的权利。这项权利已经促进全世界范围内工会的发展。而且还有助于提高生活水平和工作的安全性。

　　● **失业保险**，保障人人都有获得有偿工作的权利，并且保障在失去工作期间，享有得到临时补偿的权利。

- **儿童权利公约**，儿童有受教育权利，以获得科学和艺术教育；儿童有不受伤害，不被过度惩罚，或者强迫成为童工的权利；儿童和青少年享有思想和宗教信仰自由，或者没有信仰，成为无神论者的自由；儿童有得到充足的食物、医疗保健、住所和安全的权利。
- **同性恋和变性人的权利**，不论其性取向如何，所有的人都应该享有和其他人相同的权利和特权，包括同居、结婚、养育或者领养儿童。

未来，可能还会有其他权利能够得到认可。例如很多被宗教所统治的国家拒绝接受人权，尤其是对妇女、同性恋和一些反对宗教的少数群体。

民主革命

216

当民主革命为捍卫人权而抗争的时候，从历史的角度而言人权就变成了政治上的口号。在人类历史的这个阶段，民主成为最受欢迎的政府形式，尤其是与君主制、贵族制、寡头政治和独裁统治相比较而言。在一个存在各种志愿组织和机构的民主社会中，政治民主最为盛行。在这样的社会中，能够为人们最大限度地提供参与底层社会事务的可能，而且能够提供广泛的自由，允许公民自主地处理个人事务。

一个民主国家通过多数票选出主要官员。在一个言论自由、出版自由、信仰自由都有所保障的开放社会，代议制政府是最有效管理国家的方式。它能够保障持异见的个体或少数人的权利，保障公民对执政党提反对意见的合法权利。

民主预设一套基本的**伦理原则**。法律面前人人平等。没有人在正义面前享有特权或优待。民主的前提是所有公民都具有良好的素质。这依赖面向所有人的教育普及，不论孩子、穷人还是富人。为了使民主更加有效，所有公众都应被告知由立法机关（或者国会）通过并由行政机关执行的政府重要决议和政策。而且当这些法律条款出现争议时，独立的司法机构会即刻出面，以公正的态度来解释条款的含义、范围和适用性。

民主要基于"只有穿上鞋，才知道鞋合不合适"的前提。开放的社会极少会依赖不公和欺诈，而且媒体也能敏锐察觉到不公平状况并促使其改变。面对一些有争议的问题，民主的政府进行自由开放的讨论。政府意识到人们可以学着去接纳另类的观点。这就需要人们愿意去消除分歧，制订折中方案，认可正式通过的法律，并同意遵守践行。人们广泛地接受隐私权，私人与公共领域之间有一条明确的分界线。因此，政府没有权利进入成年人的卧室。

在一些国家，如果经济领域没有开放改革，政治民主可能只是一种形式，在有大量中产阶级的国家，民主最为有效。因此，社会应该关心纠正经济剥削和贫穷问题。这就是为什么几乎所有民主的国家都会制定最低工资法、失业保险、全民医疗和社会保障。尽管还有很多经济自由主义者反对，但社会福利的概念已经被广泛接受。

最基本的是机会均等，这能够改善社会中每个人的地位。教育普及非常关键，能让每个人都进入学院或者大学学习。而且，反对种族、宗教、性别歧视的法律也是一个必备条件。需要鼓励人们去追求达到更卓越的新高度。很多建议已经被民主社会所采纳。实现这些目标的方法之一就是采用累进税政策并动员贫困的劳动者去积极迎接挑战。随着科技对经济和社会生产力的持续贡献，需要给工作者提供中途换工作的机会和各个年龄段的人继续教育的机会，以便他们能在经济和政治状况改变的前提下调整自己的观念和能力。人不能只依靠自己以前的成就；因此社会变动的最好保障就是教会人们如何适应变化的环境。最可靠的指导就是发展思考能力和根据探索而改变自己的价值观的意愿。当代社会，对不确定性的应对是通向美好生活的前提。

这个问题经常被提起：我所表述的不过是表达对西方意识形态的偏见吗？我不这么认为，因为我相信对于世界上任何国家，民主都可以通过经验证明。在 20 世纪上半叶，关于各种形式的政府效能有着广泛争论。很多社会主义者和共产主义者控诉资本主义，并寻求用合作的社会制度代替资本主义的经济制度。可惜，社会主义政府往往不能充分控制经济体系，于是现今对于自由市场的活力有着广泛认可。几乎当今所有的社会主义国家，比如中国和越南——都设法为市场留有一定的自我调控的空间。混合经济体系看起来是最有效的，它将国有部门和私有部门结合起来；结合自由市场经济体制和国家调控经济体制。尽管我们需要鼓励私人主动性和投资，但政府可以投资一些私有利益集团感兴趣但却并不愿意进入的领域。

218

在 20 世纪二三十年代，法西斯主义者建立一个控制着经济的国家。由于滥用人权，牺牲了国家战时经济，其结果是灾难性的。当墨索里尼执政意大利时，很多思想家因为新成效而赞扬他。有人说："他（墨索里尼）让火车按时运行。"然而，如果不是一个开放的社会，后果则是猖獗的滥用职权、残暴和腐败。

如何才能体现民主？我认为必须做到实用。政治民主和社会民主是公正社会的先决条件，除非在一个全体选民都能在公共政策的制定中起关键作用的开放社会，否则没有任何方法能防范国家对权力的曲解。相应的，对人权最好的保障就是具有批判政府政策和推翻不公平决定的权利和法律。民主需要领导，然而明智地怀疑领导者也是开放社会重要的组成部分。

新的跨国机构

在上述建议之外,我会补充我认为对人类未来很有必要的其他重要的全球性建议。这其中的大部分都已经在《人文主义宣言》(2000)(*Humanist Manifesto*, 2000)中被提出,该宣言捍卫作为未来道德理想的新跨国机构的发展①。

● **跨国机构的建立**和它们的持续增长是有必要的。我们知道有国际联盟,但是不幸的是,联盟以失败告终。但随之被联合国所取代。尽管联合国并不强大,但是它仍然承担重要的工作。需要发展超越联合国的新跨国机构。

● **联合国经济和社会理事会**(UNESC)协助经济和社会的改革,为很多方面的持续合作提供了基础。其项目需要成倍的扩增。

● **全球法庭**是进行审判、起诉的场所,而且如果证据有理可依, *219* 就可以为战犯和那些罪不可赦的违反人性良知的罪犯定罪。在纽伦堡对纳粹战犯的审判就是一个先例,但很有必要将之扩大至将大国的犯罪行为(例如挑起战争)涵盖在内。如果人类的权利和民主被扩大,那么就应该发展一系列的跨国机构。有两个具有有限司法制裁权的法庭:国际法院(ICJ)和刑事法院(ICC)②。

---

① Paul Kurtz, *Humanist Manifesto* 2000: *A Call for a New Planetary Humanism* (Amherst, NY: Prometheus Books, 2000)已经翻译成多种语言,很多国家的科学家和学者都赞同该宣言。

② 术语"国际法庭"一般是指位于荷兰海牙的海牙国际法院(ICJ)。于1946年根据联合国章程设立。其职责是解决会员国和经授权的国际机构提交的法律诉讼。它的意见只是咨询性的。

第二个机构是国际刑事法院(ICC),这是一个常设法庭。根据2002年7月1日的《罗马公约》设立的永久法庭,也位于海牙。它的任务是起诉犯有种族灭绝罪、危害人类罪、战争罪和侵略罪的个人。它独立于联合国。2009年末,110个国家签署并正式批准了条约(被称为《罗马公约》)。另有38个国家签署但未批准该公约。美国、俄罗斯、印度和中国没有加入国际刑事法院。目前其管辖权严重受限,只有14个人被起诉。让国际刑事法院更具普遍性的努力遭到布什政府的反对并挫败。世界上迫切需要这样一个具有广泛权威的法庭。

- **世界法**。当国际上的有些民族国家违背人权或者一些比较小的国家没有能力去抵抗来自其他民族的欺凌时,国际社会发展跨国的法律体系去管理国家或民族的行为是十分重要的。

- **国际立法机构**应该由全世界的人民而不是由某些国家选出。非常有必要建立世界宪法公约去创建一个这样的载体。大多数民族国家都有这样的立法机构,但国际共同体却没有。尽管这看起来很乌托邦,但却是很有必要的。

- **国际环境监测机构**。该机构将会谴责和处罚那些对环境造成严重危害的国家。人类的良知还需要保护大气层以及世界河流。1997 年针对气候变化的《京都条约》是国际共同努力来禁止碳过度排放的条约,但这还远远不够。同样,2009 年哥本哈根会议关于强制执行禁止碳排放条约的决议也未能获得世界范围内的认同。

- **国际银行**。国际银行将(1)为第三世界的发展中国家提供比现有的世界银行所提供的资源更优厚的经济贷款和帮助;(2)通过健全银行规则来规范财务。

- **对跨国公司进行监管的国际机构**。这将维护国际共同体免受那些不受监管的国际公司掠夺行为的侵害,监管那些逃避任何国家和民族法律制裁的行为。G8 和 G21 主要经济体会议已经提供一些指导方针。例如新的机构应该鼓励自由贸易,设法降低其他国家为保护本国工业而征收的关税——毫无疑问这是个棘手的问题。

- **国际联合维和部队**是至关重要的。这将会监督国家安全和制裁国家的不当行为。目前,事实上这类维和部队在某种程度上已在联合国内存在。但不幸的是,这支维和部队的行动可以被安全理事会中任何一个大国否决。因此,为了其有效性,未来有必要对维和部队的作用进行加强。

　　总而言之,全球共同体需要谨慎防范霸权政府的出现。这样的政府会破坏个人和国家民族权利。因此,全球政府的权力应被新的监督和平衡系统明确限制。

　　● **全世界人民选举出来的全球议会**将制定多数当选代表认可的必要政策。这是联合国议会的补充,联合国代表全世界的民族,但却无法行使立法机构的作用,因为它代表的是独立的国家,而非全世界人民。世界共同体需要召开全球宪法大会来起草宪法。全球议会应作为联合国的第二议院来起到补充作用,就像美国国会和众议院一样。在美国,每个州不论州人口多少都会选举两名参议员加入参议院,同时基于州人口的基础选举众议员加入众议院。

　　● **全球议会**举出行政内阁执行其决议。

　　● **全球权力机构有征税的权利**。比如,最开始比例为每个国家或地区国内总产值的1％。

　　● 这部分税款将用于对新兴国家进行技术支持和资金援助。

　　● 用于鼓励全球医疗。

　　● 也用于全球教育。

　　● 另一个重要的前提是需要通过商业贸易、移民、科技与教育交流项目鼓励和促进世界人民的持续交流。

　　● 这就要求**新闻媒介自由开放**和获得文化教育项目的权利。

　　目前,很多国家和民族加强了限制和审查制度。许多原教旨主义地区,无论宗教地区或意识形态地区,都应需要允许存在提出异议的权利、阅读和沟通的权利、言论自由的权利。幸运的是,电子媒体的出现,特别是互联网,促进了各种观念和价值观之间的沟通能力,而这有助于增强我们都从属于新的全球文明的理念。我们都是世界公民。这些跨国机构有助于全球范围内的人类团结。

221

以上是《人文主义宣言》(2000)提到的一些改革建议的细节。我认为这应为全世界人民所采用,但这只有在全球伦理被广泛理解和接受时才能成为可能。

人类物种已经走到需要出现新跨国机构的节点上,这个机构能最优地培养全球共同体的忠诚。毫无疑问,这是一个循序渐进的过程,但与建设一个新的世界统一体相比,在当前的国家制度进行重要的改革是实现共同利益的更优方法。在世界上,人类对家庭的忠诚往往会超越对民族国家的忠诚。世界主义将会取代民族主义,这种民族主义会破坏人类的共同价值观,特别是在充斥着邪恶势力的战争时期。

我能体会到恐怕我们正在创造一种新极权主义政府形式,它将遏制自由。我认为确实需要一种新制度:规定制衡机制,允许国家、

222   区域和地方一级的最高中央集权,保证个人的权利和自由以及世界的多元化。乐观主义者认为,这可能会产生一个新的全球权威机构,但是现实主义者却在注意到正面优势的同时,明确地意识到了可能的危险。

对位

上述的讨论,我限定在短期和中期的时间范围内。谁能够根据某种程度的确定性预测到遥远的未来出现的争议和冲突呢?在我的脑海里清晰地浮现出一些可能出现的情况。我将它们不分先后的排列出来。

第一,国家民族之间的暴力冲突和战争肯定会持续发生,直到新的世界法律体系被全球人民所接受。民族国家武装到牙齿,国家预算的很大部分用于"防御"。其中很多政权拥有大规模毁灭性武器。人类面临的问题是"国家主权"的观念,而且在这种偏狭的观念受到

新的跨国秩序制约、维和军队变得更有效之前,任何铤而走险的政府和利欲熏心的领导者都有可能入侵邻国并试图以"出于国家利益"的目对其进行统治。历史上,有些国家拥有足够的军事力量让他们在世界的一些地区拥有主导权——18世纪至19世纪英格兰和法国的殖民帝国以及20世纪的美国。德国和日本(及其同盟国)争夺这一霸权,他们的这些行为引发了两次世界大战。

后二战时期,俄罗斯对西方的挑战以失败告终。世界共同体面临着来自像中国这样的国家的新挑战。因此,战争的危害未来可能会继续困扰着人类,尤其是考虑到新型武器研发可能会突然引诱某个国家进行军事冒险——除非建立新的跨国机构来裁决差异。

第二,经济竞争持续存在于个人、团体、国家和地区之间。同时也始终存在对新市场和新资源的持续寻求。可以想象到,天然气和石油供应的减少将会驱使经济利益去寻找开发新的领域,这可能会导致侵略战争——例如欧洲过去对非洲、中东、美洲的殖民剥削和掠夺。如今,雇佣廉价的国外劳动力是帝国主义野心的又一推动力。对于大国来说,对新居住空间的诉求可能会诱使他们去侵占别国的土地。这些问题都需要在将来加以平息 。

第三,种族和民族排外心理一直刺激着人们对外国人的敌意。一直以来,人类就惧怕那些和自己不一样的人。对美洲的原住民的压迫见证了这一点,印第安部落被驱逐出自己的领土饿死或被屠杀。种族、人种或是部落仇恨导致种族的灭绝,比如20世纪40年代,纳粹为灭绝犹太人和吉普赛人进行的大规模屠杀,卢旺达的大规模屠杀以及南斯拉夫解体后肆虐的种族"清洗"。在非洲猎捕黑人,通过贩奴船把他们贩卖到美洲,在南方种植园中对他们的暴力奴役引发了血腥的南北战争。如今,对亚洲人的恐惧普遍存在;同样,亚洲人也普遍仇恨作为殖民统治者的白人。种族仇恨的一个化解方法是种族通婚,尽管异族通婚生下的后代本身还是会受到歧视。我们只能寄希望在一个新的全球大熔炉里种族差异会渐渐消失。

第四,人类已卷入宗教战争千年之久。那些不接受盛行的宗教信仰和习俗的人都被施以酷刑、被流放或者杀害。《古兰经》和《圣经》被作为压迫的工具;审讯、圣战和歧视以上帝的名义而充斥在各处。这不仅导致基督徒和犹太人之间,穆斯林和基督徒之间,穆斯林和犹太人、印度教徒、佛教徒、其他教徒之间狂热的宗教战争,还导致罗马天主教徒和新教徒之间,以及逊尼派和什叶派之间的宗教战争。儿童从幼年时期就被灌输原教旨主义信条:他们在青春期接受洗礼、割礼和坚信礼。所有主要的社会机构——教育、法律和经济组织——都受到宗教偏见的制约。

自由思想家批判这种宗教灌输并反驳了上帝的言论。今后宗教战争还会继续下去吗? 人文主义的理想和价值观最终能取得胜利吗? 这是留给我们这个时代和未来的重大问题。

224   第五,收入和贫富差距无疑将会在各个社会阶层间持续加剧。这是所有社会和国家都遭受着的内部冲突。农奴、工人、被剥削者的反抗,地主、富豪、工厂主和金融家对他们的压迫在历史上多有发生。在 19 世纪,这导致罢工并促成工会的发展。在民主社会,这种差距引发了改革。在俄罗斯、中国和其他地方,马克思主义引领了工人革命。马克思主义革命遍及世界范围,形成富裕的北半球工业化、技术先进社会和第三世界发展中国家之间的对立。这涉及关于收入和财富分配不均的思想斗争。最终导致重点关注增长,而不是再分配,关注引进科学技术去提高生产力和增加贫困地区的财富,从而让每个人都能享用更多的财富。至少在富裕的经济体系中,可以通过减免税收和福利政策减缓一些差距,尽管地球上还有数以亿计的贫困人口,从海地到孟加拉国,这些人勉强维生、营养不良且缺少卫生保健。这些差距最有可能会继续加剧冲突。

第六,对女性的性别压迫在世界上的许多地区仍然存在。这种歧视深深地植根于许多宗法制宗教中。一些富裕的民主社会为女性提供了平等——但全面实现男女平等还有很长的一段路要走。西方的妇女参政运动为妇女争取了投票权。但是在世界的大部分地区情况并非如此,妇女解放运动是一项旨在男女完全平等的持久战。在一些国家,女性被认为比男性劣等;她们被她们的丈夫、父亲和兄弟所控制,并且被迫服从他们的意愿。这个问题在未来无疑会更加恶化,进而激起性别平等的抗争。

反对位

在上一节中,我叙述了六个过去发生过冲突的领域,而这些冲突在未来无疑仍会继续发生:①国家间的战争;②经济竞争;③种族和民族冲突;④宗教争端;⑤收入和贫富差距;⑥对女性的性别压迫。有些人认为产生这些长期的争端是由于它们根植于人性中。根据这个理论,战争和竞争是受到"侵略本能"的刺激。奥地利动物行为学家康拉德·劳伦斯(Konrad Lorenz)认为本能是继承和内生的。劳伦斯通过研究灰雁和寒鸦来获取关于这种本能的依据,并且他还归纳了人类的相同本能。印记是向年轻一代传递这种行为的另一个附加因素[①]。但是物种印记不同于人类的文化适应,或是父母教导孩子仇

225

[①] 参见 Konrad Lorenz, *The Instinct for Aggression* (New York: Harcourt, 1966),和 Nikolaas Tinbergen, *The Study of Instinct* (Oxford: Clarendon, 1951).

恨这个或那个族群,这是造成冲突的持续原因。

然而,毫无疑问,人类内心的冲动和倾向性引发了很多类似的争端:这包括对权力和统治地位的追逐、贪婪、仇恨、偏见、嫉妒、妒忌、欲望和其他的动机。然而,值得注意的是,这些倾向性是否会引起暴乱取决于文化环境。社会已经发现能控制和改变这种破坏性倾向的方法。我们不是自己本能的受害者,但它们常常能被理性所掌控。尽管雌性也能展现侵略本能,但侵略本能尤其体现在一个物种的雄性身上。这种遗传天性是自然选择的结果。侵略本能因提升睾酮的水平而受到刺激,这种刺激驱使着雄性成为竞争对手。侵略本能在生存机制和狩猎中也有着至关重要的作用。

如果没有本能,人类将会退化成平和的草食生物。但是作为可以杀戮的猎人,人类能够控制自身的侵略性。这些原始的本能是倾向,但它们可以在一定程度上被理性调整或控制。此外,还可以升华或替代其他破坏性较小的行为模式。侵略性还是很多创造性事物的促成因素。人类寻求进入世界并且改变它。胆识对于所有伟大的事业都至关重要。它与批判性智慧一同应对自然和社会文化环境中的挑战和危险,它带来找到大胆的新出路的灵感和创意。

例如,几乎在每种文化中,都存在竞技性运动用来测试想赢的竞技欲望,这是对可能会转化成敌对暴力的侵略性的有益宣泄。我们奖励展示了技能的伟大运动员,我们授予他们奖品、鼓励和赞扬。

226　　古希腊奥运会将各个城邦最好的运动员聚集在一起进行各种田径比赛。他们事先被告知比赛过程中不能杀死对手。因此,尽管其中很多比赛,比如角斗士比赛,都是非常残忍的,并且有时候会出现死亡;如今很多接触类运动可能也很危险,如拳击、摔跤和赛车,可能会导致严重的伤害和伤亡。尽管如此,人类好战的本能被引导至建

设性的目标上,对斗士和社会有利。如今,我们因优秀的高尔夫球手、拳击手、网球运动员和国际象棋大师的体格上和智力上的表现而奖励他们。

大规模的团体比赛也是一样：足球、橄榄球、曲棍球。俱乐部为争夺奖杯或锦旗或奖励而激烈竞争;专业团队中的顶级选手也能获得高薪。但这种比赛给观众带来的影响也同样令人着迷。我自己喜欢去看橄榄球和曲棍球比赛——这些比赛通常体现着身体的暴力,尽管运动员们大多是全副武装。体育迷的情绪经常被比赛的热情所渲染,其中很多人都很崇拜他们的冠军。啦啦队在场边鼓动球迷,球迷们常有着不可抵挡的热情,尤其当这是一场势均力敌的比赛时,或者在我们喜爱的球队具有压倒性的优势时。

对比之下,国家之间的真正战争就显得极其残忍。入侵军队杀死所有视线范围内的人,他们抢劫、强奸和野蛮屠杀。对敌人毫无人道可言,而且也不必仁慈。斯巴达、雅典和波斯之间的伯罗奔尼撒战争就是如此;成吉思汗(Genghis Khan)洗掠罗马也是这样,罗马军队征服一些弱小的民族,比如彻底摧毁迦太基时,同样如此。在一战中,数以百万的法国、英国和美国军队全力以赴地抵抗德国和奥地利军队。参战的每个民族都被激起了爱国狂潮,全力支持前线的战士。抗击敌人、爱戴士兵的宣传激起人们的爱国热情,数百万的人失去生命或致残。二战非常激烈,平民遭到轰炸,并且军事进攻范围超出战场扩展到不设防城市。纳粹在东方战线肆无忌惮地屠杀无辜居民;斯图卡俯冲轰炸机到处摧毁不设防城市;在西方,同盟国通过摧毁德国的德雷斯顿和汉堡以及日本的广岛和长崎来实施报复性反击。

因此,对于人类来说,尤为重要的是建立新机构来保护世界免受好战民族的侵略,并找到协商和妥协各个国家民族之间差异的和平方式。

　　尽管侵略的本能需要被重新转移到其他出路，但重要的是要将其与成功的动机区分开。我们需要鼓励个人最大程度地发挥自己的才能，为他们自身和他们的事业以及他们所在的组织实现突破——在各自的部门、大学、研究机构或者公司、城市、俱乐部中表现卓越——并且也发扬团队精神以追求卓越。我们应该去奖励表现卓著的个人或单位。他们应该得到大众的称赞，这样可以增加他们成功的决心，并为他们和大众实现共同利益。

　　人类文化在数千年中演化出一套用来保护人类免受侵略并逐渐改善人类生存环境的社会、民主和跨越国界的制度。因此，尽管赤裸的类猿人类携带着可以使其生存下去的生物特征，但文化制度和人类价值观同样也制约我们先天的本能和冲动，引导我们去建立道德规范。这些使我们可以发展更加和平、繁荣、趋向合作的存在状态，其中善良意志与和谐可以是主导力量。这，就是**文明**。

一种肯定态度：善良意志

　　这是怎么影响个人的呢？我认为，生活在多元化世界的人类，最好的选择就是采取一种积极的生活态度，具备一种善意的、积极的人生态度。许多悲观主义者无疑会对我拒绝他们的终极虚无主义而感到愤怒，从而沉浸在悲伤和愁苦中。我将他们归为粗人！

　　这种生命方式以规范的态度为基础；这是伦理的生活方式。对于世俗主义的新人文主义者来说，生命是好的或者可以是好的。这是自然主义者的首要价值观。既然我们不幻想在来生得到救赎，我们唯一所拥有的就是**此世的此生**，而且我们可以努力实现我们所能实现的最高潜力。这是无价的。这显示了我是一个有生命、能呼吸、有激情并且有理性的人。我希望我可以尽可能地享受生活——就我目前所处而言，作为一个个体——和其他生命分享生命中的善，并向他们表达善良意志。

我也从善良意志中获益；每个人都有义务去满足自己的需求和愿望，实现自己的希望和抱负，追求满意、愉悦和创造快乐的有意义的生活。这还包括爱他人的能力，去表达对他人真实喜爱的能力，去被他人爱和欣赏的能力。

我们应该将生活当作一次冒险；我有兴趣探索广泛的领域和经历各种生活。我也需要好好思考我想要做什么，尽最大努力去做理智的决定。因此，人应该对生活和自身表现出积极的态度，认识到自己的极限和缺点，经常努力提升自己，并表达对他人的善意，包括：配偶或同伴、亲属（孩子、父母、兄弟姐妹）和在生活中遇到的、工作过的和一起玩耍过的同事与朋友。

对于我们认识的其他人，我们应该表达对他们的善意。我们祝愿他们一切都好，取得事业上的成功，茁壮成长，开心快乐。如果做到这些，一个人的开心就是真的开心，而且他最大可能地克制了嫉妒和妒忌。

这展示出伦理人文主义者的积极展望，他们欣赏大自然，会用创新思维来解决问题，融入自然界并且使用它（在理性限度内）来履行对后代、对其他物种的义务，以及尽最大的努力去维持自然界生态的义务。

这样的人在道德上会考虑别人的需求和利益。这与以自我为中心、自私、竞争、贪婪、不择手段去得到权力、财富和地位的人有明显区别。我同意我们应该以成就为准，但我们没有必要放弃基本的正直原则。

这种自信的态度是乐观的、积极的和勇敢的，它能在认识到我们局限性的同时也发现我们面临的巨大机会，并且经常考虑别人的利益和需求。

何为我们的伦理命令？

（1）有很多一般的初步伦理准则。这包括康德的第二个绝对命令，该命令基于理性而得；即我们应该永远以人本身为目的，而且决不能将其仅仅作为达到目的的手段。

（2）对于这一点，我们需要增加另一个重要的命令：同感命令，这植根于感觉和情感，是有动机的。它是伦理理性和**激情的同感作用**的结合，是我们对他人的道德责任感和义务的重要来源。

同感的评判标准是什么？它是我们人类的本能。它将我们定义为品德高尚的人，具有做出道德选择的潜质。这根植于我们的道德直觉中。人类，作为进化的产物，具有潜在的道德倾向。这些道德倾向是否能实现取决于文化环境。当人在社群中被养育之时，人的道德感逐渐成形。道德意识会不断演化。同感只有在其自身内在化和在爱与喜欢的支持下才得以实现，婴幼儿、青少年和成年人都能够感受到它并及时得到回应。只爱某个人是不够的，只制定自我尊重的标准是不够的，还要对他人有真正的欣赏和喜爱，无论他们的性别、年龄、种族、信仰和国籍。民主的基本公民美德是认为**每个人**应该尊严和价值平等。这种认知原则基于理性。要使其更加有效需要由同感命令来实现——人类需要真正感受到来自其他人的感情纽带。这深深地植根于我们的感受（"心"）中，热情而强烈，但同时也能理性地加以调整。

基本要点是我们需要发展和灌输儿童积极的人格特征；这应该
是双重的：第一是来自父母和老师、亲戚和朋友的喜欢和爱，去爱他人和被他人爱的能力。从中能够生长出按照道德行事的动机。第二就是逐渐形成的道德推理能力,认识到其在解决道德困境和进行道德评判中的重要性。人需要根据情境来比较和评估不同的行动方案。但在解决技术问题和策略问题的过程中,冰冷的、程序化的推理——这种工具理性在做出决定时极其重要——与我们受到内在同感感情所影响的态度不同。智慧的适应力需要由关心来加以补充,这种心理特征将工具理性的决定转化成道德选择,理性与激情的结合做出了一种理性—激情的选择。在这种选择中,人们做出经过理性评估后认为是正确的行为,但是这种行为同时也受同感感情影响和启发。理性与感性的结合将选择定义为以深厚的感情作支撑的真正道德,能激励人按照道德行事;也就是说,这个决定付诸实践或行为中。这不仅包含我们的认知,还包含我们的热血和勇气、悲伤和眼泪、快乐和享受、欲望和爱。

关键是,尽管赤裸的类猿人类具有道德行为的能力,他(她)能否实现道德的潜质取决于其所处的文化及其将最终会成为怎样的人。在道德生物学中生根,但是在文化中开花结果。尽管我们具有先天的道德命令体系——至少是潜在的——但其如何发展、改进和完善取决于社会制度和文化环境。而且这其中总是需要发展和应用新的原则。规范性原则和伦理文化价值随着时间演变,新的原则已经被发现和(或)被延伸应用到新的社会文化环境。因此,在为道德行为提供基础上,文化与生物因素互相平等。虽然道德行为具有生物学的基础,但是它只有在文化环境中才能结出果实。

同感的人

一个具备善良意志能做到感同身受的人对他人的态度是亲切的、礼貌的、友善的、快乐的和慷慨的。这样的人怜悯他人的任何困

231

难。他们会尽力去提供帮助：善良、同情和体贴。有同情心的人希望去安慰那些正在遭遇苦难的人，如果他们需要支持就去帮助他们，如果他们需要鼓励就给他们信心。在这种情况下，人类的慈善行为能帮助那些有需要或者处于悲痛中的人。

这种态度是真诚地关心那些需要帮助的人，如果能的话，对他们行善，对他们施以道德关怀。一个能做到感同身受的人能深深地感受到，如果他人获得成功，那么他（她）也同样得到成功。这样的人希望能对青春飞扬的孩子施以深情关爱，并且如果他（她）欣赏孩子的年轻活力，孩子们能让他们安心；但这也适用于那些因一句良言妙语、一声对他们的感谢而心怀感恩之情的老人。

你需要时常向与你亲密相处的人表达同样的态度，去拥抱和赞美他们，告诉他们你有多么爱和需要他们。你也要向邻居表达这样的态度，他们会喜欢一个友善的微笑和一个肯定的点头。这种态度也适用于和我们每天见到的女士——赞美她们的穿着打扮——对她们礼貌绅士很受欢迎。对于店里疲倦且辛苦工作的收银员来说，这样的态度也很受欢迎，如果你知道她的名字，那么请感谢她的帮助和服务。

我们也应该很开心地对待我们遇到的与自己有关的人。如果他们投递来包裹，要对他们表示感谢。人应该尊重他人并和他们成为朋友；把他们当作邻居而不是敌人。

每个人都是不同的、独特的和特殊的。我们应尝试找到他们所做的好事并加以赞赏，或者尽可能地尝试找到同他们之间的共同点。

应该给予每个人真挚的关怀，无论他们是男是女、年轻还是年迈、贫穷还是富有，不论他们的身份、地位、种族。能做到感同身受的

人应该尝试寻找非洲人、中国人、英国人、西班牙人、意大利人或者印

度人身上的美和高贵。每个人都是独立的个体；我们应该尊重每个人并对他们的利益和幸福给予真诚的关心。

年轻学生尤其需要鼓励，因为他们正踏上独一无二的人生道路。如果可能的话，给他们建议，增强他们的自信心，鼓励他们坚持不懈地追求自己的目标，祝福他们，告诉他们不要气馁；鼓励他们对自己的天赋充满自信；如果可以的话，对他们施以援手。对气馁的人来说，最好的慰藉是一个称赞、一次握手、一份包容，而且，最主要的是一个微笑。给他们以忠告，让他们去实现自己的目标和梦想，不要在逆境中过度沮丧。没有任何东西能取代善良意志、善意的举动或者善良而富有同情心的话语。

如果善良意志来自于内心深处对他人的同感和利他主义意识，也就是说我们不求回报和利益来帮助他人，那么这样的善意是真诚的。善意在本质上是好的。它是定性体验的表达，如果是真诚的，这种体验对于给予者和接受者都是好的。在某种意义上，能够给予他人利益要比接受利益好得多——它是实现人文主义道德的真实见证。

如果说过去的宗教是出于对上帝的服从，那么为了自身本质而行善的行为即是对其的奖励。对于那些有能力去表达它的人，这在本质上是值得的。

对位：解决个人悲剧

在对善意生活的乐观捍卫中，我是否遗漏下什么？的确，人生有它悲惨的一面。所以很多可怜的灵魂遭受无法忍受的艰辛，很多人在忍受深刻悲痛的人生。

所有人都能够体验宁静满足和享乐愉悦的丰富时光。然而，仍有太多人面对着厄运和苦难。一些人可能遇到心胸狭窄或心存不良的人。其他人可能生活在压抑的社会中，无法实现他们内心深处的渴求和最美好的愿望；甚至，他们最基本的生活需要也无法得到满足。很多人遭受饥饿、贫穷、匮乏、疾病和磨难之苦。这取决于他们出生在哪片天空之下，他们所处的社会系统和时代。如果一个人是古埃及的奴隶，俄罗斯西伯利亚大草原上的农奴，或美国南北内战前美国南部各州的黑奴，那么他必须要服从主人的命令。个人存在的决定因素由社会文化环境来定义——不论是18世纪大英帝国的贵族，19世纪爱尔兰穷困的农夫，还是21世纪为了上大学而努力克服重重困难的美国贫困学生。很显然，极度贫困和绝望的时期可能会限制人们具备善意和创造性成就的能力。

但是我们如何生活也是我们信仰和态度的一部分。即使身陷绝境，人也仍旧能够度过完满的人生。几年前我开车经过摩洛哥，途经一个小镇，孩子们在大笑着嬉戏玩耍。很令人意外，这些孩子全都有金色的头发和海蓝色的眼眸。这是多么不协调啊！我问我们的摩洛哥导游这些孩子是谁，他们为什么如此欢快。他告诉我，他们是西哥特人，一个来自北欧的日耳曼部落，部落成员几百年前来到这里，与世隔绝地一直生活至此。导游说，他们十分贫穷，但是他们对许多事物一无所知并且开心快乐。

在古雅典的黄金时代或者文艺复兴时期的意大利，没有阻止很多人——即便贫穷——实现自己的创造性人生。我们今天已经掌握关于过往时期的相当多的历史知识。所以，人所能达到的眼界受他所持有的态度和观点所影响。

了解过往历史的人发现人生是泪水汇聚的溪谷，例如米尼弗·契维。

233

　　米尼弗·契维，藐视之子，愤世嫉俗，日渐消瘦。

　　他哭泣，为何降生到人间，他有哭泣的理由。

　　米尼弗钟爱上古时代，那时刀光剑影，骏马奔腾……

　　米尼弗叹息生不逢时，绞尽脑汁继续思考；

　　他咳嗽，归为命运使然，继续借酒浇愁①。

　　空想能够引起绝望和不快乐。它也能够扩大期待和可能，而这可能是幻想和快乐的来源。显然，你生活在哪里取决于你发现自己处于哪个历史时期，找到你的哲学、宗教和道德信仰。

　　过去曾经发生过大灾难，那时人们很难安身立命。这其中一些悲剧是灾难性的，比如吞没世界某个地区的瘟疫——公元前 430 年—公元前 427 年的雅典大瘟疫；1348 年—1350 年肆虐欧洲的黑死病；或 1918 年夺去数百万生命的被称为西班牙流感的流行感冒。世界上曾经有毁灭性的灾难，比如 1845 年—1848 年的爱尔兰饥荒，1666 年的伦敦大火，1906 年的旧金山地震，2008 年—2010 年在印度尼西亚、海地和智利发生的多次地震。这样的灾难扰乱人们的生活并从有历史记载以来始终存在。同样，贯穿历史长河，人类曾经经历过多次毁灭性的战争，这些战争摧毁无数生命和不可估量的财产；整个世界会忽然因为那些清除阻挡它们道路的动荡混乱而牺牲。

　　这些令人难以忍受的灾难，给经历过它们的人带来什么影响呢？每个人都会在人生不同阶段经历失望和挫败。可以肯定地说，我们

①　出自埃德温·阿灵顿·罗宾逊(Edwin Arlington Robinson)的诗歌"《米尼弗·契维》(Miniver Cheevy)"，1910.

所有的希望和梦想并不都能够实现。一个人可能受顽固的残疾或者不能治愈的疾病所折磨，抑或是因为没有回报的爱而苦闷。他或者她可能失去心爱的人、被解雇、破产、考试不及格，或是被推心置腹的人所背叛。

不是任何事情都会顺利；我们不会在所有我们为之努力的事情上都取得成功。因此，我们必须学会接受不幸并以平和的心态来对待我们的生活。我们需要平衡生活中的苦恼与愉悦、恐惧与欢乐、美好时光与难熬时期。当艰难持续，境况难耐时，可以说人是在过着悲剧般的生活，尤其是当无路可走之时。

我认识的一位编辑被肌萎缩性侧索硬化症（ALS）所击倒，完全瘫痪。可怕的例子还有：一名士兵在战争中受伤，失去四肢，双目失明，地狱也不过如此。这些深刻的悲剧唤起我们的怜悯与同情。

235　　亚里士多德在他的《诗学》（*Poetica*）中，提出戏剧和诗歌所揭示的经典悲剧理论。他把这看做一位伟人的倒下，原因在于他性格上的缺陷和做出了错误的决定。这些因素导致了他的结局——随着他最终的失败，情节逐渐展开。

在这个场景中，这个人在某种意义上对随着他人生出现的悲剧结局负责。有很多巨大的悲剧降临到历史名人身上，马丁·路德·金在获得巨大成就的时刻被远处的持枪歹徒暗杀，或者约翰·肯尼迪的被刺。这里悲剧和成就之间有密切联系，尽管他们的死并不是由于他们的失败而造成的。

关于成就和悲剧的结合，一个传神的例证是公元前44年朱利乌斯·恺撒（Julius Caesar）的遇刺。恺撒带领军队穿过卢比孔河，在追击他的对手庞培（Pompey）的过程中，使罗马共和国陷入内战，庞培在埃及被击败并斩首。恺撒击败北非的其他对手，凯旋返回罗马。

他力求巩固自己的权力,宣称自己终生为独裁者。这激怒了元老院的元老们,于是他们密谋推翻他。他们担心恺撒已经如此削弱了罗马共和国的基础,因此必须除掉他。于是他们聚集在一起,刺伤了他,包括他的朋友布鲁图(Brutus)。"你也这样,布鲁图?"恺撒喊道。恺撒是伟大的英雄,由于他对权力的欲望,导致悲剧失败。当他在元老院里倒在庞培雕像下时,其他人继续猛刺他。

　　人生如同于艺术品。人生的大部分是际遇和偶然的结果。但人生有时也受人们选择和行动的影响。比如画家,收集素材;在画布上画出轮廓;然后绘出颜色、色调、线条和形状。任何经历都是个人抉择和行动的产物,尽管有不利的社会条件,通常人们都能实现他(她)的许多梦想。所有这些都加起来,就构成人的一生。有一些关键的选择,比如婚姻,职业选择,或决定在哪里居住。还有一些关键的转折点,比如苦涩的离婚,无法化解的争议,或是战斗到死。这些受每个人生活世界的语境的限制。尽管如此,人最大的艺术作品是自己的生活。生活的各个部分涟漪起伏、相互交织,或是和谐有序,或是混乱无序,在这个过程中,他们也阐释了何以为人,人的价值观、渴望,信仰和态度。最大的悲剧在于,从某种意义来说,人的失败是没有意识到自己内心深处的梦想和渴望——因为懦弱、欺骗、嫉妒、仇恨、羡慕、贪婪,或者错误——或者,很多时候是因为环境或文化中难以处理的障碍。 *236*

　　所以令人苦恼的问题是:人应该怎么面对悲剧? 那些偶然和可能性并不一直在人类能力所及的范围之内。人自己所创造的事情也会引起改变,他(她)也要对此负责。尽管我们一直被命运蹂躏,但无论经历好运还是厄运,我们仍然掌控着自己的命运。未来什么样在于我们决定去做什么——尽管我们面临偶然和混乱的挑战。

关键的问题是：人能应付悲剧吗？我们总是不能控制那些偶然。然而，尽管有人可能遭受了毁灭性的悲剧，但还是需要继续生活并适应新的环境。因此，最重要的美德就是坚持下去的勇气，来接受我不能改变的事物，并改变我能改变的事物。

20世纪很多巨大悲剧——大屠杀，海啸，广岛和长崎的核爆炸，世界大战，还有频繁发生的小灾难——的幸存者遭受了难以忍受的痛苦。很多这些灾难中的幸存者不堪重压，无法走出悲剧的阴影。但是也有人做到了。他们知道生命的奥秘在于要拥抱生命本身，乐于接纳接下来的生活，认识到每时每刻都是宝贵的而继续生活。这些都是英雄式的人类价值观，是生存发展的意志的证据。战斗，战斗，不要让光熄灭。［套用迪伦·托马斯(Dylan Thomas)的诗句］。

生活的意愿应该体现出某种斯多葛式的顺从，去接受当我知道我不能最终改变什么的时候，而且体现出道德的决心，去尽我的全力来改善生活，并纵情享受剩下的人生。有些人不能克服他们遭遇到的逆境，但是其他人却能够摆脱困难，继续坚定决心走出逆境，甚至实现新的目标。因此，对生活的渴望能取代任何犹豫。人的终极关怀是生对死的抗拒，为了自身而珍爱生命，与他人分享生活内在的善。

终　曲

伦理文化：回顾

人类的未来在哪里？如果我们回想本书的"序曲"一章，读者会239记得，我开始写作这本书的时候，正坐在书房里俯瞰穆昂-萨尔图这座法国小城。暮色渐沉，天空开始变暗，除了街道和屋子里的灯光外，窗外一片漆黑。月亮和星星也变得清晰可见。

一年之后，我重回此处，在黎明时分陷入沉思。随着太阳升起，沐浴在晨曦中的壮美山谷和远处的山峰渐渐清晰。我提出存在的意义这一生存论问题——就像哲学家们惯常的那样。这是职业病吗？也许吧。然而，无论男性还是女性，他们都常常在事物发展过程中不由自主地提出关于自身存在意义的问题，特别是在不幸——死亡或疾病、失败或绝望——发生的时候。而当我们胜利和成功时，正在享受巅峰体验时也会想到类似的问题。这时候，我们会疑惑：这是**真的**吗？这会一直持续下去吗？

我的生活积极健康，物质生活充分，精神昂扬，有计划和梦想，有愿望和希望，其中一些凭借激情而实现；一些则陷入失败和背叛的困境中。因此，我以良好的精神和沉着冷静的态度重新提出这个问题。我已经经历过丰富且激动人心的一生（"哦，偶尔也会有沉闷的日子！"）。这一切到底意味着什么？

伦理行为在世间万物中没有清晰的根基，它不受人类对这种精神支柱的渴望。我们问，为什么要合乎伦理道德？为什么要做善事？为什么要乐于助人、善良体贴、富有同情心呢？这是那些受到不幸事件打击的人的悲伤控告。确实，既然我们的目标和计划从长远来看是徒劳的，为什么我们还要追求它们呢？为什么要生活？对于绝大多数处于人生顶峰的人，特别是那些对生命充满追求的人看来，这个问题可能是最不合乎逻辑的推论。对于像我这样马上 85 岁的男人来说，这是否有意义呢？我无法找到伦理准则的本体论基础。在多元开放的宇宙中，我们的伦理准则和价值观取决于人类的选择。伦理审视与在不同文化背景下出现的人类利益和需求相关。自然本身对于人类最美好的希望和梦想无动于衷，无论它们在哪个历史时期出现。

我在本书中的各个方面都做出了回应：宇宙本身并没有明确的意义，而我、我的兄弟姐妹、同胞，或者人类肯定不会在这个广阔无边且不断膨胀的多元宇宙中享有特权。

如果我们回看"第二幕"，会发现生物圈充满极其丰富多彩的生命形式：百花齐放，万物喧嚣；薄雾弥漫，乌云密布；黎明时分朝阳升起，黄昏时刻夕阳西下；夜晚的天幕群星璀璨，辉煌美丽。我特别提到我们考察了古生物学和地质学、人类学和考古学。我们讲到尚未发现的灭绝物种化石，后来又讨论了现在已经消亡的辉煌的古代文明。历史展示了过去存在的进化和涌现的丰富证据，今天只能找到它们灭绝的遗体。伊戈尔·斯特拉文斯基（Igor Stravinsky）感人的芭蕾舞《春之祭》（*The Rites of Spring*）展现了发生在生物圈的不和谐和不平衡。

当我们放眼宇宙，观察其他星系、恒星系中的星群，以及星系团

240

时(由不同星系合并产生),我们在物理宇宙中也发现类似的动荡(第四幕)。因此,就我们所知,整个自然界中都充斥着进化和涌现、死亡和灭绝。这些是宇宙的一般特征。古斯塔夫·霍尔斯特(Gustav Holst)感人的音乐作品《行星》(*The Planets*)组曲通过声音显示了物理宇宙的狂怒与和谐。

古代的实在观主要建立在地球、月球和太阳,以及最终在太阳系中观测到的其他行星之上。这是一种有限的自然观,它指向一个固定的秩序,一个完美的空间领域。然而,我们现在发现这是错的,因为我们的太阳和银河系正以难以想象的速度向外膨胀。这不是一个和谐或稳定的固定秩序。*241*

也没有证据表明存在所谓圣典中先知的预言,宣称神圣存在为我们创造了这个宇宙,我们渺小的人类在某种程度上是世间万物的中心,而且我们可以跳出不断变化的命运,找到一个永恒的休憩之所。大量的证据表明,我们每个人都是由原子、电子和中子组成的,而在我们死后,这些将在漫长的时间后以不同的形式渗入无限的宇宙。

如果我们回顾智人是如何进化的,认识就更为深刻(第三幕)。智人的进化只有经过与其他人种,包括能人、直立人和南方古猿的暴力竞争才能完成,而这些其他人种都最有可能从我们的类猿祖先进化而来。是运气和毅力让人类能够在偶然的宇宙中生存下去。人类由上帝创造的神话是在人类刚出现不久时容易受骗的人们所讲述的传说。这不再是一个可行的神话,而且事实上在或近或远的某一天,智人将继续进化,呈现新的生物学特征。唉,人类有一天也可能像所有其他物种那样消失。

如果我们回顾第七幕,就可以看到类似的命运也发生在我们现在所处的伟大文明。难道我们今天的文明，不会步美索不达米亚和波斯、希腊和罗马、玛雅王国和奥斯曼帝国、哈布斯堡王朝和可萨汗国等文明的后尘，因为人类的愚蠢或犹豫不决，或者自然的混乱或不幸而衰落和消失吗？这些昔日的文明伴随着殷切热烈的预期而诞生，而它们现在只有在古代手稿、墓碑或金字塔中才有迹可循，这些文明时刻昭示着宇宙万物的宿命——人类的、非人类的、非人性的。德米特里·肖斯塔科维奇（Dmitri Shostakovich）富有影响力的《列宁格勒交响曲》（*Leningrad Symphony*）是为了纪念纳粹入侵和俄国人英勇捍卫城市而作。这是对二战期间所发动的激烈战斗不成调的演绎，也提醒这个湍动宇宙中的所有事情终将被遗忘。

242
　　同时，由人类塑造的上帝神话在很大程度上受到质疑——至少现在是这样，尽管有可能在未来文明中，由于没有认识到上帝之死是因为被我们杀死了，或者这本身就是个伪故事，上帝也许会再度兴起。那么，人们在消除了旧的神话，得到宇宙究竟是怎样的认识之后，即认识到宇宙是开放的、多元的、永恒变化的、有进化有灭绝、有融合有清除、有消亡有再现、有复苏有新生之后，人类的前景将会是怎样的？

　　对宇宙的这幅场景，怀疑论科学理性主义者、世俗人文主义者、无神论者或不可知论者会怎样答复？人类的前景将会怎样？这正是我现在想要探讨的问题。

人类简史

　　人类总是展望未来。然而，在整个文化历史的每个时期——从古代非洲和亚洲、希腊和罗马、欧洲和中东、北美和南美洲——来看，这种展望总是不同，但野蛮民族一直是阻碍人类开拓向前的威胁。

有时,未来看起来充满希望;在其他时候则黯淡无望。战争中胜出的国家意气风发,战败的国家则士气低落。今天,后后现代人类生活在一个迅猛变化的全球社会。通过科学探索,我们发现一个不同的宇宙以及不同的人类前景,这不同于过去几代人编造的任何矫揉造作的宗教故事。这个宇宙是开放的、多元的、未完成的和不断发展的。

历史上一直存在着难题,其中许多无法克服。人们面对的第一个生存冲突就是每个人终有一死,难逃宿命——尽管有神论宗教试图否认死亡。

人类的第二个全新认识是,人类在未来某个时刻将会灭绝或进化为不同的生命形式。这是我们这个时代要思考的一种独特的可能性。这是达尔文进化论带来的一个后果。

另一个我们从历史中认识到的困惑是,我们的文明也将最终消失,这或是因为人类消极地不采取行动,或者是人力所不可控的力量将我们吞没。我们的文明也知道,自己很可能被征服,被合并或是被彻底改变;我们所创造的一切终将被时间之沙所掩盖,直至被完全遗忘。

243

人类的最后一个认识在人类意识领域是全新的,即我们的物理宇宙(地球、太阳和银河系)在遥远未来的某个时刻或是将爆炸并灭亡,或是会灭绝并被不断变化的浩瀚宇宙中的其他天体所取代。

不过,人类至少有下面四种可能的选择来应对这些严峻的预测:

● 第一个选择是**限制或禁止这些真理为人所知**。一旦牧师们宣布这些真理是对神的亵渎,独裁者便会审查那些太痛苦而令人们不愿去想的真理。这一直是过去神学家们的反应,他们与尽力隐瞒真理的独裁者沆瀣一气——但是这种手段从未完全成功。这就是为什么自由探索和自由思考最终会打破知识壁垒。

● 第二个选择是**绝望地放弃**,按照**悲观主义者或虚无主义者**的看法,宣布宇宙毫无意义;文明是一种欺骗,因为最终结果是死亡,所以人的存在没有意义。这个选择放弃努力,不尽力去改善人类状况或逐步改良社会,而且它会使我们陷入悲伤和失望。最后的办法是"切腹自杀",对此有人可能会回应:"你随时都可以从这扇门出去。如果你觉得生活不值得过下去,这是你的错,而解脱方式就是自杀!"

现在,上述两种选择都是极端的姿态;我们不需要求助于它们,因为至少还有两个额外的可能选择。

● 第三个选择是采取**彻头彻尾的乐观主义者**的立场来回答第一个问题(人终有一死)。这是人类能无限延长生命时的答复,即我们无论如何都能解决死亡问题。例如,有些人坚信未来科学家能解决死亡问题,他们与患不治之症的人签订合同来冷冻他们的身体,直到未来有一天能够找到治愈疾病的方法,再解冻并治愈他们。这被称为"人体冷冻技术"①,这种里普·万·温克尔(Rip Van Winkle)式的理论认为,人可以在未来某个世纪复活,比如 25 世纪或 30 世纪。人们希望不要出现电力中断的情况,以免到时候人体提早解冻(这种恶臭难以忍受),而且也希望未来复活的人们不会拖着得克萨斯腔的英语、汉语普通话或老式法语说话。

● 第四个选择是从**现实的乐观主义者**立场出发,尽最大努力来延伸和改善生活。这是最明智的做法。有人甚至建议每个人都冷冻几个克隆身体,每当器官需要更换时,可以取出冷冻体来修理身体,就像汽车修理店有很多零配件一样。这听起来像是科幻小说,怀疑

---

① 参见 Rudi Hoffman, "Many Are Cold but Few Are Frozen: Cryonics Today," *FREE INQUIRY* 27, no. 6 (October/November 2007).

论者将其视为纯粹的幻想,但过去谁又能预测到现在的人工心脏植
入呢? 那么,所有这些都完全有可能;很难说未来的科学技术或先进
的医学科学的发展程度能或者不能实现这样的"奇迹"。我们有可能
将最终延长人的寿命并提高其质量。这正在世界上发生着,尽管赡
养大量百岁以上的老人将花费大量社会成本。

　　考虑到大规模毁灭性武器激增带来的威胁,如一战中使用的毒
气,或在全面核战争中的原子弹或氢弹爆炸,人类真的很有可能将在
未来每个时刻灭绝。这就是为什么禁用核武器条约对人类的未来至
关重要的原因,实际上对地球上所有生命来说都一样重要。

　　另一种可能的情况是人类是否早晚会发生生物遗传上的改变。
这很有可能发生,而且人类将不得不直面这些变化。科幻电影《阿凡
达》(*Avatar*)描绘了一种帅气的类人物种。人类现在掌握了通过遗
传工程修改进化过程的能力;即剔除类似于遗传疾病(糖尿病或阿尔
茨海默病)等不利特征,并增强有利的方面(如智力和创造力)。当
然,我们在创造"设计婴儿"时应小心谨慎,并且只发展我们道德上认
同的能力。所以人们有现实的选择来防止物种的灭绝或其有害的
改变。

245

　　我们看到,真正对这个星球上生命的未来构成威胁的是环境恶
化,如致命的全球变暖和环境污染。人类应该不遗余力地保护环境,
避免过度的碳排放以及海洋和河流的酸化。另一个对地球上生命的
威胁是未来小行星带来的影响。一些天文学家认为,我们应该开始
规划空间站,随时准备能够冲击任何接近的小行星,让其偏离路径。
不管这是科幻还是真有可能,请读者们自己判断。

　　人类无法避免的另一个棘手问题是,我们的文明恐怕终有一天
会衰落。这是有道理的,因为社会变革是持续的,没有人能够建立一

个禁止改变的完美社会,尽管从柏拉图到马克思和斯金纳(B. F. Skinner)的乌托邦改革者们都曾试图如此。我的现实评价是,一个新的地球文明已经出现,这个文明囊括整个人类。这是一个我认为迫切需要实现的任务。姑且认为这是建立全球伦理原则的第一步,其第一个先决条件是地球上的每个人,无论其是何国籍、民族、种族、性别或信仰,都应该被平等地看作具有道德观和价值观的人。

人类不能逃避的另一个问题是担心有一天我们的地球、太阳和银河系将会爆炸。这是有可能的。一些乐观主义者希望我们能逃到其他恒星系的行星上。这是科幻领域的想法,而且我在"间奏曲"中已经讨论过这个选择。我不会去推测人类未来的聪明程度,尽管像我前文所言,人不要因为这个未知的灾难而失眠。我们需要尽情地享受生活,活在当下,并且在不久的将来,我们有着一些能够达成现实的可能性。

正如我已经指出的那样,创造性智慧的主要功能在于它是一种适应性的应对机制。在这个意义上,它在功能上是起重要作用的,尽管思想可能是沉思式的并沉浸其中。这类似于尽管生殖器官起着物种繁衍的作用,但性欲提供了强烈的快感并能够自我陶醉。同样,具备听觉使物种能应对危险,但也可以运用听觉自发地享受音乐旋律和摇篮曲这些涌现的特性。

我们认识到,虽然理性是适应的手段,人类还是可以发展数学系统、推出科学理论,并提出哲学问题,这些哲学问题并没有明显奏效的适应功能,但本身具有简明的认知感。正如我在本书中所说的,人类的智慧使我们能够形成宇宙观。从理论上说,科学追求可以满足(人们)内在的认知兴趣,而且科学符合归纳和演绎逻辑的标准,已经得到发展。当然,知识的增长对人类生存有着积极的工具性作用,这也相当实用;尽管它们本身也提供了一种本质享受的满足感。

我想提出更深层次的问题:这是一幅没有最终目的和秩序的宇宙图景,但同时又能随着遇到的危险和不确定性进行适应和调节的生物系统,这个宇宙图景暗示了什么? 特别是当人们需要做出伦理选择的时候?

显然,我们需要制定出一套用于生存的社会文化指南,而这恰好正是人类历史上发生的事情。协同进化为我们提供生物遗传框架,但是我们有能力创造出乐于接受变化的新文化格局来解决人们在群体中生活时遇到并愿意接受改变的问题。我认为,人类面临的伟大挑战是抛弃过去的教条主义的/反动的伦理道德,创造适合全球社群的真正的新伦理文化体系。

人类存在的意义:快乐!

再回到"存在的意义是什么?"这个问题。我的答案是,存在本身没有意义;只有在有知觉和意识的情况下才会存在意义。对那些质疑自己在宇宙中的位置并试图应对和理解它的生物来说,生存才具有重要意义。生存意义是我们在生活过程中揭示的,而且不同的人有不同的理解,无论你是诗人还是教师、艺术家还是科学家、探险家还是建筑师、外交官还是治疗师。它在意义和形式上与文化有关,而且将随着文化而变化,但它也可能具有强大的个人意义,因为它能帮我们提供一个可以生活在其中的宇宙框架。

"为什么世界上要有些东西,而不是什么都没有?"是个欺骗性的问题,因为宇宙充满物质和能量、个体的物质和事物,并且通过我们彼此的爱和对于艺术和科学充满激情的向往,宇宙更加丰富。这些文化体验具有涌现的现实性。让人们设想空无一物的宇宙要比设想充斥着各种色彩、声音、质量、关联、场、波、粒子和物体等实体和系统的宇宙空间更难。在人类知识的目前阶段,"宇宙的成因是什么?"这一问题没有明确的回答,因为原因指的是具体的对象和领域,如果适用于所有事情,原因可能就没有意义。多元宇宙是多元化的场景或场景群,真正充满多样性和丰富性,涌现和灭绝。从这个宇宙的概念一下跳跃到终极的原因,在人类发展的初始阶段并非明智之举。在人类知识的当前阶段,更好的做法是持不可知论的和怀疑论的态度,承认我们无法理解这个问题,更不要说对此做出回应。自然是既定的,不需要再推敲其成因。

自然的一般特征是其所具有的多元性质:存在着物质与能量、场与系统、历史性和个体化、有序与无序、规律性和不协调性、偶然与适应,动荡和可能性;它是一个生命涌现并持续进化的宇宙。

因此,我们需要解决的现实问题是生命是不是值得生存下去——不仅是生存,还要通过认识到我们作为人的最大潜力而繁荣发展。这里我们要审视生死问题:欲知生,先知死。有神论者无法摆脱的问题就是无法面对和接受死亡的残酷真实性——我会死;我的父母、孩子、恋人和朋友,甚至文明或物种也都最终面临同样的结局。有神论宗教,至少在《亚伯拉罕书》(*The books of Abraham*)中,宣扬的是否认死亡的宏大体系——摩西、耶稣或穆罕默德将会救赎真正的信徒,至少让他们免于死亡的命运。这是彻头彻尾的骗局,无数代的人们被神职人员否定死亡的阴谋所欺骗。他们不能接受死亡这个现实,并且正是如此,他们天生就无法完全认清生命。我们最终面对的问题是,死亡面前,人人平等——无论是穷人和富人、贵族和苦力、法老和奴隶、诺贝尔奖得主和普通工人、小孩和成年人。

　　因此,我们不得不面对自己存在的困境:接受死亡后,最终可能的结果是什么? 事实上,你我的生命——以及你我所在的文明——都是短暂的、动荡的、转瞬即逝的。我们唯一能做的回应就是**确定**生命本身是内在有意义的。我们每个人的存在都是这样:数以亿计的精子相互竞争,奋力接近一两颗卵子,与之结合,并随之走上适应和生存的危机四伏之旅。令人震惊的奇迹是我们做到了;数亿颗精子中只有一颗能让卵子受精,最终成长为我或你。

　　终极的确定性是我们每个人总有一天会死亡,并走向灭绝。我们可以选择——为所有存在物(包括我的生命)的转瞬即逝而流泪,并试图从超凡的避难所那里获得慰藉——也可以接受这一事实,并以充满坚韧和勇气的决心实现自我,并与他人一起创造更安全、更高效、更和平和更和谐的社会,其中每个人都欢欣鼓舞地充满对生命的欲望! 当我们在生活的探险路上前行时,为什么不去把生活的乐趣作为人类的最佳选择,接受生活的挑战,尽自己所能生活充实,获得某种程度的满足、平静、幸福,乃至富有,并且品味生活中的每一份品质:智识发现、道德美学、社会价值观、浪漫爱情、友情和同事之谊! 贝多芬的《第九交响曲》①——《欢乐颂》(*Freade*)——是我们所走过一生的盛大结局,作为对旺盛的生命充分实现的证明,在巅峰时期达到欢腾。

　　这种善意的肯定态度是对自身的回报,这并非以上帝的视角,而是从人类的角度来说,回报人类理性力量的快速增长,人类认识、理解、学习和发现的能力,深刻广泛地体会文化和文明提供的各种好处、快乐和幸福的能力,人类爱护、同情他人并尽力帮助他们所获得的满足感,以及以卓越的方式实现自我的创造能力。我认为,这是自

249

---

① 出自弗里德里希·席勒(Friedrich Schiller)的《欢乐颂》(*Ode to Joy*),是为合唱提供的文本。

由人的回应，已经挣脱人类发展初期的束缚：一个否定了我们发现的自然的虚幻世界。

人类用创造性想象力来构想新的明天；他们发现并创造新的世界，而且这些世界令他们发现生命是有吸引力的、有趣的、令人兴奋的和让人满足的，尽管事实上我们处于这个伟大的自然涌变的一部分。当生命存在的时候——无论多么短暂——我们可以在世界上留下独特的印记，这本身就是一个奇迹。每个人都有这样的能力；否认或逃避这种能力，忽视理性和自由是愚蠢的。最终的善在于，我们可以尽情享受生命，并在可能的情况下触发创造性和满足感带来的丰富乐趣。这本身就是值得的。我不否认人们遭受的悲剧、绝望、失败和痛苦令人悲悯，尽管如此，生命总体上是快乐的。我并非没有注意到伏尔泰《老实人》(Candide)中"这是可能的世界中最好的一个"这一夸张的表述。然而生活是由你创造的，每个人都要在他或她的生命中找到意义，并希望发现它是值得的甚至可以带来快乐的。

尊崇自然

最后，我们需要对壮丽穹宇表达新的自然的尊崇，并培养出一种自然的宇宙虔诚，这是出于对壮美自然的敬畏，自然是孕育我们的摇篮，我们可以发现它的意义。现代人身上几乎已找不到这种对于自然的尊崇，需要找回这种尊崇以便让我们拥有更广阔的视野：我们仅仅是无限天体中的一部分，也只是广阔银河系的一小部分。

原始人类，从婴儿、儿童、青年直至成年人和老年人，在每个清朗的夜晚都能仰视苍穹。人类已经看到月球、行星、恒星、星云，以及亮度惊人的星系团。他们为这绚丽的穹碧所着迷，这里有"夜之女王"，我们从地球上看到的"圆月"是它投射的影子，从满月变为半圆，再到弦月,或者在云层掩映下时有时无的一道白光。

　　他们对天空中密布的星星和星云感到惊叹,有些像珠宝一样璀璨,有些肉眼几乎看不到。莎士比亚把它描述为"这装点着金色火焰的穹顶"①,而莪默(Omar Khayyám)把天穹描绘成"倒置的碗"②。在朗费罗(Longfellow)心里,它们是"无限的天堂草原"③。它包括火流星、流星雨以及远处地平线和外太空的彗尾。这与地球上的冬季暴风、夏季洪流、旋风和龙卷风形成对照。早晨,太阳出现,散发出温暖和光芒,照亮天空;但在夜晚或黄昏的时候,天空中出现了月中人、明亮的金星、微红的火星、木星和土星、北极星和北斗七星。阳光给他们带来温暖,天空掉落的雨水让他们解渴,时而阳光照耀下出现的漂亮彩虹让他们欢呼雀跃。白天过后,人们迎来了黑夜,而当云层遮住天空时,他们有时候会在黑暗中挤成一团轻声交谈。

　　现代人生活在城市,在遍布着明亮路灯的高速公路上来回穿行,很少有机会凝视头顶的苍穹;他们与这个星罗棋布的天空渐行渐远;忙于自己的生活琐事,专注于世俗的欲望和狭隘的目的,忘记了抬头看看我们上方的灿烂星辰并打开视野。如果他们这样做,他们不能不被宇宙的广阔无边和自身利益的微不足道所征服:它预示着什么? 这意味着什么? 它与我们的生活有什么关系? ——人们一直在思考这些难以捉摸的问题。

　　现代人类,通过科学仪器和理性思考,可以通过精密的望远镜观察到范围巨大的宇宙,并通过宇宙飞船将我们送到那里。他们会问:

① William Shakespeare, *Hamlet*.
② Omar Khayyám, "The Moving Finger Writes," from *Rubáiyát of Omar Khayyám* (n. p., n. d.).
③ Henry Wadsworth Longfellow, *Evangeline: A Tale of Acadie* (n. p., 1847).

这对我们来说意味着什么？自牛顿和伽利略时代起，现代天文学家就重点关注我们的太阳系，而且从太阳系的绕行轨迹的规律中受到了启发。但自哈勃开始，我们的目光已经越过太阳系或银河系，关注到了星系团。对于人类来说，这是否预示着对自然和生活更深层次尊崇及全新激励？

251

我们这里并不是在讨论人们想象出来的那些古老的拟人化的虚构事物，即那些被认为可以抚慰受伤心灵，并且以救赎的名义让人们抱有寄托的神祇。或悲或喜——现在神死了，虚假先知们宣称的意义或真理也不复存在。宇宙就是它本来的样子，证明没有为我们人类而设的超自然王国。最终，怀疑的眼光打破了这种幻觉：这些古老的神只不过是我们的臆想之物。然而，只要我们能够迎难而上，充分发掘潜能追求美好的生活，人类探险中就仍然有深刻的希望。

所以无论我们做什么，我们都永远不要忘记抬起头仰望星辰，这不但激发我们对自然的一种全新敬畏，以及对自然中所孕育的生命的深刻尊敬。我们可以做出的最好回应不是祈求，而是保持乐观：尽情享受生命的每时每刻，赞美歌颂大自然，并充分地生活，实现我们超乎寻常的创造力和成就。

人类的主题曲是**快乐和繁荣**。这就是我们对生命内在价值的证明——生命本身及其内在发展——在这个湍动的未完成的宇宙中，只要我们有勇气通过理性的力量和对生活的强烈欲望成为我们想要成为的人，我们每个人都能找到自己的位置。在生存的善与智慧的希望中——我们以实用智慧来体验多彩生活的完满，并与他人分享。然而，人类的所有男女老少都应一直对辉煌壮观的自然景象怀有深深的敬畏之情，我们每个人都是我们所在世界的一员。

索 引

译后记

　　保罗·库尔茨出版过多部关于世俗人文主义的著作,他的作品批判宗教对人的约束,并反思人类在不断发展的文明中的地位。我国学者已经翻译了《21世纪的人道主义》《保卫世俗人道主义》等多部作品,本书是他的最后一部作品。除了发表大量著述之外,他还创立了普罗米修斯出版社、科学和人类价值研究所、科学探索中心、世俗人文主义理事会和科学调查委员会等组织机构。

　　在本书中,库尔茨将自然科学的进展和成就引入到对宇宙和人的终极哲学思考中,力图构建一种基于科学智慧的全球伦理图景。通过将现实主义和乐观主义融合起来,他阐述了一种伦理基本原则,即以善行和智慧进行生活,这是将源自古希腊的善、快乐等理念与自由科学探索结合起来的哲学,是实用主义的道德选择。这种新的全球伦理,是一种不受宗教教条约束、基于普遍人权的、源自人类同情和同感、自由的科学探索。在这个未来愿景中,库尔茨对人类的潜能充满期待,认为人类只要摆脱宗教教条的约束,认清自身在宇宙中的位置,具备了面对时代挑战的勇气和决心,那么就可以创造新的文明,从而创造性地通过努力找到生存的意义,并对浩瀚的宇宙、自然和人类未来充满敬畏之情。

　　本书的结构按照歌剧的情节排列,包括序曲、间奏曲、一至九幕和终曲,内容宏大壮丽,从生物圈的进化,到宇宙的起源和改变,再到人类社会的文明发展,展现了作者对宇宙、自然与人类的哲学反思。作者以生动的笔触描述了生物圈、人类事务和物质世界本身具有相类似的戏剧性特征,特别强调了偶然性的作用,列举了物理宇宙、生物圈和人类文明发展中各种偶然事件所导致的决定性结果。作者指出,自然界的演进发展常常最终是偶然性起到作用,人类的文明进程也在不经意间被一个个偶然所改变。但无论如何,人类文明最终肯定是要回到人本身,终曲中作者再次回到了对人类社会伦理的终极思考,提出人类要过一种积极乐观的伦理生活。

本书序曲、第一幕至第六幕、第九幕、终曲由王丽慧翻译,第七幕、第八幕由张羽翻译。全书由孙小淳教授审校。

本书内容丰富,涉及多个学科领域,译者在翻译中查阅检索各类相关资料力求准确,但由于水平所限,误解原作和不当之处在所难免,敬请广大读者和同仁指正。

王丽慧

2018年8月